교육실습의 이론과 실제

김희규 · 김순미 · 안성주 공저

학지사

머리말

흔히 교육의 3요소로 교사와 학생, 그리고 교육내용을 꼽는다. 이 세 가지 요인 중에서 가장 중요한 것은 두말할 것도 없이 교사다. 아무리 훌륭한 교육시설과 교육 내용, 우수한 학생이 있어도 이를 이끌어 줄 수준 높은 교사를 확보하지 못하고 학생들의 교육적 요구를 충족할 수 없다면 소기의 교육목적을 달성할 수 없기 때문이다. 우수한 자질을 가진 교사를 확보함은 선진교육을 추구하는 첫걸음이며 교사양성은 국가적 공공사업인 교육에 이바지할 인재를 길러 내는 중대한 과업이다.

교육실습은 교육대학과 사범대학에서 교사양성교육을 받는 학생과 일반대학에서 교직과정을 이수하는 학생, 그리고 교육대학원생들이 반드시 이수해야 하는 교육과정이다.

O. F. Bollnow는 "만남은 교육에 선행한다."라고 하였으며, M. Buber 역시 "교육은 인간 대 인간의 만남"이라고 하였다. 교육실습은 교사양성과정의 마무리 단계에서 그동안 갈고닦은 전공 및 교직이론을 바탕으로 교육활동을 학교현장에서 교사의 관점으로 처음 체험해 보는 과정이다. 따라서 교육실습은 실습생과 학생 사이에 첫 인격적인 만남이 이루어지는 장(場)이다.

교육실습을 직접 지도해 본 실습학교 교사들을 통해 교육실습에 임하는 실습생들의 준비상태가 미흡하다는 지적을 자주 듣는다. 교직업무와 교육활동을 처음 접해 보는 실습생의 입장에서 기술적인 부분이 서툰 것은 당연하겠지만, 교직에 임하는 자세와 학생들과 만날 마음의 준비가 되어 있지 않은 상태에서 실습에 임한다면 좋은 성과를 기대하기는 어려울 것이다.

또한 그동안 교육실습에 관한 체계적인 지도자료가 부족하고 효과적인 지도가 미흡하다는 지적이 교육현장 안팎에서 자주 있었다. 실제로 교육실습의 경우 교원양성대학에서 간단한 오리엔테이션만 시행하고 실습학교의 계획에 따라 전개되는 경우가 많다. 그래서 실습학교나 지도교사에 따라 실습생들이 경험하는 교육실습의 내용에는 상당한 차이가 있다. 실습생들이 경험하는 교육실습의 편차를 줄이고, 보다 내실 있는 학교현장실습으로 만드는 방안이 필요하다.

이에 따라 이 책에서는 교육실습과 관련한 지도자료를 체계화하고 교사양성과정에서 하나의 강좌로 수업할 수 있도록 정리하였다. 아울러 교육실습을 담당하는 초·중등학교에서 실습지침서로 활용할 수 있도록 하였다.

문제해결에 있어서 실제 경험처럼 소중한 것은 없다. 이 책의 저자들은 과거에 초·중등학교 현장에서 근무하여 오랜 교육실습 지도경험을 가지고 있으며, 현재 대학에서 교사양성교육을 맡고 있다.

이 책은 다음과 같이 2부로 구성하였다. 제1부 '교육실습의 이해'에서는 교육실습이란 무엇이고, 실습을 위해 무엇을 준비하며, 어떤 단계로 이루어지는지 살펴보았다. 제2부 '교육실습의 실제'에서는 교육실습의 각 단계에서 실제로 이루어지는 활동인 학교경영, 학급경영, 교과학습지도, 학생생활지도, 창의적 체험활동 등에 관한 실무적인 내용을 담았다.

이 책의 내용 중에서 자주 반복되는 용어의 줄임말 사용은 다음과 같다. 교육실습(실습), 교육실습생(실습생), 교육실습지도교사(지도교사), 교육실습지도교수(지도교수), 교육실습협력학교(실습학교), 교수-학습과정안(수업안), 학생생활지도(생활지도) 등이다. 그리고 각 장의 마지막에는 실무중심의 실습과제를 구성하여 예비교사들이 교육실습의 현장에서 수행해야 할 실무적인 활동에 대한 문제해결능력을 기를 수 있도록 하였다. 따라서 실제 교육실습에서 나타나는 다양한 상황에 대처하는 능력을 갖추는 데 도움을 줄 것이라 생각한다.

이 책이 나오기까지 함께 수고한 저자들과 출간에 도움을 주신 학지사의 김진환 사장님을 비롯하여 편집부 직원들께 감사드린다.

2021년 1월
저자 대표 김희규

차례

제1부

교육실습의 이해

제1장

교육실습의 개요

1. 교원양성의 현황
2. 교육실습의 의미
3. 교육실습의 내용

학습개요

1. 교원양성이 어떻게 이루어지고 있으며, 교육실습은 어떤 근거로 이루어지는지 알아본다.
2. 교육실습이란 무엇이고, 왜 필요하며, 교육실습에서 무엇을 해야 하는지 알아본다.
3. 교육실습이 어떤 과정과 절차에 따라 이루어지고, 어떤 내용으로 구성되어 있는지 알아본다.

1. 교원양성의 현황

1) 교원양성교육의 목적

넓은 뜻의 교사교육은 교사양성교육(pre-service education)과 현직교사의 재교육 (in-service education)으로 분류된다. 현직교사의 전문성 신장과 함께 체계적 교직 이론과 경험을 장래교사들에게 제공함으로써 교사의 자질향상을 꾀해야 한다(김 기태, 조평호, 2006; 정재철, 1987). 현직교사는 교직을 수행하는 데 전문적인 자율성 (professional autonomy)이 요구되며, 이에 필요한 전문적 지식과 기능에 관한 기술 을 일정한 교육을 통해 익혀야 한다. 또한 교육실습생은 교사의 직무를 수행하기 위 한 교육관 및 교직에 필요한 지적 기술(intellectual technique)을 익히기 위하여 전문 적인 교육을 받아야 한다(정재철, 1987).

교원양성의 목적에 관하여 「고등교육법」 제41조에 "① 교육대학은 초등학교교원 을 양성함을 목적으로 한다. ② 대학의 사범대학은 중등학교교원을 양성함을 목적 으로 한다. ③ 대학에는 특별한 필요가 있는 경우에 대통령령으로 정하는 바에 따라 교원의 양성을 목적으로 하는 교육과를 둘 수 있다."고 하였다. 따라서 교사양성교 육은 교사가 되기 위한 준비교육이며, 초임교사의 업무수행에 필요한 자질을 기준 으로 유능한 예비교사를 양성하기 위하여 교육과정, 학생, 교사교육자, 시설설비 등 이 상호작용하는 전반적인 과정이다(곽영우 외, 1998).

교사양성기관의 유형은 폐쇄형체제와 개방형체제로 나눌 수 있다. 초등교사 양 성을 위한 폐쇄형은 대학의 교사양성이라는 단일목적에 입각하여 설립 · 운영하는 체제로, 전국의 교육대학교와 이화여자대학교 초등교육과, 한국교원대학교 초등교 육과가 있다. 한편 중등교사 양성을 위한 개방형은 교사양성만을 목적으로 하는 사 범대학과 일반대학에 교직과정을 설치 · 운영하거나 교육대학원에서 교사양성을 할 수 있도록 하는 형태다(김기태, 조평호, 2006).

위와 같은 폐쇄형과 개방형은 각각의 장 · 단점을 가지고 있다. 폐쇄형은 국가차 원에서 교사양성의 양과 질을 통제하기 용이하지만, 교사양성의 직접통제에서 오 는 획일성과 편협성이 문제점으로 지적되기도 한다. 반면, 개방형은 다양한 분야에서 능력을 가진 이들에게 교사가 될 수 있는 길을 열어 준다는 장점이 있으나, 양성 과정의 초기단계에서부터 가져야 할 교직에 대한 목적의식이 부족할 수 있고, 교직 전문성이 경시될 수 있다는 단점이 있다(정태범, 2000).

2) 교원자격검정 현황

교원자격증의 수여에 관하여 「교원자격검정령」 제3조 ①에 "교육부장관은 자격검 정에 합격한 자에 대하여 교육부령이 정하는 교원자격증을 수여한다. 이 경우 사범 대학의 졸업자(대학에 설치된 교육과 졸업자 및 교직과정 이수자를 포함)로서 교육부장 관이 정하는 학과 또는 전공분야를 복수전공한 자에 대하여는 각각 그 학과 또는 전 공분야에 대한 자격증을 수여할 수 있다."고 되어 있다. 이수학점에 관하여 동령 제 4조(자격증표시과목) ③에 "제1항에 따라 자격증에 표시할 담당과목은 재학 중 전공 과목을 50학점 이상 이수한 자에 한한다."고 하였다.

교직과정 이수예정자의 선발과 관련하여 「교원자격검정령 시행규칙」 제15조 ①에 "교직과정을 이수하고자 하는 자는 제2학년 중에 학교의 장에게 교직과정 이수신청 을 하여야 하며, 학교의 장은 교직과정 신청자 중 인성, 적성 및 성적 등을 고려하여 당해학년의 학과별 입학정원의 30퍼센트 범위 안에서 선발하여 교직과정을 이수하 게 하여야 한다."고 하였다.

중등학교 정교사(2급)자격증을 취득하기 위해 이루어지는 교육과정은 교육부에 서 보고된 「2019년도 교원자격검정 실무편람」 기준으로 사범대학과 교육대학원 그 리고 일반대학의 교직이수 모두 동일하게 적용된다. 2016학년도 입학자 이후 기준 으로 이수과목은 교직과목과 전공과목으로 나누어진다. 교직과목에는 교직이론, 교직소양 그리고 교육실습영역이 있다. 교직이론영역은 12학점 이상으로 6과목 이 상을 이수해야 하며, 교직소양영역은 6학점 이상으로 3과목 이상, 마지막으로 교육 실습영역은 4학점 이상으로 2과목 이상을 이수하여 교직과목을 총 22학점 이상 이 수하여야 한다. 중등학교 정교사(2급)자격증을 취득하기 위해 이수해야 할 교직과 목은 아래 〈표 1-1〉과 같다(교육부, 2019: 67).

표 1-1   중등학교 정교사(2급) 교직과목의 이수기준

영역	과목	최저 이수학점
교직이론	교육학개론, 교육철학 및 교육사, 교육과정, 교육평가, 교육행정 및 교육경영, 교육방법 및 교육공학, 교육심리, 교육사회	12학점(6과목) 이상
교직소양	교직실무, 학교폭력예방 및 학생의 이해, 특수교육학개론	6학점(3과목) 이상
교육실습	학교현장실습, 교육봉사활동	4학점(2과목) 이상

교사는 교육자로서 전문적인 교육이론과 이를 학교현장에 적용할 수 있는 능력을 고루 갖추어야 한다. 이러한 교육이론과 실제적인 적용능력을 기르기 위하여 중등교원양성기관에서는 총 13개의 교직과목을 교육과정으로 지정해 두었다. 그러나 현 교육과정은 실습생들이 교원양성기관에서 배운 이론을 바탕으로 교육현장에서 직접적인 실천적 경험을 하기에 부족하다. 전공과목의 경우에는 총 50학점 이상을 이수해야 하며, 사범대학교와 일반대학교에서 교직이수를 하는 경우에는 기본이수과목은 21학점 이상으로 7과목 이상, 교과교육영역은 8학점 이상으로 3과목 이상을 이수해야 한다. 교육대학원의 경우에는 기본이수과목은 14학점 이상으로 5과목 이상, 교과교육영역은 6학점 이상으로 2과목 이상을 이수해야 한다.

교원자격검정령에 따른 전공과목과 교직과목의 이수분야와 학점은 〈표 1-2〉와 같다.

표 1-2   자격종별 전공 · 교직과목의 이수분야와 학점

자격종별	전공과목	교직과목
유치원 정교사(2급)	50학점 이상 -기본이수과목 21학점(7과목) 이상 포함 -교과교육영역 8학점(3과목) 이상 포함	
초등학교 정교사(2급)	50학점 이상 -교과교육 및 교과내용영역 50학점 이상 -기본이수과목 21학점(7과목) 이상 포함	

중등학교 정교사(2급)	50학점 이상 -표시과목별 기본이수과목 21학점(7과목) 이상 포함 -표시과목별 교과교육영역 8학점(3과목) 이상 포함	22학점 이상 -교직이론 및 교직 소양: 18학점 이 상(교직소양 6학 점 이상 포함) -교육실습: 4학점 이상(교육봉사활 동 2학점 이상 포 함가능)
특수학교 정교사(2급)	80학점 이상 -특수교육 관련 42학점 이상: 기본이수과목 21학점 (7과목) 이상 포함 -유아교육(유치원), 초등교육(초등), 표시과목(중등) 관련 38학점 이상: 기본이수과목 21학점(7과목) 이 상 포함, 교과교육 영역 8학점(3과목) 이상 포함 ※교육대학원의 경우 특수교육 관련 30학점 이상(기 본이수과목 14학점, 5과목 이상 포함)	
보건교사 · 영양 교사 · 사서교사 · 전문상담교사 (각 2급)	50학점 이상 -직무관련영역 50학점 이상 -기본이수과목 21학점(7과목) 이상 포함	
준교사	50학점 이상 -교과내용영역 50학점 이상 -기본이수과목 6학점(2과목) 이상 포함	10학점(5과목) 이상 -교직이론
실기교사	50학점 이상 -교과내용영역 50학점 이상	4학점(2과목) 이상 -교직이론

1. 대학은 교육실습에 소요되는 실비를 해당 학생에게 부담하도록 할 수 있다.
2. 대학은 교육실습에 관한 일반기준을 마련하여야 한다.

* 출처: 「교원자격검정령 시행규칙」 [별표 3] (개정 2017. 8. 17.)

3) 교육실습의 법적 근거

우리나라 교육실습의 법적 근거는 「교원자격검정령」에 명시되어 있다. 대학의 교원을 제외한 모든 학교의 교사는 이 법령에 따라 교육부장관이 수여하는 소정의 자격증을 받아야 한다. 자격검정은 무시험검정과 시험검정으로 나누어지며(「교원자격검정령」 제2조), 무시험검정은 교원양성기관에서 소정의 교직과정을 이수한 자에게 자격증을 주도록 되어있다(동령 제18조, 제19조).

교직과정의 설치 등에 관하여 「교원자격검정령」 제20조에는 "⑤ 교원양성기관의 장은 사회적·시대적 변화에 적절한 교육과정을 운영하고, 교육실습 지원학교와의 교류협력을 활성화하여야 한다. ⑥ 교육감은 해당 교육청에 교육실습 협력부서를 지정·운영하여야 한다. ⑦ 시·도교육감은 교육부장관의 승인을 받아 대학 또는 교원연수기관에 교사양성특별과정을 개설하여야 한다."고 하였다.

교직과정의 설치기준에 관하여 「교원자격검정령 시행규칙」 제11조에 "교직과정을 담당하는 전임교원을 2인 이상 두어야 하며, 당해 교직과정의 설치목적에 따른 교육실습을 위하여 병설 또는 협력하는 고등학교, 중학교, 특수학교, 초등학교 또는 유치원을 두어야 한다."고 하였다.

부설학교의 설립에 관하여 「고등교육법」 제45조에 "① 교육대학·사범대학 및 종합교원양성대학에는 다음 각 호의 구분에 따라 재학생의 현장연구 및 실습을 위한 학교를 부설한다."고 하여 교육대학은 초등학교, 사범대학은 중학교와 고등학교, 종합교원양성대학은 초등학교, 중학교와 고등학교를 명시하였다. 또한 "② 제1항에도 불구하고 특별한 사정이 있는 경우에는 국·공·사립의 초·중등학교나 특수학교를 부설학교로 대용(代用)할 수 있다. ③ 교육대학·사범대학 및 종합교원양성대학은 필요한 경우 제1항에 따른 부설학교 외에 유치원·초등학교나 특수학교를 부설할 수 있다."고 하였다. 이러한 법적근거에 따라 실시하고 있는 교육실습의 현황을 살펴보면, 대학과 실습기관의 여건에 따라 실시시기, 내용, 방법 등이 다양하다. 교육실습 시기는 보통 5월 중에 실시하고, 실습기간은 평균 4주간에 걸쳐 4학년 1학기 또는 2학기에 실시하고 있다.

2. 교육실습의 의미

1) 교육실습의 개념

(1) 교육실습 개념 정의

교육실습(student teaching practicum, field experience, internship)은 교사양성대학에서 소정의 과목을 이수한 교사지망생이 교육현장인 학교에서 대학교수와 현직교사의 지도를 받으며 관찰, 참가, 실제지도를 통해 교수학습지도, 학생생활지도, 학교 및 학급경영 등을 실제로 체험함으로써 교사의 역할을 익히고 연구하는 과정으로 교사양성과정의 중요한 영역의 하나다. 그러므로 교육실습활동은 교육의 전문적 이론과 실천과의 관계에서 그 의의가 성립되며, 대학의 교직과정 교육만으로 해결할 수 없는 제반사항을 터득시킬 수 있는 교육적 노력으로서 교사교육의 핵심적 활동이다(조상일, 1997: 5). 이러한 교육실습은 형식적으로는 이수해야 할 교직과정 중 한 영역에 불과하지만 교원으로서의 가치와 태도를 내면화하는 중요한 과정으로, 교사가 되는 과정에서 큰 영향력을 발휘하는 영역이다(윤기옥, 정문성, 최유현, 고경석, 2002; 한국교원대학교, 2010; Guyton & McIntyre, 1990).

교육실습을 통하여 실습생은 교원양성과정에서 배운 이론을 적용해 보고, 수업·학급경영·기타 관련 업무를 체험하며, 교육실천의 실제적인 이해와 기능, 교사정체성을 찾는 기회를 갖는다. 특히, 교사의 역할을 상상하는 것과 실제로 수행하는 것은 차이가 있기 때문에 학교현장에서의 교육실습은 교사로서의 자질을 경험할 수 있는 중요한 과정이다(Clement, 2002). 따라서 교육실습은 실습생들에게 교과지식을 심화시키고, 교수능력을 향상시키며, 교직에 대한 가치관과 신념을 형성할 뿐 아니라 이론과 현장을 연결하는 기회이자, 초임교사의 교수능력까지도 가늠하게 하는 중요한 과정이라고 할 수 있다(박혜경, 2010; Hiebert, Morris, Berk, & Jensen, 2007; Liston, Borko, & Whitcomb, 2008).

(2) 교육실습의 정의 관점

교육실습은 용어 그대로 '교육에 관한 실습'이다(김헌수, 이난, 2008). 따라서 교육실습은 교수-학습실습 혹은 학생지도실습 등의 영역보다 넓은 의미의 실습이라고 할 수 있다. 이에 따라 국내의 학자들은 교육실습 과정에 포함되는 여러 영역들 중 어떤 영역을 강조하여 정의하느냐에 따라 교육실습을 다르게 정의하고 있으며, 이러한 정의들은 크게 네 가지 관점으로 구분할 수 있다.

첫째, 중등학교 교사자격증 취득을 위하여 사범계 및 교직과정 설치학과의 교직 이수자에 대하여 일선학교에서의 현장실습을 목적으로 한 필수과정이다(권정숙, 2009). 이러한 정의는 교육실습에 대한 형식적 의미의 관점이다.

둘째, 대학의 교사양성 교육과정에서 배운 교양교육, 전공교육, 교직교육 등의 다양한 학문적 지식과 이론을 유·초·중등학교현장에서 실제로 적용해 보고 실천해 보는 과정이다. 이러한 정의는 교육실습의 실천적 의미의 관점이다.

셋째, 학교현장에서 선배교사들이 행하는 모든 교육활동을 보고, 듣고, 따라 해보는 과정을 통하여 경험적으로 체득하는 현장실습이다(한상효 외, 2009). 이러한 정의는 교육실습의 경험적 의미의 관점이다.

넷째, 미래의 교사로서 자기의 교직적성을 점검해 보는 기회로 삼을 수 있다. 이러한 자기점검과정을 통하여 자신의 진로를 결정하는 계기가 될 수 있다. 이러한 정의는 실습생의 자기점검 의미의 관점이다(한국교원교육학회, 2010).

(3) 교육실습의 성격

교육실습의 과정은 다음과 같은 성격을 갖는다고 볼 수 있다.

첫째, 교육실습은 학생에 대한 교육과 상호작용이 어우러진 실제적인 체험과정이다. 교사양성과정에서 배운 내용을 직접 체험해 봄으로써 교사로서 요구되는 능력을 내면화하고, 교사로서의 자신감을 길러 내는 과정이다.

둘째, 교육실습은 교사양성과정에서 가르침과 배움이 동시에 일어나는 역동적인 체험과정이다. 대학에서는 직접 체험할 수 없는, 학생들을 대상으로 하는 교수-학습과정, 생활지도과정, 학급경영과정을 교육현장에서 직접 실현해 볼 수 있는 체험과정이다.

셋째, 교육실습은 교사로서의 실질적인 능력을 키우는 과정이다. 교사양성과정에서 배운 교수-학습이론, 상담이론, 생활지도 및 진로지도 등에 관한 내용들을 적용해 봄으로써 교육현장에서 요구되는 실질적인 능력을 키울 수 있다.

넷째, 교육실습은 적극적으로 탐구하는 과정이다. 교직은 전문직으로서 끊임없는 자기연찬이 필요한데, 교육실습 과정에서 다양한 상황이나 특성을 이해하고 분석하며 항상 탐구하는 자세를 가지고 스스로 연구과제를 찾거나 지도교사의 지도·조언을 받을 수 있다.

다섯째, 교육실습은 교사로서의 적성을 검증하고, 바람직한 교직관을 형성할 수 있는 기회를 제공하는 과정이다. 막연히 꿈꾸어 온 교사로서의 적성을 스스로 확인하고 검증해 볼 수 있으며, 존경받는 교사상을 바탕으로 바람직한 교직관이 어떤 것인지 대하여 생각해 볼 수 있다.

흔히 교육실습을 교원양성의 꽃이라고도 일컫는데, 이는 교육실습을 통하여 교원양성과정의 결실을 맺고 그동안 갈고닦은 교직을 향한 배움의 결과를 학교현장에서 몸소 표출해 보는 중요한 의미를 갖는다는 것으로 해석할 수 있다.

2) 교육실습의 목적

(1) 교육실습의 목적

교육실습은 교육자로서 지녀야 할 품성과 자질을 갖추고 학교현장에서 교육활동과 학생지도에 임할 수 있는 실제적 · 실천적 역량을 발휘할 수 있는 능력을 기르는 데에 그 중요한 목적이 있다.

교육실습의 목적을 종합해 보면 다음과 같다(조상일, 1997: 8).

- 교육현장에서 교육현상을 직접 관찰하고 경험하게 함으로써 교육에 대한 이해를 높이며 교사로서의 올바른 교육관과 태도를 갖게 한다.
- 학생과의 만남을 통하여 학생의 발달단계와 특성 등을 파악하고 이에 대한 적절한 지도방법을 체득함과 동시에 올바른 학생관을 갖게 한다.
- 학습을 직접 계획 · 지도 · 평가해 봄으로써 교육의 제반 이론을 실제적으로 적용하는 기회를 통하여 올바른 학습지도능력을 갖게 한다.
- 학급을 직접 경영해 봄으로써 학급구조와 집단의 특성을 이해하고 올바른 학급경영의 방법을 체득하여 학급지도자로서의 자질을 갖추게 한다.
- 학생생활지도, 창의적 체험활동, 연구활동, 학사행정업무 등 교사로서의 폭넓은 역할을 체험해 봄으로써 교사로서의 역할을 수행할 수 있는 능력을 갖게 한다.

(2) 교육실습의 교육적 의의

교육실습의 목적은 한마디로 효과적인 교육목적을 달성할 수 있는 이상적이고 훌륭한 교사를 양성하는 데 있다. 교육실습이 가지는 교육적 의의를 다음과 같이 살펴볼 수 있다.

첫째, 이론과 실제의 접목을 통하여 실습생에게 현장경험의 기회를 제공한다는 데 의의가 있다. 백문이 불여일견이라는 말처럼 실제현장에서의 실무경험은 매우 중요하다. 교육실습은 실습생들이 교사로 임용되기 전에 교육현장에서 지도교사의 도움을 받으며 직접 학생들과 만나 교육활동을 체험해 보는 중요한 기회가 된다.

둘째, 교원양성기관과 협력학교 간 교육적 연계를 강조한다는 데 의의가 있다. 교육실습은 교원양성기관과 교육기관을 이어 주는 중요한 끈이다. 교사자격증을 가진 졸업생이 있기에 새롭고 유능한 신규교원이 확충될 수 있고, 신규교원이 입직할 학교가 있기에 대학은 초 · 중등학교가 요구하는 교원을 양성할 책임을 갖게 된다. 두 기관은 단순히 수요와 공급이라는 측면 이상의 상호 공존하고 협력해야 하는 서로에게 필요한 중요한 존재인 것이다.

셋째, 실습생들에게 교직에 대한 자기점검과 교직관을 갖게 한다는 데 의의가 있다. 실습생들은 실습기간에 예비교사의 입장으로 학교현장에 임한다. 말하자면 가르치는 입장에서 직장인이 되기 위한 첫발을 내딛는 셈이다. 그들은 직접 학생들을 만나 교육활동을 체험함으로써 자신의 능력을 스스로 평가해 보고, 교직에 대한 적성여부를 점검해 보는 중요한 계기로 삼을 수 있다.

넷째, 협력학교 입장에서 실습생의 준비도를 가늠하는 기회를 제공한다는 데 의의가 있다. 협력학교와 지도교사는 실습생들의 활동을 통하여 교원양성기관과 실습생의 준비도, 즉 예비교사로서의 자세와 교육활동에 대한 상황이 어느 정도인지 파악해 볼 수 있는 계기가 된다.

(3) 교육실습의 목표

① 교사자격증의 취득

교사가 되기 위해서는 해당하는 교원자격증이 필요하다. 교원자격증은 자격이 요구하는 자격검정의 요소를 모두 갖추어야 주어진다. 자격검정에는 시험검정과 무시험검정으로 나누어지는데, 교원양성이 가능한 기관에서는 정해진 교육과정을 이수하면 무시험으로 자격을 인정하여 교원자격증을 수여한다. 이 과정에서 교육실습은 반드시 이수해야 하는 과정이다.

② 교직에 대한 이해

다른 직업과는 달리 높은 전문성과 윤리성이 요구되는 교직의 특성을 이해하여 자신의 교직에 대한 적성을 검토할 수 있는 기회가 되며, 부족한 부분을 파악하여 보완할 수 있는 기회가 된다.

③ 교사로서의 초보적인 지도능력 함양

초·중등학교 학생들의 생활실태를 직접 관찰하고 접해 봄으로써 교수-학습지도와 생활지도에 관한 초보적인 지도능력을 키울 수 있다. 이 과정은 지도교사나 선배교사, 동료실습생, 학생들을 통해 지도능력에 관한 피드백을 받을 수 있는 기회가 된다.

④ 교육이론의 심화

대학에서 익힌 교육이론들을 현장에 적용·체험해 봄으로써, 교육현장에서의 실용적인 통찰력을 얻을 수 있으며, 교과와 관련된 전공지식을 비롯하여 교육방법에 대한 역량을 키울 수 있는 기회가 된다. 미래에 교사로서의 독립적인 교육활동을 전개해야 함을 생각하면 가능한 한 다양하고 풍부한 경험을 가져 보아야 할 것이다.

⑤ 학교문화에 대한 이해

학생과 교사와의 직접 만남을 통하여 살아 있는 교육현장의 학생문화와 교직문화를 이해함으로써 미래의 바람직한 교사의 역할과 태도를 알고 준비할 수 있다. 교직사회의 문화를 체험하고 이해하여 건전한 교직생활을 영위하기 위한 역할과 태도를 익히도록 한다. 인적·물적·환경적 조건과 교사와 학생의 특성, 학교 급이나 학교의 설립주체, 학교의 위치나 규모 등에 따라서 학교조직의 문화차이가 있다. 따라서 이를 객관적인 관점에서 파악하고, 바람직한 학교조직문화를 만들어 가는 방법을 찾아보는 노력이 필요할 것이다.

⑥ 학교 및 학급경영의 실제에 대한 이해

학급담임교사와 교과지도교사의 지도를 받아 가며 학교 및 학급경영의 내용과 기법, 교과학습지도기술 등의 실무를 익힐 수 있다. 실습기간동안 학생들에게 관심을 가지고 이해하려고 노력한 만큼 학생을 지도하는 데 귀중한 자료가 되며 실천적 지식을 쌓는 기회가 된다.

3. 교육실습의 내용

1) 교육실습의 과정

교육실습생들이 실습기간 중 이수해야 할 실습의 과정별 주요 활동내용은 다음 〈표 1-3〉과 같다.

표 1-3 교육실습 과정별 주요 활동내용

과정	목적	활동내용
1. 참관실습	학교의 교육활동에 대한 전반적인 사항을 구체적으로 파악	학교시설, 교육활동 및 행사, 교과학습지도, 학생생활지도, 창의적 체험활동, 학급경영 등
2. 수업실습	실제수업을 계획·운영·평가하는 경험을 통해 수업전문성과 교과학습을 효과적으로 지도할 수 있는 능력 개발	교육과정연구, 수업계획, 교수-학습과정안 작성, 학습자료의 준비와 제작, 수업운영, 학습결과평가, 수업평가 등
3. 학급경영실습	학급담임의 주요업무를 통해 효율적인 학급경영 능력 함양	학급조·종례, 학급회지도, 환경정리 및 청소지도, 급식지도 등
4. 생활지도실습	학생 개개인의 특성과 잠재가능성 파악, 학생 스스로 문제해결능력 함양	교내생활지도, 학생상담, 진로지도, 안전지도, 부적응학생지도 등
5. 업무실습	학교경영활동 전반과 학교조직, 교직문화 등을 이해	학교재정, 교무행정의 업무내용 파악, 학사업무, 공문서처리 등

이러한 교육실습의 과정에 따라 이루어지는 실습내용을 구체적으로 알아보기로 한다.

2) 교육실습의 절차

교육실습은 일반적으로, ① 사전교육 및 준비, ② 참관(관찰 및 참가)실습, ③ 수업실습, ④ 업무실습(학교 및 학급경영실무), ⑤ 추후지도의 과정으로 구분하여 단계적으로 실시되고 있다. 이 중 교육실습에서 실제행동으로 이루어지는 것은 참관실습과 수업실습 그리고 업무실습이다. 일단 실습이 시작되면 수업실습과 업무실습은 어느 것이 먼저라기보다 두 가지의 활동이 함께 이루어진다. 따라서 이러한 과정의 단계는 확연히 선을 그을 수 있는 것이 아니고, 과정에 따라 내용이 서로 중복되기도 하고 연관되기도 하면서 전체적으로 일련의 연계적인 관계를 이룬다.

(1) 사전교육

사전교육을 넓게 해석하면 대학에서 이루어지는 교직 관련 교육과정이 되고, 좁게 해석하면 교육실습을 위한 사전준비 단계를 말한다. 일반적으로 교육실습에서 사전교육이라 함은 좁은 의미로 해석한다. 준비과정은 관찰, 참가, 실습과정에 대한 예비과정이다. 구체적인 사전준비 내용은 관찰, 참가, 실습과정에 필요한 교육실습의 목표설정, 내용선정, 방법구상, 실습협력학교 지정, 기간의 선정, 평가의 기준, 지도계획 및 재정확보, 실습생의 숙지사항 등을 들 수 있다.

교원양성을 담당하는 대부분의 대학은 교육실습 전 오리엔테이션을 통하여 교육실습생 교육을 실시한다. 실습 전 교육은 주로 각 대학의 교직과나 사범대학의 교학과에서 주관하여 실시하며, 실습생의 임무, 바람직한 태도, 유의사항, 교육실습의 구성과 단계, 학생에 대한 이해, 현직교사와의 관계 등이 주요내용이다. 그 밖에도 교육실습에 필요한 각종 서류, 실습기간 중 작성해야 할 교육실습일지와 명찰배부 등 교육실습과 관련한 행정절차와 안내가 이루어진다.

실습기간 중 주별 주요프로그램을 살펴보면 1주차에는 교육실습 안내, 지도교사와 학생들과의 대면식이 이루어지고, 2, 3주차에 실습생들은 참관과 실제 수업실습 및 학급경영을 하게 된다. 마지막 4주차에는 각 교과대표 수업과 교육실습 총평회를 함으로써 마무리하게 된다.

(2) 참관실습

참관실습은 관찰과 참가의 두 가지 영역을 포괄하는 실습을 말한다. '관찰(observation)'이란 수업실습과 업무실습에 들어가기 전에 전반적 학교교육을 이해하기 위하여 학교시설, 교직원, 학교교육계획, 교육과정 등에 대한 이해와 수업지도, 학급경영, 창의적 체험활동 등 실제지도에 필요한 객관적 사실에 대한 자료를 수집하는 활동을 말한다. '참가(participation)'란 수업실습의 바로 앞 단계로서 학교교육활동에 직접 참가하여 실제를 경험함으로써 학교교육을 더욱 깊고 넓게 이해하는 과정을 말한다. 관찰이 제삼자적 입장에서 '있는 그대로'를 파악하는 것이라면, 참가는 학생의 학교활동이나 교육활동에 적극 개입하여 체험적으로 이해를 심화하는 실습행위다(신용일, 1997: 111).

관찰과정은 실습생이 수업실습에 임하기 전에 학교교육의 개념을 파악·이해하고 구체적인 교육활동과 이에 관련된 학교의 모든 사항을 대상으로 참관하거나 견학하는 교육실습의 기본이 되는 준비과정이다. 참가과정은 구체적으로 학습지도, 학생생활지도, 창의적 체험활동, 학교교육행사, 교무일반사무 등에 협력교사의 지도와 조언을 받으며 교사의 교육활동을 보조하고 협력함으로써 교직원으로서의 경험을 갖게 하는 과정이다. 이에 따라 관찰이 수동적이고 소극적인 입장에서 이루어지는 것임에 비해, 참가는 보다 능동적이고 적극적인 입장에서 이루어지는 것이라고 볼 수 있다.

실습생은 이 과정을 통해 이미 학습한 교육이론의 적용을 위하여 관찰사항을 체험적으로 심화 습득하여 실제실습을 준비하게 된다. 참관실습에서 실습생들은 처음으로 학교에서 교육실습을 경험하게 된다. 이에 따라 직접적인 수업보다는 지도교사들의 수업을 관찰하고 협의회에 참가해 보거나, 지도강화 등의 강의프로그램을 통해 학교가 어떻게 운영되는지 참관한다. 교과지도교사의 수업참관에 앞서 지도교사의 수업안을 분석해야 한다.

(3) 수업실습

참관실습을 거쳐 실습생이 직접 수업활동을 실시하여 교사로서 가장 중요한 역할인 교수경험을 쌓는 실습활동을 수업실습이라 한다. 수업참관 단계가 지나면 실습생은 실제수업을 위해 수업계획을 세우게 된다. 수업실습과정에서는 지도교사의 지도에 따라 실습생이 교육활동의 주체로서 자기계획과 구상으로 학습활동을 직접 실시하여 교사로서의 직능을 학습하는 경험과정이다. 이는 교직의 경험을 갖는 교육실습의 핵심단계로, 실제 실습기간에 교직수행 기술과 실무능력을 기르고, 장래 교사로서의 교직적성을 검토하여 교사로서의 소양을 갖추는 단계다(조상일, 1997: 8-9).

수업실습을 진행하기 위해서는 우선 학생의 학습환경과 학습수준 등을 파악해야 하고, 이를 바탕으로 수업안 작성, 교재연구, 학습자료 제작 등에 대한 경험을 쌓는 다. 또 지도교사의 지도에 따라 학급경영지도, 학생생활지도, 창의적 체험활동 등에 참여하여 업무실습에 대한 준비를 갖춘다.

실제수업은 참관실습만이 아니라 대학에서 배운 교육과목 전공과목과 교직과목 의 지식과 이론이 하나로 융합되어 이루어진다. 수업실습은 교수-학습지도활동이 중심이 되는데, 이에는 실제 수업과정뿐만 아니라 수업을 위한 수업안 작성, 지도교 사와의 지도와 협의, 수업관련 연구회의와 평가회 등도 중요한 실습내용의 일부가 된다. 교육실습을 한다는 것은 곧 수업실습을 한다고 할 정도로 수업실습은 교육실 습의 중심과제다.

(4) 업무실습

업무실습은 교직사무, 학급사무, 학교사무 등 참관실습과 수업실습 이외의 업무 경험을 쌓는 활동을 말한다. 업무실습에서는 수업실습에 학교와 학급경영의 요소 를 추가하여 담임업무, 학급학생지도, 공문서작성 등의 실제적인 학교업무들을 추 가로 경험하는 활동을 말한다. 실습생은 아직 교원의 신분이 아닌 만큼, 실무실습에 서는 교원의 업무 중에서 학교경영영역보다는 학급경영영역 중심으로 이루어진다.

업무실습의 목적은 교사로서의 업무처리능력을 기르는 데 있다. 교사는 수업은 물론, 학생평가 및 생활지도, 학급경영과 학교경영 참여, 각종 업무처리 등에 대한 실무적인 능력이 있어야 한다.

(5) 추후지도

추후지도는 교육실습에 관여한 이들이 실제 교직에서의 교육활동 혹은 다음 더 나은 교육실습을 대비하여 각자 점검하고, 반성과 평가회 시간을 갖는 것이다. 반 성 및 평가는 교육실습의 전 과정에서 실습생 자신과 동료실습생의 사고 및 행동을 반성하고 평가하는 단계다. 수업평가회, 총평회 등에 참여하여 수업전개 및 성과를 반성·평가하는 것이 대표적인 활동이라 할 수 있다. 교육실습일지의 소감란에 자 기반성의 내용을 기록하는 활동도 이에 속한다. 실습생들은 실습을 마치고 실습생 소감문을 작성하게 된다. 실습협력학교에서는 평가협의회를 통하여 그 내용을 분석하여 개선방안을 마련함으로써 차기 교육실습의 운영계획을 세우는 데 참고하게 된다.

교육실습의 각 주체들이 추후지도 단계에서 해야 할 사항은 다음과 같다.

- 실습학교는 교육실습운영 과정에서 나타난 문제점이나 부족한 점을 파악하여 보완·보충하고, 실습프로그램에 대한 손질을 한다.
- 지도교사는 실습생을 지도하면서 겪은 지도상의 애로사항이나 지도자로서의 부족한 점을 되돌아보고, 보다 효과적인 예비교사 지도자가 되기 위한 자질을 갖추는 데 노력해야 한다.
- 실습생은 교육실습에 임하면서 부족했던 점과 아쉬웠던 점을 되돌아보고 자신이 교직자로서 적합한지 여부를 점검하며, 바람직한 교사로서의 자질을 함양할 수 있는 방안을 강구해야 한다.
- 대학의 지도교수는 실습학교에서 보내 온 교육실습 평가결과를 바탕으로 대학의 교직관련 교육과정에서 수정하고 보완해야 할 점을 동료교수들과 협의하여 대책을 마련한다.

3) 교육실습의 영역

(1) 교육실습에서 익혀야 내용

교육실습에서 익혀야 할 구체적인 내용을 살펴보면 다음과 같다.

- 교직에 대한 사명감 높이기: 교사로서 필요한 기본적인 자질인 교육에 대한 열정, 학생에 대한 사랑, 직무에 임하는 성실한 태도로 확고한 신념과 사명감을 높인다.
- 학급경영방법 익히기: 이상적인 학급경영을 위한 담임교사의 역할을 배우고, 학급학생들과 활발하게 소통하며 학생들의 모범이 되는 솔선수범의 태도를 가져야 한다.
- 학습지도방법 익히기: 지도교사와 동료실습생의 수업을 주의 깊게 관찰하고 기록하여 수업계획서와 수업안 작성에 참고하고, 수업시연, 평가방법 등에 관

한 철저한 교재연구가 이루어져야 한다. 수업참관과 수업지도 후에는 지도조언과 부족한 점을 기록하여 보완한다.

- 생활지도방법 익히기: 학생생활지도에 필요한 기본 정보를 파악하고, 학생상담에 필요한 기술을 익히며 지도교사와의 협의과정을 거쳐 생활지도 방법을 익힌다.
- 학습자료 제작 및 활용방법 익히기: 교육과정에 충실하고, 학습동기를 유발할 수 있는 학습자료를 제작하기 위해 노력하며, 수업시간에 활용방법에 대한 다양한 시도를 해 본다.
- 창의적 체험활동 및 학교행사 지도방법 익히기: 창의적 체험활동 영역인 자율활동, 동아리활동, 봉사활동, 진로활동 내용에 대한 지도방법을 익히고, 여러 가지 학교행사의 효과적인 지도방법도 익혀 둔다.
- 교육행정의 실무경험 익히기: 교사는 학습지도 이외에 다양한 교무행정업무도 수행해야 한다. 교사의 학급경영에 따른 학급사무와 사무분장에 따른 담당업무, 공문서처리 등이 포함된다.

(2) 교육실습의 지도영역

교육실습의 과정에 따른 지도내용은 교과학습지도, 학생생활지도, 학교와 학급경영, 창의적 체험활동 등으로 구분하여 이루어진다. 학교현장의 실제 교육활동이 그렇듯이 실습활동에서도 이러한 활동은 시간과 장소에 따라 명확하게 구분하지 않고 중복·포함하여 이루어진다. 예컨대, 학교조직 안에서 학교행사에 임하면서 학급담임의 업무를 수행하기도 하고, 교과학습활동 중에 학생생활지도가 자연스럽게 이루어지기도 한다.

① 교과학습지도

- 교과학습은 학생들의 인지적 발달을 돕는 영역으로 교육실습의 내용 중에서도 가장 중요한 핵심과정이라 할 수 있다.
- 교과교육의 다양한 원리를 실제수업에 적용해 보는 과정이기에 이를 위해서는 해당교과의 교재연구를 통하여 관련한 수업요소들을 이해하고, 각 요소들 간의 관계를 파악하여 적절한 수업모형을 선택하는 것이 우선이다.

- 따라서 지금까지 대학에서 배운 전공교과 및 교육학의 교육이론과 학습지도의 원리를 총동원하여 교과학습활동지도에 적용해야 한다.
- 교수–학습과정안을 작성하기 위해서는 이에 포함해야 할 학습목표, 학습자 파악, 교사와 학생의 활동내용, 지도상의 유의점, 학습자료, 평가내용과 방법 등에 대한 연구가 있어야 한다.
- 뿐만 아니라 학습동기 유발방법, 칭찬과 격려, 판서, 발문법 등에 대한 주도면밀한 준비가 필요하다. 교과학습지도 영역의 내용은 교과교재연구, 수업안 작성, 학습자료 제작, 수업의 실제로 이어진다.

② 학생생활지도
- 학생생활지도영역은 학생의 정의적 발달을 돕는 영역이다. 학생의 바람직한 인성형성에 중점을 두고, 자신의 능력을 최대로 개발하여 보다 바람직한 방향으로 자기성장을 이루어 나가도록 도와주는 것이다.
- 생활지도란 학생들이 자신을 잘 이해하고 가정과 학교생활에 잘 적응하며, 학교 안팎의 생활에서 만나는 여러 가지 문제를 스스로 해결해 나갈 수 있도록 도와주는 체계적이고 계획적인 활동이다.
- 생활지도는 학생들이 학교생활 안에서 바람직한 생활태도와 습관을 기르고 건전한 사고방식과 원만한 교우관계를 형성하도록 돕는 것이다. 그리하여 학생들이 장차 민주시민으로서 사회에 잘 적응하고, 올바른 가치판단 능력을 가진 인간으로 성장·발달할 수 있도록 한다.
- 생활지도와 관련된 구체적인 내용은 건강지도, 학업지도, 직업지도, 여가선용지도, 사회성지도, 진로지도 등이 포함된다(정봉도, 안병집, 1997).
- 학생생활지도의 영역에는 학생이해활동, 정보제공활동, 학생상담활동, 자리매김활동, 추후지도활동 등이 있다.

③ 학교경영
- 학교경영영역은 학교에서 교사와 학생들의 교수와 학습이 원활하게 이루어지도록 학교체제 내의 제반 인적·물적·재정적 조건을 확보하고 배분하는 데 참여하는 영역이다.

- 학교경영영역은 교육운영조직, 교육지도조직 등 각 조직의 운영, 교육과정의 편성과 운영, 교구 및 교육매체관리, 사무관리, 교직원인사관리, 학생인사관리, 교원현직연수, 학교시설관리, 학교회계관리, 지역사회와의 관계 등이 주요 내용이다.
- 현실적으로 실습생은 학교의 교원이 아니므로 학교경영에 대한 실무적인 참여가 극히 제한된다. 따라서 실습생은 주로 학교경영에 관한 참관활동을 통하여 이해하려고 노력하여야 한다.

④ 학급경영
- 학급은 학교교육의 가장 기본적인 구성단위이면서 실제 궁극적인 교육활동이 이루어지는 현장이다. 곧 공교육활동의 결실을 맺는 곳으로, 교육을 위한 모든 것들이 학급학생들을 위해 존재하는 셈이다.
- 학급경영에는 학급환경의 정비와 조성, 학생들의 바람직한 학습습관형성, 학급위생과 학생건강관리, 안전한 학교생활지도, 학급행사운영, 학급사무처리 등이 있다(정봉도, 안병집, 1997).
- 무엇보다 학급담임교사는 학급학생들과 친밀한 관계를 형성하여 서로 신뢰하고 협동하는 학급분위기를 형성하는 것이 중요하다.
- 또한 가정과 긴밀한 협조체제를 유지하여 학부모를 학교교육의 동반자로 인식하고 학교교육에 참여할 수 있도록 유도해야 한다.

⑤ 창의적 체험활동
　창의적 체험활동은 과거 '특별활동' 또는 '창의·재량활동' 등의 이름으로 운영되어 온 것을 말한다. 창의적 체험활동은 학생들이 자율적이고 자발적인 참여로 다양한 사회적 경험을 체득하고, 학교 안팎의 다양한 체험활동을 통하여 스스로 진로를 선택하고 결정하며 바람직한 민주시민으로 성장·발달하는 데 도움을 주려는 것이다. 이는 교과 외 활동으로, 주요 내용으로는 자율활동, 동아리활동, 봉사활동, 진로활동이 해당한다. 실습생은 학생들의 창의적 체험활동에도 관심을 갖고 학생활동에 참여하고 지도하여야 한다.

• 교육실습기간 중 이수해야 할 실습의 과정별 주요 활동내용에 어떤 것이 있는
  지 적어 보자.

과정	목적	활동내용
참관실습		
수업실습		
학급경영실습		
생활지도실습		
업무실습		

제2장

교육실습을 위한 역할

1. 교원양성기관의 역할
2. 실습학교의 역할
3. 교육실습생의 역할

학습개요

1. 교육실습이 이루어지기 위해서 교원양성기관에서는 어떤 준비를 해야 하며 실습학교와는 어떤 협력관계가 필요한지 알아본다.
2. 교육실습생 지도를 위한 실습학교의 운영은 어떻게 이루어지고 있으며, 실습지도교사는 어떤 역할을 하는지 알아본다.
3. 교육실습생은 어떤 자세로 교육실습에 임해야 하며, 실습현장에서 어떤 역할을 수행해야 하는지 알아본다.

교육실습운영의 인적 주체는 대학의 교육실습 지도교수(University supervisor), 실습협력학교의 교육실습 지도교사(Cooperating teacher), 그리고 교육실습생(Student teacher)으로 구성된다(조상일, 1997: 15). 이들의 각 역할에 대해서 알아본다.

1. 교원양성기관의 역할

1) 대학의 역할

우리나라에서 교원양성은 교육대학, 사범대학, 교육대학원을 중심으로 이루어지고 있어 이를 교원양성기관이라 한다. 교원양성을 담당하는 대부분의 대학은 실습 전 오리엔테이션을 통하여 교육을 실시하고 실습과 관련한 행정절차와 안내가 이루어진다. 교원양성기관에서는 체계적인 계획 아래 학교현장에서의 실습이 효과적으로 이루어지도록 안내하고 지원하여야 한다. 교육실습을 지도하는 교수는 실습학교와 긴밀하게 협력하여 실습이 실질적이고 효과적으로 이루어지도록 치밀한 계획과 충분한 사전지도를 해야 한다.

교육실습을 위한 준비와 진행과정에서 대학이 해야 할 일은 다음과 같다.

- 먼저 실습대상 학생을 파악하고, 적합한 실습학교를 배정한다. 실습을 시작하기 전에 철저한 사전교육을 실시해야 하며, 학교현장에서의 교육실습 후 실습평가를 한다.
- 실습협력학교와의 사전협의를 통하여 실습시기, 인원수 등을 결정하여 교육실습계획을 실습학교에 공문으로 발송한다. 실습학교를 선정, 배정할 때에는 실습생의 전공교과목이 개설되어 있는지 확인하고, 학교 급과 규모, 과목별로 실습생의 수를 적절히 안배한다.
- 실습생이 교육실습의 의미와 그 목적을 사전에 이해하고, 진지하고 적극적인 자세로 실습에 임할 수 있도록 지도하여야 한다. 교육과정내용 연구의 필요성과 실습생의 역할, 실습의 흐름과 내용, 교육실습일지 작성방법, 복무관련 주

의사항 등을 지도한다.

- 지도교수는 실습기간 동안 실습에 어려움이 없는지 확인하여야 한다. 도움이 필요할 때에는 실습생에 대한 상담과 지도를 해 주어야 한다. 그리고 실습기간 내내 실습학교의 교장, 교감, 실습담당교사 등과 긴밀한 협력관계를 유지할 수 있도록 한다.
- 실습생의 학교현장실습활동 전반에 대한 평가를 한다. 실습생이 작성한 교육실습일지, 교수–학습과정안, 지도교사에 의한 교육활동 평가서와 수업에 관한 평가서 등을 종합적으로 평가하여 공정한 성적을 부여해야 한다. 또한 실습학교의 학교장과 실습담당교사, 지도교사의 사후평가를 통해 학교현장실습의 효율적인 운영과 개선되어야 할 점을 파악해야 한다.

2) 실습지도교수의 역할

(1) 지도교수의 역할

대학의 실습지도교수는 대학에서 현장교육실습 및 지도기간 동안 교육실습생과 함께 실습업무를 수행할 목적으로 배정된 사람이다. 대학교와 실습학교 간 접촉으로 지도교수는 실습생과 지도교사에게 대학의 기대치를 전달하고 대학과 실습학교의 교육실습결과를 총괄 평가한다(조상일, 1997: 15). 지도교수는 대학과 실습학교를 잇는 중요한 연결자로서, 교육실습경험이 실습생에게 대학에서 배운 이론과 실제를 현장과 적절하게 조합하는 데 매우 중요한 인적 요인이라고 할 수 있다.

실습지도교수의 역할을 다음과 같이 정리할 수 있다.

- 실습생들이 교사로서 필요한 능력을 함양할 수 있도록 교육과정을 이끄는 교사교육자로서, 실습생들이 수업수행능력을 갖추는 데 필요한 교과지도와 교육실습 프로그램의 전체방향을 책임진다.
- 교육실습 프로그램의 교육내용을 정하고 교육실습을 지도하는 교사들의 교육을 담당하고 학교를 방문하여 교육실습 프로그램이 시행되는 내용을 점검한다.
- 실습생과 지도교사가 성취해야 할 목적과 역할을 명확히 전달하고, 교육실습의 목표를 달성할 수 있도록 도와주고, 실습생이 겪을 수 있는 다양한 애로사

항들을 파악하여 실제현장에 잘 적응하도록 돕는다(Zimper, DeVoss, & Nott, 1980).

- 대학과 실습현장을 연결하는 매개자로서 대학과 현장간의 갈등을 적절히 조절하여 실습생들이 대학에서 습득한 이론적 측면과 현장에서 보고 배우는 실제 사이를 적절히 연결하여 조직할 수 있도록 돕는다(Bae, 1990; Taylor, 1983).
- 실습기간 동안 지도교사와 실습생이 협의회 등을 통해 자주 접촉함으로써 각각의 역할을 원만히 수행하고 실습의 목표를 달성할 수 있도록 돕는다(유홍옥, 2005: 26).

(2) 교육실습의 개선방안

교육실습에 관한 학자들의 연구내용에 따른 개선방안은 다음과 같다.

첫째, 효과적인 교육실습 프로그램을 개발하고 제공해야 한다. 현재 교육실습에 관한 통일된 실습지침이 없어 학교는 지도교사에게 일임하고 있으므로 통일된 실습지침을 정립해야 한다.

둘째, 지도교사의 지도역량과 자질향상이 요구된다. 교육실습에서 실습효과의 중요한 역할자인 지도교사가 교육실습 프로그램을 재구성하여 실습생을 효과적으로 지도하기 위하여 일정한 연수과정을 통하여 충분한 사전교육이 이루어져야 한다.

셋째, 교육실습기간이 확대되어야 한다. 실습기간의 확대는 과거부터 꾸준히 제기되어 온 문제이지만 이는 대학의 현실여건과 협력학교의 상항, 지도교사의 의견 등을 충분히 수렴하고 고려하여 이루어져야 할 것이다.

넷째, 양성기관과 실습학교의 연계성이 강화되어야 한다. 유·초·중등학교는 교육실습의 장으로서 학교를 적극 개방하여야 한다. 또한 대학의 지도교수와 실습학교의 지도교사가 실습생들과 자리를 함께하여 실습 전·후에 사전준비상황을 점검하고 실습결과평가와 추수지도에 관한 협의회가 있어야 한다.

다섯째, 실습생의 자세확립이 필요하다. 실습에 임하는 실습생으로서 준비와 예비교사의 교직에 임하는 자세가 확립되어야 한다. 대학은 유·초·중등학교의 교육실습과 관련한 요구에 귀를 기울여 실습생에 대한 철저한 사전지도를 해야 한다.

2. 실습학교의 역할

1) 실습학교의 역할

실습학교의 운영목적은 우수예비교원을 양성하고, 새로운 교육이론 및 교육기법 접목을 통한 학교교육의 질을 향상시키며, 교사들의 자발적 참여로 교육실습의 질을 향상시키는 데 있다. 또한 실습생들에게 대학에서 이수한 제 교육이론 및 교육기법 등을 교육현장에 실제로 적용하는 기회를 제공하여 교직에 대한 종합적인 이해와 교사로서의 자질을 배양하는 데에 있다.

교육실습이 원래 목적한 대로 성공적으로 이루어지려면 실습학교에서는 실습생에 대하여 다음과 같은 배려를 하여야 한다.

- 실습기간 중 실습생에게 교육현장에 대한 직접경험의 기회를 가능한 한 많이 주어야 한다.
- 교직의 중요성과 교사로서의 사명감을 깨닫게 해 주어야 한다.
- 교사로서의 기능과 자질을 함양할 수 있도록 도와주어야 한다.
- 교사로서의 적성을 판단하고 교직을 통한 자아실현의 기회를 제공해 주어야 한다.
- 대학에서 배운 이론을 현장에서 실천할 기회를 제공해 주어야 한다.

실습학교에서는 실제 실습과정이 종료되면 실습내용과 실습평가척도, 교육실습일지, 기타 보고서를 중심으로 교육실습평가회를 개최하여 실습생의 사후지도에 필요한 자료를 제공한다. 한편, 대학에서는 교육실습 결과의 평가, 교육실습 추후지도를 하고 교원자격증 신청에 따르는 행정지도 등을 하게 된다(조상일, 1997: 9). 실습지도교사는 실습생에게 전문적인 교육현장경험을 제공할 목적으로 실습생을 배정받아 치밀하게 교수방법, 교과지식, 학생동기화능력, 의사소통능력, 창의성 및 협동과 학급관리 등을 지도하기 위해 꾸준히 피드백을 제공해야 한다(조상일, 1997: 15).

2) 실습지도교사의 역할

교육실습생은 교육실습의 거의 모든 과정에서 실습지도교사의 영향을 크게 받는다. 지도교사는 실습생에게 안내자, 비평가, 전문가, 역할모델, 평가자, 상담자 그리고 지원자가 되어 주로 실습생의 교과학습지도와 학급담임업무를 지도하게 된다. 공교육에서 교육의 주체인 교사의 역할이 중요하듯 교육실습에서 실습생들에게 가장 큰 영향을 주는 요소는 바로 지도교사다. 이들의 헌신과 지도는 교육실습의 성공을 위한 중요한 요인으로서 대학의 어떠한 교육과정 못지않게 큰 영향을 미친다. 이러한 지도교사의 역할을 실습영역별로 나누어 살펴본다.

(1) 교과학습지도자로서의 역할

교사의 가장 중요한 임무는 수업이며, 교육실습에서 가장 중요한 영역은 수업실무다. 따라서 지도교사의 입장에서 실습생에 대한 가장 중요한 임무는 교과학습지도인 셈이다. 수업실습과 관련하여 지도해야 할 사항은 다음과 같다.

- 지도교사는 먼저 자신의 수업시범과 우수수업 동영상 등을 통하여 실습생이 수업을 계획하는 데 참고가 될 수 있도록 한다.
- 수업은 교재의 내용을 그대로 가르치는 것이 아니라 교사의 수업의도와 학습자의 수준에 맞게 창의적으로 재구성하는 것임을 상기시키고 교재를 재구성하는 방법을 지도한다.
- 수업을 위한 가장 중요한 설계도인 교수–학습과정안을 작성하는 구체적인 방법을 지도한다. 또한 실제 수업상황이 항상 과정안대로 진행되지 않을 수 있음을 알고 상황에 따른 적절한 대처법을 지도한다.
- 단원의 내용에 적합한 수업모형을 구안하고, 교사의 수업의도와 학습자의 흥미에 맞게 수업을 설계하는 방법을 지도한다.
- 수업의 설계에서 학습목표의 중요성을 강조하고 학습목표를 설정하는 구체적인 방법을 지도한다.
- 수업 중 학생들의 집중을 유도하고 학습동기를 유발하는 다양한 방법을 지도한다. 학습사고를 자극하는 창의적인 발문을 제공하는 것도 이러한 방법 중 하

나가 될 것이다.

- 수업은 어떤 내용을 가르치는가 하는 것보다 어떻게 가르치는가 하는 것이 중
요함을 깨닫게 하고, 시대적인 흐름에 따른 다양한 수업의 방식을 찾아 적용해
보도록 지도한다.
- 수업은 교사 혼자만의 일방통행이 아니라 교사와 학생 간 상호소통이 이루어
져야 함을 강조하고 어떻게 소통할 것인지 방안을 강구하고 방법을 찾아낼 수
있도록 지도한다.
- 총괄평가와 형성평가의 평가문항을 제작하고 평가하는 방법을 지도한다. 매
수업시간의 마무리 단계에서 평가가 이루어지고, 그것은 학습목표에 대한 성
취정도를 확인하는 것이어야 한다.
- 수업에서 학생중심활동의 중요성을 강조하여 학생들이 생각하고, 느끼고 토론
하며, 발표하는 창의적인 수업이 진행되도록 지도한다.
- 오늘날의 학교교육은 실생활중심활동을 강조한다. 따라서 수업의 내용이 수업
으로만 끝나지 않고 생활 속에 일반화될 수 있도록 지도한다.

　좋은 수업을 하기 위한 방법은 얼마나 준비를 잘 하는가에 달려 있다. 이러한 수
업과 관련한 내용은 지도교사가 일방적으로 가르치는 방식보다는 실습생과 함께
효과적인 수업을 위한 방향을 서로 대화하며 모색해 나가는 방법이 좋을 것이다. 실
습생의 수업에도 배울 점은 있을 것이다. 지도교사는 그런 점이 있다면 적극 칭찬하
고 다른 실습생들에게 일반화하는 것도 좋은 방법이다.

(2) 학교 및 학급경영지도자로서의 역할

　지도교사는 실습생들이 학교 및 학교경영에 관한 업무를 익히기 위하여 다음과
같은 지도를 해야 한다.

- 학교에서 대부분의 학사업무는 업무관리시스템에 의하여 이루어진다. 이 시스
템이 어떻게 구성되어 있으며, 어떻게 사용하는지 학사업무처리에 관한 사용
방법을 지도한다.
- 학교조직의 성격, 교직문화가 갖는 특성과 교사가 수업과 업무에서 어떤 역할

을 해야 하는지 설명한다.

- 각 부서별·학년별 교무업무분장이 어떻게 구성되며 이에 따른 교사들이 해야 할 업무가 무엇인지 알려 준다.
- 학교교육목표에 따른 학교교육과정이 학년별·교과별로 어떻게 편성되고 운영되는지 설명하고, 본교의 중점사업과 특색사업은 무엇이며, 교육적인 측면에서 필요성을 알려 준다.
- 학생자치회의 조직과 운영, 학급임원의 역할과 활동, 학생들이 주인의식을 갖고 학생자치회 운영에 참여할 수 있는 방법을 지도한다.
- 학생생활지도에서 학생상담의 필요성과 중요성을 알려 주고, 상담자로서의 자세를 알려 주어 상담기술을 익힐 수 있도록 지도한다.
- 효과적인 학급경영을 위해서는 사제간 상호신뢰가 구축되어야 한다. 학급학생들에게 일방적인 지시보다는 자율성을 부여하고 자주 대화를 통해 친숙해질 수 있는 방법을 지도한다.
- 학생들의 건강하고 안전한 학교생활은 그 무엇보다 우선이다. 학급담임으로서 평소 학급 조·종례시간 훈화를 통해 안전사고 예방지도와 사고발생 시 대처법을 알려 주고, 쾌적한 학급환경조성 방법을 지도한다.
- 학교폭력이 갈수록 심각해지고 있어 이에 대한 예방지도가 중요하다. 평소 학급학생들의 동태에 관심을 가지고 사안발생 시 대처방법을 숙지하여 폭력으로부터 안전한 학교가 되도록 하는 방법을 지도한다.
- 인성교육의 중요성을 강조하고 모든 교사들이 학교에서 이루어지는 모든 교육활동 중에서 자연스럽게 바람직한 인성 형성이 이루어질 수 있도록 지도한다.
- 창의적 체험활동의 편성·운영을 알고, 진로교육의 중요성과 관련하여 진로지도의 방안을 모색하고 실습생이 학생들의 동아리활동에 직접 참관할 수 있도록 배려한다.

3. 교육실습생의 역할

1) 교육실습생의 자세

(1) 실습에 임할 때의 자세

교육실습생이 실습에 임할 때 가져야 할 자세에 대하여 다음과 같이 정리해 볼 수 있다(권순우 외, 2006: 31).

첫째, 실습생은 대학의 학생이라는 생각보다 배정된 학교의 예비교사라는 사실을 잊어서는 안 된다. 이러한 마음가짐은 실습생의 행동과 태도에 많은 영향을 미치게 될 것이다. 예비 직장인으로서 출·퇴근 시각과 수업시간, 회의시간 등 모든 업무시간을 엄수해야 한다.

둘째, 옷차림, 머리모양, 화장 등 용모를 실습생답게 단정하게 갖추어야 한다. 교사는 대부분의 시간을 학생들과 더불어 지내기 때문에 그들에게 단정하고 청결한 모습을 보여 주는 것이 교육적으로 바람직하다. 대학캠퍼스에서의 자유분방함을 잠시 접고, 용모에서부터 교사로서의 권위와 품위를 지켜야 한다.

셋째, 실습생은 오랜 세월 학생들을 가르치며 교단을 지켜 온 선배교원에 대한 존경심으로 항상 겸허하게 배우는 자세를 가져야 한다. 훌륭한 교사는 지식만으로 이루어지는 것이 아니며, 교직에서의 경륜과 세월을 통한 삶의 지혜도 매우 중요한 것이다. 선배교원들은 단순히 직장동료뿐만 아니라 후배의 지도자, 상담자, 평가자임을 기억하고 예의를 지키고 지도에 따라야 한다.

셋째, 수업준비와 수업에 열성을 다하는 자세를 지녀야 한다. 실습생은 학생을 잘 가르칠 수 있는 방법을 끊임없이 연구하여 수업을 설계하고 준비하여야 한다. 어디에든 완전한 수업도, 완벽한 교사도 없다. 훌륭한 교사는 끊임없이 좋은 수업을 추구해 나아갈 뿐이다.

넷째, 학생생활지도에 관심을 가져야 한다. 학교 안에 따돌림이나 폭력이 발생하지 않도록 늘 학생들 곁에서 상황을 잘 파악하고 자주 학생상담을 하여야 한다.

다섯째, 교사는 수업뿐만 아니라 학급학생들에게도 관심을 가지고 있어야 한다. 담임학급의 특징을 알고, 학생들의 소질·적성·능력 등을 파악하여야 한다.

(2) 실습생이 가져야 할 자세

교육실습생이 교육실습과 관련하여 대학과 실습학교, 지도교사와 학생에 대하여 가져야 할 자세를 구체적으로 알아본다.

① 소속 대학에 대한 자세

교육실습생은 자신의 모교인 대학에 대하여 다음과 같은 자세로 임한다.

- 재학하고 있는 대학의 대표라는 마음으로 자신의 말과 행동을 유의하여 가벼운 언행으로 모교에 누가 되지 않도록 한다.
- 대학에서 배운 이론이나 지도교수의 가르침을 적극적으로 실습에 적용하고 연구하는 배움의 자세를 갖는다.
- 자신에게 주어진 업무를 긍정적으로 수용하고 적극적인 자세로 성실하게 처리한다.

② 실습학교에 대한 자세

교육실습생은 실습학교에 대하여 다음과 같은 자세로 임한다.

- 실습학교의 교육방침과 교육실습에 관한 운영방법을 존중하고 수용한다.
- 실습학교의 제반 규칙과 규정을 인정하고 준수한다.
- 실습학교교원의 권위와 인격을 존중하고 그들과 원만한 관계를 유지한다.
- 자신에게 주어진 의무와 책임을 인식하고 그 범위에서 행동하며, 기밀을 요하는 학교관련 사항을 누설하지 않아야 한다.

③ 지도교사에 대한 자세

교육실습생은 실습학교의 지도교사에 대하여 다음과 같은 자세로 임한다.

- 지도교사의 지시나 지도를 거부감 없이 겸허하게 받아들이고 따른다.
- 말과 몸가짐에 조심하고 예의 바른 행동으로 교육자적 자질을 갖춘 지식인으로 평가받을 수 있도록 한다.

- 교수-학습과정안, 교육실습일지, 기타 서류나 장부는 지도교사의 승인을 받고, 실습과 관련한 어떤 것이라도 우선적으로 지도교사와 상의한다.
- 실습과 관련하여 궁금한 것은 무엇이든 지도교사에게 묻고, 연구 · 노력하는 모습으로 임한다.

④ 학생에 대한 자세
교육실습생은 실습대상인 학생에 대하여 다음과 같은 자세로 임한다.

- 항상 실습생다운 단정한 몸가짐과 옷차림, 밝은 표정으로 학생들에게 모범이 된다.
- 학생들에게 관심과 친절, 사랑으로 대하고 편애하지 않으며, 학생의 신상에 관한 기밀을 철저히 유지한다.
- 「국가공무원법」 제59조 ②(종교중립의 의무) 및 제65조(정치운동의 금지)에 따라 실습생은 종교적 · 정치적 견해를 학생들에게 드러내지 않아야 한다.

2) 교육실습생의 역할

교육실습에서 실습생이 해야 할 역할은 다음과 같다.

- 교육자의 자세에 대하여 배우고 실습하며 교육여건의 이해를 증진시킨다.
- 교육실습의 실제적 경험을 통하여 이미 습득한 교육이론을 내면화할 수 있도록 한다.
- 교직에 대한 자신의 적성 및 능력을 객관적이고 체험적으로 확인한다.
- 교수-학습 지도능력과 학급운영 및 학생생활지도능력, 행정업무능력을 습득 · 배양시킨다.
- 교사로서의 책임감과 긍지, 신념, 교육철학을 체득하도록 한다.

이에 따라 실습생이 해야 할 구체적인 역할을 수업실습과 업무실습으로 나누어 살펴본다.

(1) 수업실습에서의 역할

① 참관 단계에서 할 일

실습생의 수업참관은 지도교사뿐만 아니라 동 교과의 다른 교사들 수업도 함께 관찰하는 것이 수업모형을 모색하고 수업방안을 구안하는 데에 도움이 될 수 있다. 실습생은 지도교사의 수업을 관찰함에 있어서 수업참관록을 작성하고 교수–학습의 각 단계별로 수업이 어떻게 진행되는지 면밀하게 파악해야 한다. 파악해야 할 내용은 다음과 같다.

- 학습목표는 교과의 내용과 학습자의 수준에 맞으며, 어떤 내용과 어떤 방법으로 제시하고 수업 중에 어떻게 확인하고 있는가?
- 수업모형은 교과의 내용과 학습자의 수준에 맞으며 어떤 것을 적용하고, 교재의 내용을 어떻게 창의적으로 재구성하였는가?
- 학습동기 유발은 학생들의 학습호기심을 자극하고 집중을 이끌어 낼 수 있도록 하기 위해 어느 단계에서 어떤 방법을 사용하는가?
- 교수–학습의 전개는 수업의 흐름에 따라 어떤 순서와 방법으로 진행되고 있는가?
- 교사가 사용하는 언어의 크기와 명료함, 몸동작의 움직임 정도와 바라보는 시선은 어떠하며, 이에 학생들은 어떻게 반응하는가?
- 교사와 학생 간의 상호작용을 위해 어떤 방법을 사용하고 어느 정도로 이루어지며, 학생들에게 어떤 영향을 주는가?
- 수업에 있어서 학생 상호 간의 활동은 어떻게 이루어지고 있으며, 학생중심의 역동적인 수업이 전개되고 있는가?
- 학습자료는 수업의 내용과 학습자의 수준에 적합하며, 무엇을, 언제, 어떻게 사용하는가?
- 발문을 언제, 어떤 내용과 방법으로 제공하고 학생들은 어떻게 응답하며, 이에 대한 피드백은 어떻게 이루어지는가?
- 교수–학습활동의 결과를 어떻게 요약하고 정리하여, 자신감과 성취감을 심어 주는가?

- 평가문항은 학습목표 도달을 확인하는 내용으로 되어 있으며, 어떻게 제시되고 있는가?
- 수업의 내용은 실생활과 연관된 내용이며, 일반화와 내면화의 가능성은 어느 정도인가?

② 수업실습 단계에서 할 일

교육실습생이 수업을 준비하는 과정과 실제 수업실습에 있어서 해야 할 일은 다음과 같다.

- 교수-학습과정안을 제대로 작성할 수 있도록 한다. 실습생의 수업안은 보통 세안으로 작성한다. 이에 따라 단원설정의 이유, 적용할 수업모형과 전개방법, 학생의 학습흥미도와 학습수준, 준비해야 할 교수매체와 사용방법, 교사와 학생 및 학생 간의 상호작용 방법, 학생중심의 수업전개방법, 수업결과에 따른 평가방법 등이 상세하게 나타나야 한다.
- 지도교사와 상호 수업을 참관하고, 수업내용이나 수업행동에서 교정해야 할 부분을 찾아 문제점에 대한 개선방안을 함께 강구한다. 실습생의 수업참관과 피드백협의회 과정에서 동료실습생들도 함께 참관하여 배움의 자세로 임하면 좋을 것이다.
- 자신의 평소습관은 자신이 잘 알지 못한다. 수업을 참관할 때 동영상을 촬영하였다가 피드백협의회 때 함께 보면서 문제점과 개선안을 토론하는 것도 효과적인 방법이다.
- 가급적이면 모든 실습생이 공개수업을 다 해 볼 수 있는 기회를 갖는 것이 좋다. 힘들어도 세안을 작성하고 여러 교사들과 동료실습생들 앞에서 수업을 해 보면 수업에 대한 자신감과 뿌듯함과 성장함을 느낄 수 있다.
- 지도교사의 시범수업과 동 교과의 우수수업 동영상과 수업안을 관찰하고 분석하여 수업실습에 적극 참고하도록 한다. 좋은 수업을 하기 위한 전제조건은 다른 사람의 본받을 만한 수업을 많이 보는 것이다.
- 성공적인 수업을 위해서는 상호소통이 잘 되어야 하므로 교수기술 못지않게 중요한 것이 학생들과의 친화다. 실습생들은 짧은 기간이지만 학생들과 친숙

해지기 위해 노력해야 하며, 지도교사는 이들이 상호 좋은 감정교류가 일어나
도록 중개자가 되어야 한다.

• 지도교사의 도움을 받으며 학습자료를 준비하고 제작하며, 실제수업에서 활용
해 보고 적절성을 확인해 본다. 실습생들은 자칫 많고 화려한 자료로 잘 보이
려는 경향이 있을 수 있으니 이에 대한 주의가 필요하다.

(2) 업무실습에서의 역할

실습생은 학급담임교사의 지도에 따라 어느 정도 학급경영에는 실무를 경험해
볼 수 있지만, 아직 교원이 아니므로 직접 학교경영활동에 개입할 수는 없다. 따라
서 참관과 담당지도교사의 설명을 중심으로 다음과 같이 학교경영에 관한 업무를
알아본다.

• 학교교육목표가 어떠하며, 학교교육과정이 어떻게 편성되고 운영되는지 이해
하고, 학교의 중점사업과 특색사업은 무엇이며, 그러한 사업이 교육적인 측면
에서 어떤 의미를 갖는지 생각해 본다.

• 학교조직의 특성을 이해하고 교무행정조직을 비롯한 학교 안 각 조직의 편성
과 역할이 무엇인지 알고, 교무업무분장에 따른 각 부서별 교원들의 업무와 교
사로서 학교경영에 참여하는 방법 등 학교조직구성원의 역할을 알아본다.

• 업무관리시스템에서 공문서를 작성하고 교원의 근무사항과 관련한 결재신청
방법, 학생의 출결상황과 성적처리 등 학사업무 처리 방법을 배운다.

• 학급은 궁극적인 교육활동의 장으로서 교사와 학생의 인격적인 만남이 이루어
지는 곳임을 알고, 학급학생들과 마음의 문을 열고 대화가 오갈 수 있도록 친숙
해지는 방법을 찾는다.

• 학생생활지도에서 학생상담의 중요성을 인식하고, 학생들의 애로사항을 파악
하여 상담자로서 필요한 상담기술을 익힌다.

• 학생회와 학급회 조직과 운영이 어떻게 이루어지고, 정 · 부반장을 중심으로
하는 학급임원의 역할을 알며, 학생들이 학교의 주인으로서 참여할 수 있는 방
법을 찾아본다.

• 학생들의 건강하고 안전한 학교생활을 위해 안전사고 예방지도와 사고발생 시

대처법을 알고, 학급환경조성 및 관리방법을 익힌다.

• 학생들의 따돌림과 학교폭력이 일어나지 않도록 학생들의 생활에 관심을 가지고 대처하는 방법을 숙지하여, 폭력으로부터 안전한 학교를 만드는 방법을 익힌다.

• 학생들이 자연과 생명의 소중함을 깨닫고 나보다 남을 먼저 배려할 줄 알며, 더불어 함께 살아가는 협동의 소중함과 질서 · 예의를 지킬 줄 아는 인성교육을 교육활동 안에서 자연스럽게 실천할 수 있도록 한다.

• 창의적 체험활동이 어떻게 운영되고 있는지 알고, 진로교육의 현황을 파악하여 진로지도를 어떻게 해야 하는지 생각해 보며, 학생들의 동아리활동에도 직접 참여하여 지도해 본다.

실습문제

- 교육실습에 임할 때 가져야 할 자세와 교육실습생의 역할에는 어떤 것이 있는 지 적어 보시오.

대상	실습생이 가져야 할 자세
실습학교	
소속대학	
지도교사	
학생	

단계	실습생의 역할
수업실습	
업무실습	

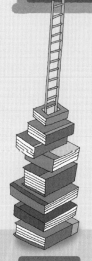

제3장

교육실습을 위한 준비

1. 교사의 자질과 교직윤리

2. 교직예절과 교직에서의 인간관계

3. 교육실습생의 복무

학습개요

1. 바람직한 교사가 되기 위해서는 어떤 자질이 요구되고, 어떤 교직윤리의식을 갖추어야 하는지 알아본다.

2. 교직사회에서 지켜야 할 예절과 교직에서 바람직한 인간관계는 어떤 것인지 알아본다.

3. 교육실습생으로서 복무함에 있어서 근무지침과 교육실습 시 유의사항에 대해 알아본다.

1. 교사의 자질과 교직윤리

1) 교사의 자질

(1) 교사자질의 의미

교사의 자질이란 교사가 역할을 수행하기 위하여 갖추어야 할 비교적 영속성이 있는 제한적 특성 및 교직에 대한 태도(김종서 외, 1994: 51) 혹은 교육활동에서 우수한 성취를 이루는 바람직한 교사에게 일관되게 나타나는 기본적인 내적 특성(이윤식 외, 2009: 59) 즉, 교사로서 지속적인 교직수행을 위하여 갖추어야 할 개인적 품성이나 교육자로서의 태도 등이라고 할 수 있다. 교원의 자질함양과 관련하여 「교육기본법」 제14조(교원) ②에 "교원은 교육자로서 갖추어야 할 품성과 자질을 향상시키기 위하여 노력하여야 한다."고 하였으며, 「교육공무원법」 제38조(연수와 교재비) ①에 "교육공무원은 그 직책을 수행하기 위하여 끊임없이 연구와 수양에 힘써야 한다."고 하였다.

교사의 자질은 다른 사람을 이끌 수 있는 교육지도자로서의 됨됨이를 뜻한다. 따라서 교사의 자질이란 학교조직 안에서의 원만한 대인관계, 학생을 이해하고 존중하는 마음, 약속을 지키고 자신의 말과 행동에 책임지는 신뢰감, 뛰어난 학습지도 및 학생생활지도능력, 학생과 감정을 공유하고 대화가 통하는 유대감, 끊임없이 교수방법을 개선하려는 자세 등이 될 것이다. 제아무리 높은 학력과 학식을 갖춘 교사라 하더라도 내면적으로 도덕성과 윤리성을 갖추지 못하면 교육수요자들로부터 신뢰를 얻지 못할 것이며, 학생교육에 바람직한 영향을 줄 수 없을 것이다(김희규 외, 2017: 55).

교직수행을 위하여 필요한 교사의 자질은 다음과 같이 요약할 수 있다.

- 학문에 대한 식지 않는 열정과 인간에 대한 애정이 있어야 한다. 교사는 자신의 분야와 관련된 교과영역은 물론, 교육학 전반에 관한 학문적 지식을 정립하고, 인간을 사랑하고 학생을 존중하는 마음을 지녀야 한다.
- 기존의 문제를 새로운 방법으로 해결하려는 창의성을 지녀야 한다. 교사는 자

신의 업무수행에 있어서 틀에 박힌 방식에서 벗어나 새롭고 참신한 방식을 찾아 끊임없이 연구하고 노력하는 자세를 가져야 한다.
- 올바른 인성을 지녀야 한다. 정직성·도덕성·윤리성과 같은 교사의 인성은 학생들에게 직접적인 영향을 준다. 따라서 교사는 늘 학생들의 언행에 본보기가 될 수 있도록 바람직한 인성함양에 힘써야 한다(김희규 외, 2017: 56).

(2) 바람직한 교사의 성향

성향이라 함은 선천성, 즉 천부적으로 타고난 인간성을 말한다. 따라서 인간의 성향은 바뀌기 어려운 것으로 본다. 그러나 교육의 속성이 인간의 변화관에 두고 있으므로 이러한 인간의 성향도 교육으로 변화시킬 수 있다고 보아야 한다.

바람직한 교사가 가져야 할 성향은 다음과 같이 생각해 볼 수 있다.

- 정서적으로 안정되어 있으며 자신의 감정을 잘 통제할 수 있고, 긍정적인 자아개념을 소유하고 있어야 한다.
- 맡은 일을 수행함에 있어서 자신감을 가지고 시작하여 끝까지 완수하며, 자신이 한 일에 대하여 책임감을 가질 수 있어야 한다.
- 원만한 인간관계를 맺을 수 있고, 다른 사람과 함께 일하는 방식에 익숙하며, 다른 사람의 입장을 헤아려 줄 수 있어야 한다.
- 말과 행동이 바르고 신중하며, 신뢰감이 높은 사람이어야 한다.
- 어려운 일의 해결방법을 찾는 데에 있어서 창의적으로 생각하고 복잡한 문제를 다루는 데 능숙하며, 변화의 흐름을 읽고 잘 따라갈 수 있어야 한다.
- 항상 새로운 것에 도전하는 자세로 탐구하고 연구하는 일을 게을리하지 않으며, 자신을 끊임없이 성장해 나갈 수 있어야 한다.

2) 교직윤리

(1) 교직윤리의 의미

'윤리(倫理, ethics)'란 인간이 다른 사람과의 관계 속에서 삶을 영위하기 위하여 개인으로서나 집단으로서 지켜 나가야 할 것으로 기대되는 사회적 규범이다. 따라서 교직윤리란 교직자가 그 직무수행과 관련하여 스스로 지켜야 할 것으로 기대되는 사회적 규범을 의미한다. 그러므로 교직윤리는 비록 강제를 수반하는 법률적 성격을 갖지는 않지만, 교사가 교육활동을 수행하면서 사표로서 마땅히 지키고 실천해야 할 행동규범 또는 도덕적 의무인 것이다(강기수, 김희규, 2012: 144). 이러한 교직윤리는 교원이 학습자를 위한 교육봉사자로서 마땅히 행하거나 지켜야 할 법적·도덕적 행동규범과 공식적·비공식적 행동규범을 포함한다.

교직윤리의 의미를 구체적으로 해석하면 다음과 같다(신현석, 이경호 외, 2014: 45-46).

- 교직윤리는 학습자를 위한 교육봉사자로서의 윤리라고 할 수 있다. 즉, 개인·가족·교원집단의 이익보다 학습자의 이익, 학생과 학부모, 일반국민의 교육적 이익을 위해 봉사하는 윤리다.
- 교직윤리는 교육공무원으로서의 공직윤리 성격을 띤다. 사립학교교원도 마찬가지다.
- 교직윤리는 최소규범의 준수라는 소극적인 측면과 최고의 교육적 가치실현이라는 적극적인 측면을 함께 포함한다. 따라서 교육실천에서 추구해야 할 적극적인 지향점이자 교원의 교직생활 전 과정에서 지켜야 할 구체적인 행동지침이라고 할 수 있다.

교육봉사자로서 교원에게 요구되는 교직윤리는 다음과 같은 성격을 지닌다(김희규 외, 2017: 101).

- 교직윤리는 교사가 교직활동을 수행함에 있어서 지켜야 할 법령에 규정된 공식적 규율일 뿐만 아니라 이외의 비공식적 실천규범까지 포함한다.
- 교직윤리는 교사의 교직활동을 수행함에 있어서 지켜야 할 모든 행동의 기본지침이 된다.
- 교직윤리의 확립은 교사의 교육활동을 통하여 공교육의 보편성을 확보하고 수월성을 제고하기 위한 지향점이 된다.
- 교직윤리는 교사의 교권을 확보하기 위한 기본바탕이 된다.

(2) 동양의 교사윤리관

유교에서 스승은 단순히 지식을 전수하는 전문가가 아니라 인간의 삶의 문제를 고민한 상담자이자 전인적 교사였다. 이런 성격의 스승은 늘 거시적 관점에서 전체적이고 유기체적인 연관과 조화를 생각하며 교육을 실천하였다. 유교의 전통사상에서 보는 스승의 기본적 자질과 자세를 다음 세 가지로 요약할 수 있다(신창호, 2012: 265).

첫째, 교사는 「논어」에 나와 있듯이 '온고이지신(溫故而知新)'의 자세를 가져야 한다. 즉, 옛것을 잊지 않고 새것을 알면 스승이 될 수 있다. 이를 오늘날의 관점으로 해석하면, 교사는 주어진 교육과정에 따른 교과서의 내용을 기계적으로 전달하는 것이 아니라, 교사의 의도와 학습상황, 학생들의 수준 및 개개인의 특성에 맞게 창의적으로 교재의 내용을 재구성하고 새로운 수업방법을 적용하여 가르칠 수 있어야 한다는 것으로 풀이할 수 있다.

둘째, 교사는 끊임없이 배우며 가르침에 최선을 다하는 태도를 지녀야 한다. 교사는 한평생 학문탐구와 자기수양을 게을리하지 않아야 하며, 스승은 늘 제자와 동행하는 구도적(求道的) 동반자의 길을 걸어야 한다. 그런 면에서 교사는 영원한 학생이다.

셋째, 교사는 행함으로 품격 있는 삶의 모범을 보여 주어야 한다. 몸가짐과 행위가 바르지 않으면 가르친다 할지라도 따르지 않으며, 몸가짐과 행위가 바르면 가르치지 않아도 저절로 따른다. 참스승 되기가 어려운 것은 말과 행동이 일치되어야 하며, 그것이 제자들 앞에 본보기가 되어야 하기 때문이다.

(3) 교직실천 윤리

교사의 윤리는 교사의 교직실천의 포괄적인 행동의 한 영역에 걸친 규범으로 볼 수 있다. 공식적인 규율도 필요하지만 윤리적인 자발적 동기도 매우 중요하다. 교사의 행동지침과 그에 관련되는 윤리를 종합하면 다음과 같다(장덕삼 외, 2002: 169).

① 학생지도영역
- 지도내용의 선정: 지도내용의 객관성
- 실제지도의 내용: 최선의 방법 적용, 성실한 지도

- 평가의 관리: 공정성, 객관성, 합리성

② **인간관계영역**
- 학생과의 관계: 교육애, 인격존중, 정확한 이해
- 동료와의 관계: 상호존중, 상호신뢰
- 학부모 · 지역사회와의 관계: 교육홍보 및 의견수렴

③ **공직생활영역**
- 전문성의 향상: 연구, 성실, 근면
- 준법생활: 질서존중, 솔선수범
- 공공생활: 청렴, 봉사, 중립성

(4) 교직윤리의 중요성

교직윤리가 중요한 이유는 다음과 같이 정리할 수 있다(김희규 외, 2017: 104).

첫째, 교직윤리는 교육활동을 수행하는 교사가 지켜야 할 공식적 · 비공식적 규범이다. 교직활동에 대한 포괄적 지침이 되고, 교육의 질과 교육의 수월성을 제고하는 교사행동의 지향점이 되기 때문이다.

둘째, 교육활동에 있어서 수혜자는 학생이다. 교육은 학생의 바람직한 인간형성을 목적으로 한다.

셋째, 전문직의 직무수행에 있어서 직업윤리 규정은 필수적이다. 교직자가 윤리성을 상실하면 공교육의 가치는 없어진다. 교직에서는 교원윤리강령을 비롯한 각종 규정이 있다.

넷째, 지도자의 권위는 도덕과 윤리를 담보로 한다. 교직윤리가 확립되어야 교권이 확립되고, 교권이 확립되어야 교육력이 향상되기 때문이다.

다섯째, 학생들은 수업 이전에 교사를 먼저 배우며, 교사는 학문 이전에 인격을 가르친다. 학생의 건전한 인성의 성장과 바람직한 발달을 도모하기 위해서다.

여섯째, 물질주의 풍조에서 벗어나 참다운 인간성을 회복하고 배려와 양보, 사랑과 신뢰 속에서 풍요로운 인간교육을 실현하기 위함이다.

2. 교직예절과 교직에서의 인간관계

교육실습생은 학교현장에서 처음 예비교사로서 학생들을 만나고 교직업무를 접하게 된다. 누구나 그렇듯이 첫 만남, 첫 경험은 소중하고 가슴 설레는 일이다. 당연히 어색하고 서투를 수밖에 없는 이러한 첫 만남에서 실수를 줄이는 방법을 찾아야 한다. 실습생들은 정해진 업무들을 수행함과 동시에 주변사람들과 관계를 형성해 나간다. 따라서 교육실습에서의 기본적인 과업측면과 인간관계의 측면들이 그들의 수업전문성 발달에 중요한 것이다.

1) 교직예절

(1) 교육실습생이 갖추어야 할 태도

교육실습생은 장래의 교사로서 언어, 행동, 복장, 용모에 유의하여 교육자다운 성품을 갖추도록 노력해야 한다. 교육실습은 선배교사의 지도 아래 교사로서의 다양한 역할을 집중적으로 경험하는 과정이다. 이에 실습생이 실습에 임할 때 갖추어야 할 태도는 다음과 같다.

- 학교조직의 일원으로서 근무하며 교사의 역할과 임무를 알고 역할수행을 위한 기능과 자세를 익힌다.
- 교과학습지도나 생활지도를 위하여 학생 개개인의 발달상황과 특징을 이해하기 위한 방법에 익숙해지도록 노력한다.
- 수업을 계획하고 진행함에 있어서, 또 학급경영을 위한 담임업무를 익힘에 있어서 지도교사의 지도에 따르고 조언을 겸허히 수용한다.

(2) 용모·복장

사람의 첫인상은 흔히 그 사람의 용모와 복장에 따라 좌우되기도 한다. 옷차림과 몸치장이 의사표시의 하나이기 때문이다. 우리는 옷차림과 몸치장에서 그 사람의 직업이나 취미, 생활환경, 성격과 교양을 짐작할 수 있다. 따라서 우리가 일상생활에서나 직장생활에서 용모와 복장에 신경을 쓴다는 것은 단순히 멋을 부린다는 것이 아니라, 해야 할 일에 맞추고 품위를 갖춘다는 뜻이기도 하다. 실습생이 출근할 때는 직장인으로서 가급적 단정하고 검소한 정장차림이 좋을 것이다. 특히 지나친 화장, 너무 화려하거나 노출이 심한 복장은 보는 이뿐만 아니라 근무하는 자신도 불편할 수 있으므로 주의해야 할 것이다.

(3) 인사하기

출·퇴근 때는 물론, 실습생활 중에 교직원과 동료에게 먼저 인사하고, 학생과도 서로 반갑게 인사를 나눈다. 특히 윗사람에게 인사할 때는 말로만 하지 말고 가볍게 목례도 함께 하는 것이 좋다. 윗사람에게 하는 인사말은 "안녕하세요?"보다는 "안녕하십니까?"로 한다. 지나치게 굽실거리거나 여러 차례 고개를 숙이는 것도 실례다. 악수를 할 때는 윗사람이 청할 때에 응함이 원칙이다. 아랫사람이 윗사람에게 먼저 손을 내미는 것은 실례다. 처음 만나는 이에게는 자신을 먼저 소개하고, 다른 사람을 소개할 때는 윗사람에게 먼저 아랫사람을 소개함이 원칙이다.

(4) 언어 사용

말은 곧 그 사람의 인격이다. 고매한 인격의 소유자는 말을 함부로 하지 않으며, 천한 말씨와 험한 말을 함부로 입에 담는 이는 자신의 인격을 스스로 깎아내리는 사람이다. 실습생은 교육자로서 품위 있는 말씨사용에 각별히 신경을 써야 한다. 수업에서 학생들에게는 반드시 경어를 사용해야 한다. 그러나 사적인 자리나 개인적인 대화에서는 그럴 필요가 없다. 또한 학생들은 교육실습생을 '선생님'으로 부를지라도 학생들에게 자신을 이를 때는 '나'라고 함이 옳다.

다음 예시와 같이 지나치거나 엉뚱한 곳에 존댓말을 사용하면 어색하거나 오히려 상대방에게 실례가 될 수 있다. 전문용어가 아닌 일상용어에서 불필요한 외래어는 쉽고 아름다운 우리말로 바꾸어 사용함이 좋겠다.

표 3-1 존칭어 사용의 예

틀린 예	옳은 예
• 일을 마치시고 가셨다.	• 일을 마치고 가셨다.
• 말씀이 계시겠습니다.	• 말씀이 있겠습니다.
• 이쪽으로 오실게요.	• 이쪽으로 오십시오.
• 감사(축하, 부탁, 호소)드립니다.	• 감사(축하, 부탁, 호소)합니다.
• 연세가 있으신 분들	• 나이 든 분들
• 평소보다 틀리다.	• 평소와 다르다.

'세 살 버릇이 여든 간다.'라는 말이 있다. 자신의 고착된 습관에 대해 평소에 의식하지 못하는 경우가 많으므로 동료들과 상호수업시연이나 자기수업녹화 후 동영상분석 등을 통해 불필요한 동작이나 부적절한 언어를 찾아내어 이를 삼가는 노력을 해야 한다.

(5) 위계질서 존중

교직은 조직의 특성상 수평적인 관계형성 성격이 강한 전문직이어서 자칫 직장 내 위계질서가 흐트러질 수 있다. 교장·교감은 물론, 같은 평교사라 해도 고경력자에게는 선배교사로 깍듯하게 존경해야 하고 평교사라고 쉽게 함부로 대하는 일이 있어서는 안 된다. 특히 동료교사의 인격과 그의 교육적 가치관을 존중하며, 학생들 앞에서 동료교사를 흉보는 것은 절대 삼가야 한다.

2) 교직에서의 인간관계

(1) 지도교사와의 관계

실습생들의 교육실습경험 중에서 지도교사의 영향력이 크다는 점에 대해서는 여러 연구결과로 나와 있다. 실습생들에게 지도교사는 대학에서의 지도교수역할을 실질적으로 대신하는 존재다. 이들은 교육실습현장에서 실습생들과 대부분의 시간을 보내며, 실습을 감독할 일차적 책임이 있다는 점에서 교육실습경험에서 지도교사가 차지하는 비중은 크다. 실습생들이 지도교사로부터 큰 영향을 받는 이유는 지도교사들이 자신들을 평가하기 때문이며, 실습생들은 지도교사를 롤 모델로 삼기 때문이다.

실습생은 지도교사와 협의를 하는 동안 수업에 대한 지식과 노하우를 전수받고 조언을 들으면서 자신의 교직수행능력에 대한 끊임없는 성찰과 반성을 해나간다. 이와 같이 지도교사와 실습생 간의 관계는 상호작용 및 장학활동 등을 중심으로 이루어지기 때문에 지도교사의 역할은 매우 중요하다. 따라서 실습생과 지도교사의 긴밀한 관계는 지도교사의 역량에 따라 수업전문성 발달에 도움을 줄 수 있을 것이다.

실습생에게 지도교사의 존재는 비록 한시적이기는 하지만, 가르침을 주는 지도자이자 교직의 선배다. 따라서 실습생은 언젠가는 자신도 머지않아 지도교사의 자리에 서게 될 날이 올 것을 생각하며 실습기간 동안 지도교사의 말에 항상 귀 기울이고 지도에 충실히 따르며, 실습업무에 관한 모든 것을 묻고, 의논하고 허락을 받도록 한다.

(2) 학생과의 관계

교육실습활동은 학생들과의 교육적 만남을 통하여 비로소 그 목적을 이룰 수 있는 것이니 학교현장에서 실습생과 학생과의 관계형성은 중요하다. 실습생이 교사의 입장에서 학생들을 대할 때의 자세를 살펴보면 다음과 같다.

- 교사는 무엇보다 인간애를, 특히 학생 개개인에게 대한 남다른 관심과 애정을 가지고 있어야 한다.
- 교사는 학생의 인격과 권리를 존중하고 저마다 다른 특성과 개인차를 인정해야 한다.
- 교사는 학생들을 편애하거나 그들의 단편적인 모습만 보고 편견을 갖지 말고 모두에게 공평하게 대해야 한다.
- 교사는 학생들 앞에 모범적인 말씨 · 인품 · 태도 · 행동을 지녀야 한다. 교사는 학문 이전에 인격을 가르치며 학생은 학습 이전에 교사를 먼저 배운다.
- 교사는 학생에 대해 성실하고 진실해야 하며, 인내와 관용의 태도를 보여야 한다.
- 교사는 학생들과 약속을 지키고, 그들의 비밀을 지켜 주어야 한다. 그래야 학생들로부터 믿음과 존경을 얻을 수 있다.

3. 교육실습생의 복무

1) 근무지침

(1) 근무요령

교육실습생은 교장·교감·교사들의 지도를 받으며 실습학교의 교직원과 동일하게 근무한다. 이는 실습생이 교직원과 같은 시간, 같은 장소에서 동일한 조건에 따라 근무해야 함을 뜻한다. 교원의 근무시간에는 점심시간도 포함된다. 이는 그 시간에 학생들의 식사지도와 생활지도를 하기 때문이다(부산광역시교육연구정보원, 2018: 334). 따라서 점심시간에는 가능하면 학생들의 식사지도를 하면서 학생들과 함께 식사하는 것이 학생들과 친숙해지는 데 도움이 된다. 점심시간에 동료들과 함께 학교 밖에서 외식을 하는 행동은 삼간다. 방과 후의 교실사용, 학생상담, 학생의 소집이나 인솔, 학교 밖에서 학생과의 만남이나 가정방문 등은 지도교사의 허락을 받는다.

(2) 출근과 퇴근

출근시간 교통상황을 감안하여 근무시작 30분 전에 도착하도록 시간의 여유를 두고 일찍 출근한다. 출근하면 출근부에 자필 서명한 후 업무준비를 한다. 근무시간이 끝난 뒤 오늘 한 일을 점검하고 내일 할 일을 계획한 뒤 주변을 정리하고 천천히 퇴근한다. 상사나 동료보다 먼저 나갈 때에는 "먼저 퇴근하겠습니다." 하고, 조퇴를 하게 될 때는 "이러저러한 일이 있어 일찍 퇴근하겠습니다." 등의 인사말을 하는 것이 예의다.

(3) 외출·지각·조퇴

근무시간 중 외출을 해야 할 때는 반드시 지도교사와 교무부장에게 행선지, 목적, 소요시간을 알리고 허락을 받는다. 허락 없이 자리를 비우는 것은 「국가공무원법」 제58조 복무상의 의무 중 직무상 의무인 '직장이탈금지' 위반에 해당한다. 외출 후 시간이 당초 예상보다 지연되면 현지에서 전화로 알린다. 외출 후 일을 끝내고 직장으로 복귀하지 않고 집으로 바로 귀가할 때도 반드시 전화로 알린다. 예상하지 못한 사정으로 출근시각이 늦어 질 경우에는 반드시 학교에 연락을 취해야 한다. 조퇴를 해야 할 경우에는 먼저 실습지도교사에게 알리고 결재과정을 따라 복무상황 결재를 받은 후 조퇴한다.

(4) 휴가와 결근

휴가에는 연가, 병가, 공가, 특별휴가가 있다. 교원의 결근이나 휴가는 학교교육 공백으로 큰 지장을 줄 수 있다. 휴가는 대개 예정된 것이므로 사전에 결재를 받아 학생들의 교육활동에 지장을 주지 않도록 해야 한다. 결근은 대부분 질병이나 사고 등으로 인한 것이기에 예상하지 못한 경우가 많다. 따라서 부득이 결근을 해야 할 경우 먼저 전화로 알리고 그다음 날 출근 후에 정식으로 결재를 받는다.

(5) 출장

출장이라 함은 상사의 명을 받아 공무를 수행하는 것을 말한다(부산광역시교육연구정보원, 2018: 334). 출장이란 직무수행의 목적으로 한시적으로 근무지를 옮겨 일하는 것이다. 장기간의 출장은 물론, 한두 시간의 짧은 외부공무수행도 출장에 해당한다. 따라서 출장을 갈 때는 사전에 결재과정에 따라 승인을 받고 돌아온 후에도 복명을 해야 한다. 교원의 경우 관내출장은 교감까지, 관외출장은 학교장까지 승인을 받는다.

2) 실습 시 유의사항

(1) 근무와 관련한 유의사항

• 무단외출 · 조퇴를 하지 않도록 한다. 지각 · 조퇴 · 외출의 합이 3회인 경우에는 결근 1일로 간주하고, 결근이 3일 이상인 경우에는 실격될 수 있으며, 출근 일수가 3/4에 미달하는 실습생은 평가에서 제외(교육실습 무효처리)된다.

• 실습기간 중 공무원 공가와 특별휴가에 해당되는 사항은 「국가공무원 복무규정」 제19조(공가), 제20조(특별휴가)에 준하여 적용한다.

• 교내에서는 항상 명찰을 패용한다. 교육실습생에 대한 호칭은 ʻ○○○교생선

생님'으로 한다. 교직원과 학생들은 물론, 실습생 상호간에도 그렇게 부른다.

- 학교에서는 교사와 학생들이 항상 수업의 시종(始終)을 알리는 종소리를 듣고 움직인다. 매 수업의 시작과 마침 시각을 잘 기억하고, 매일 시간표 변동을 파악하여 수업시간에 착오가 없도록 한다. 시간표 변동여부는 매일 아침 대표실습생이 교무실에서 확인하여 교육실습실 칠판에 적어 둔다.

- 수업의 시작과 마침 시각을 엄수하여 늦게 입실하거나 일찍 퇴실하지 않도록 주의한다. 특별실이나 체육관, 운동장에서 수업할 때에는 더 일찍 출발하고, 수업참관을 할 때는 지도교사보다 먼저 도착하여 대기한다.

- 실습생에 대한 실습학교의 평가는 원칙에 따라 친절하면서도 세심하고 엄정하게 이루어진다. 연구과제물은 제출기한을 엄수하고 좋은 평가를 받을 수 있도록 최선을 다한다.

- 실습생연구실에서 일과 중에 필요 없는 잡담을 삼간다. 연구실은 수업을 준비하고 연구활동을 하는 장소로 모두가 깨끗하게 사용하고, 당번을 정하여 일과 후 청소하고 정리한 후 문단속을 한다.

- 실습생의 근무태도는 교육실습평가에 포함된다. 실습생은 실습학교의 지도방침과 교과 및 학급담당지도교사의 지도에 따라야 한다. 이에 따르지 않거나 실습생으로서 품행이 불량하고 품위를 손상하는 행위를 하는 경우에는 실습이 중지될 수 있다.

- 모든 학교시설은 금연구역으로 지정되어 있다. 따라서 교직원과 실습생들은 실내는 물론 실외에서도 흡연할 수 없다.

- 수업참관 전 수업안을 세밀하게 분석하고, 수업참관 시에는 집중하여 살펴보며 협의할 때 필요한 내용과 의문점을 기록해 둔다. 계획된 일정 외의 수업을 참관하고 싶을 때에는 사전에 해당 교사의 허락을 받아야 한다.

- 교사들은 학생지도경험이 풍부하기 때문에 실습생으로서 배울 점이 많다. 조언과 지시사항은 항상 기록하여 실행에 옮겨야 하며, 교육실습일지를 매일 기록하여 점검받고, 결과를 보고해야 할 사항은 잊지 않는다.

(2) 교육실습일지 기록

교육실습일지는 교과지도와 학급경영에 관한 지도교사의 지도에 관한 내용과 실습에 임하는 자신의 생각 등 실습생활 중 각종 정보를 기록하여 자기반성과 자기발전을 위한 자료로 삼고, 더 나은 교육활동을 하기 위함이다. 그 내용은 그날의 체험하고 활동한 내용과 느낀 점, 본받을 것과 비판점, 문제점과 해결방안 등을 있는 그대로 적는다.

이러한 교육실습일지를 기록할 때에는 다음과 같은 사항을 유의하여야 한다(한상효 외, 2003).

- 교육실습일지는 교육실습 준비 혹은 교육실습 기간 중 일어나는 모든 활동들을 기록하여야 한다.
- 실습학교의 업무조직, 실습학교현황, 담당학급현황, 학급편성현황, 학급학생 일람표, 주간일정표, 수업시간표 등은 실습학교의 요람, 담당학급의 경영계획서 등을 참고하여 자세히 기록하고 실습기간에 수시로 참고한다.
- 교육실습일지상의 학습지도는 주로 교과학습지도 시에 참관실습, 지도한 내용들을 기록하며, 교과학습 외의 생활지도, 학급경영상 특징적인 내용들을 기록한다.
- 소감의 내용에는 실습 중 실습생으로서 느낀 점, 연구의 과제나 특별히 참고할 내용 등에 대하여 상세히 기록한다.
- 지도교사의 조언란에는 지도교사가 직접 실습생에게 참고·조언이 될 만한 내용들을 기록한다.
- 수업참관록에는 다른 동료실습생들 혹은 교사들의 수업활동을 참관하면서 느끼고 참고할 만한 내용들을 기록하여 자기개선의 좌표로 삼는다.
- 교육실습 후기의 내용은 교육실습을 마치면서 보고 느낀 전반적인 내용들을 기술한다. 특히 자신의 결점, 고쳐야 할 사항, 앞으로 연구·조사하고 싶은 내용들을 기술하여 참고자료로 활용한다.

이상에서 살펴본 바와 같이 교육실습일지는 실습기간 동안의 일정표, 수업참관록, 실습소감 등 다양한 내용을 담고 있을 뿐만 아니라, 자신이 경험하고, 생각하고, 배우고, 느낀 것을 생생하게 기록한 자료다. 따라서 구체적이고 명확하게 기록된 교육실습일지는 실습생의 교육실습 전 과정의 경험을 이해하는 좋은 자료가 된다.

3) 교육실습 일정(예시)

(1) 일별 교육실습 일정

아래 제시한 일정표의 예시에 따른 교육실습의 일정은 다음과 같다. 실습생에게 실습 첫날은 온종일 매우 바쁜 하루가 될 것이다. 전체 실습생들이 학교장과 교직원에게 인사·소개하고, 담임지도교사와 교과지도교사, 그리고 담임학반의 학생들과 첫 만남도 이루어진다. 실습기관의 학교현황과 학교교육과정을 안내받고, 지도교사와 함께 첫 협의회 시간도 갖는다. 마지막으로 실습생들은 자치회를 구성하여 대표를 선출하고 당번을 정한다.

교육실습 둘째 날에도 첫째 날에 이어 업무실습이 이루어진다. 업무관리시스템 사용, 공문서 작성, 학생생활지도와 학교폭력예방 및 대처, 학업성적평가 및 관리, 학교안전생활교육 등에 관한 업무를 담당부장교사들로부터 배우게 된다.

교육실습 둘째 날 이후부터는 본격적인 참관실습이 이루어진다. 실습생은 담임지도교사와 함께 학급학생들의 자율학습지도, 학급조회와 종례를 참관하고, 교과지도교사를 비롯한 동 교과교사의 수업을 참관하게 된다. 점심시간에는 급식지도,

표 3-2 일별 교육실습 일정(예시)

일자	시간	실습 내용	담당자	장소
제1일	08:00~	출근부 서명, 실습실 좌석배정, 교생대표 선출	실습담당자	교육실습실
	08:20~	직원조회(교직원들에게 실습생 인사소개)	교무부장	교무실
	08:40~	전체조회(학생들에게 실습생 인사소개)	교무부장	강당
	1교시	교육실습안내(실습일정 안내, 실습평가 안내)	연구부장	교육실습실
	2교시	교육실습안내(연구과제, 교육실습일지작성)	실습담당교사	교육실습실
	3교시	학급지도교사 및 교과지도교사와 인사	지도교사	교무실
	4교시	업무실습(학교의 현황 및 조직 안내, 학교조직)	교무부장	교육실습실
	점심시간	급식지도	학급지도교사	급식실
	5교시	업무실습(학사운영, 교무업무분장)	교무부장	교육실습실
	6교시	업무실습(학교교육과정, 학년별 교과운영)	연구부장	교육실습실
	7교시	교과협의회(교과내용 검토)	교과담임	교과실
	~ 퇴근	교육실습생 종례	교생대표	교육실습실

	08:20~	출근부 서명, 교생조회	교생대표	교육실습실
	08:40~	학급조회 참관	학급지도교사	담임학반
	1교시	업무실습(Neis: 교육행정정보시스템 사용법)	교무부장	컴퓨터실
	2교시	업무실습(공문서 작성법)	실습담당자	컴퓨터실
	3교시	업무실습(학생생활지도)	생활지도부장	교육실습실
제2일	4교시	업무실습(학교폭력 예방 및 대처법)	생활지도부장	교육실습실
	점심시간	급식지도	학급지도교사	급식실
	5교시	업무실습(학업성적평가 및 관리)	실습담당자	컴퓨터실
	6교시	업무실습(학교안전생활교육)	학년부장	교육실습실
	7교시	교과협의회(교과내용 검토)	교과지도교사	각 교과실
	~퇴근	교육실습생 종례	교생대표	교육실습실
	08:20~	출근부 서명, 교생조회	교생대표	교육실습실
	08:40~	학급조회 참관	학급지도교사	담임학반
	오전일과	수업참관, 교재연구, 수업준비	교과지도교사	각 교실
제2일 이후	점심시간	급식지도	학급지도교사	급식실
	오후일과	수업참관, 수업실습, 학습자료 제작	교과지도교사	각 교실
	종례시간	청소지도, 학급종례 참관	학급지도교사	담당구역
	~퇴근	실습기록부 정리, 교생종례	학급지도교사	교육실습실

청소시간에는 학급의 청소지도도 해 본다. 교육실습일지를 매일 작성하여 점검받는다. 교육실습 일정 예시는 〈표 3-2〉를 참고한다. 이 일정은 그날그날 실습학교의 학사일정에 따라 달라질 수 있다.

(2) 주간별 교육실습 일정

교육실습기간의 첫째 주와 둘째 주에는 주로 참관실습을 하게 된다. 학교경영과 관련하여 학교현황과 학교교육계획, 학교교육과정, 교무조직과 사무분장을 비롯한 교내 각 조직의 구성과 역할 등을 파악하는 업무실습을 해 보는 것이다. 학교경영 영역은 실무를 해 보기 어려운 것이 많으므로 학교장이나 교감, 부장교사들의 특강으로 이루어지는 경우가 많다. 예컨대, 교무기획부장의 학교조직의 운영과 학사실무, 교육연구부장의 학업성적처리방법과 교원의 현직연수, 생활지도부장의 학생생활지도 및 학교폭력예방과 대처법, 교육정보부장의 업무관리시스템 사용방법 등과 같은 것이다.

　학급경영과 관련한 것으로는 학년부장의 특강이나 학급담임교사의 지도로 학급회 지도, 학급조회와 종례, 담임의 훈화, 학급학생 생활지도와 상담, 청소지도와 급

표 3-3 주간별 교육실습 일정(예시)

주	시간 / 일	1교시	2교시	3교시	4교시	5교시	6교시	7교시
제1주	월	교육실습안내		지도교사와 인사	업무실습(학교경영)			교과협의회
	화	업무실습(학교경영)		업무실습(학교경영)				
	수	업무실습(학급경영)	수업설계		교수-학습과정안 작성			동아리활동
	목	수업참관						수업협의
	금	수업참관, 과제 1(교수-학습과정안: 약안 제출)						학급활동 참관
제2주	월	자율활동	수업참관 및 수업설계					수업협의
	화	수업참관 및 수업설계						수업협의
	수	수업참관 및 수업설계						동아리활동
	목	수업참관 및 수업설계						수업협의
	금	수업참관 및 수업설계, 과제 2(연구보고서 제출)						수업협의
제3주	월	자율활동	수업실습					수업협의
	화	수련활동(1학년), 현장체험학습(2학년)						
	수	수련활동(1학년), 현장체험학습(2학년)						
	목	휴업일(석탄일)						
	금	교육실습생수업, 과제 3(교수-학습과정안: 세안 제출)						수업협의
제4주	월	수업실습(공개수업 또는 공개수업참관)						수업협의
	화	수업실습(공개수업 또는 공개수업참관)						수업협의
	수	수업실습, 과제 4(학생상담록 제출)						동아리활동
	목	수업실습(공개수업 또는 공개수업참관)						수업협의
	금	학생들과 인사	실습소감문작성	총평회	수료식			

식지도, 학급환경정리 등과 같은 것을 참관하게 된다. 이 중에서 학급담임지도교사와 함께 하는 학급경영실무는 주로 둘째 주부터 실제 실습을 하게 된다. 학교에 따라서는 따라서 둘째 주부터는 학급담임업무뿐만 아니라 수업실습의 기회를 부여하기도 한다. 실습생은 실습 첫째 주부터 실제수업을 대비하여 수업을 계획하고 수업안을 작성해 나가야 한다.

셋째 주와 넷째 주는 본격적으로 수업실습을 하게 된다. 교과지도교사와 지속적으로 상의하면서 수업안을 다듬고 실제 수업과 수업협의회를 통해 문제점을 찾고 개선해 나간다. 마지막 주에는 자신이 직접 공개수업을 하거나, 동료실습생의 공개수업을 참관할 기회도 갖는다.

주간별 교육실습 일정 예시는 〈표 3-3〉을 참고한다. 이 예시에는 매주 월요일에 자율활동, 매주 수요일에 동아리활동을 하는 것으로 보았으며, 5월 중에 실시하는 이틀간의 수련활동(1학년)과 현장체험활동(2학년)을 하는 것으로 가정하였다.

• 교육실습에 임할 때 갖추어야 할 교직예절과 교직에서의 인간관계에는 어떤 것이 있는지 적어 보시오.

내용	교직예절
용의복장	
인사	
말씨	
근무태도	
대상	교직에서의 인간관계
지도교사	
학생	

제4장

교육실습의 단계

1. 교육실습 운영 절차
2. 수업의 관찰과 분석
3. 교육실습의 평가

학습개요

1. 교육실습의 업무와 수업의 참관 및 실습단계에서 무엇을 해야 하는지 알고 미리 준비한다.

2. 좋은 수업이란 어떤 것이며, 수업관찰과 분석의 목적과 방법을 알고 이를 수업 설계에 반영할 수 있도록 한다.

3. 교육실습의 평가의 각 영역별 배점과 평가가 어떻게 이루어지는지 알고 미리 대비한다.

1. 교육실습 운영 절차

1) 사전교육 및 준비

(1) 실습기관의 준비

교육실습의 준비단계는 다음과 같이 이루어진다.

먼저, 교육실습기간이 다가오면 대학들은 학과별로 사전지도를 실시한다. 사전지도는 대개 한두 시간가량 걸쳐 실습내용과 방법, 실습 중 유의사항 전달 중심으로 이루어진다.

교육실습 사전교육이 끝나면 실습생들은 보통 실습이 시작되기 전 주에 실습학교에 예비등록을 한다. 실습학교에서는 실습생의 명단을 확인하고 지켜야 할 주의사항과 실습준비물, 연구과제 등을 부여한다.

교육실습이 시작되면 학생들은 실습학교의 교육계획에 따라 실습활동에 참여하게 된다. 교육실습 협력학교는 대개 학년 초부터 교육실습 담당부서에서 교육실습 계획을 수립해 놓고 있다. 교육실습 업무담당교사는 지난해의 업무내용과 대학에서 보내온 교육실습 평가기준 등을 참고하여 실습업무를 진행하게 된다. 담당교사는 실습생별로 교과수업 지도교사와 학급담임업무 지도교사를 배정하고 일정별로 강사를 선정하고 주간별 · 일별로 교육프로그램을 편성한다.

교육실습 중에는 대학의 지도교수들이 학교를 방문하여 학생들을 격려하고 학교측에 협조를 부탁하기도 한다. 지도교수가 학생들의 공개수업에 참여해서 함께 협의회를 갖는 경우도 있으나 이는 일정조정상 쉽지는 않은 일이어서 일반적으로 격려방문의 성격이 강하다. 4주간의 교육실습이 끝나면 실습학교에서는 학생들의 실습에 대한 평가결과를 대학 측에 통보함으로써 교육실습은 종료된다.

사전교육의 주요내용은 다음과 같다(권순우 외, 2006: 32).

- 교육실습 전반에 대한 이해와 실시요령
- 교육실습 3대 영역인 참관실습 · 수업실습 · 업무실습의 목적과 방법 안내
- 실습생이 담당할 각 교과의 교육과정에 관한 이해

- 각 교과의 지도계획, 지도방법, 교수-학습과정안의 작성요령 및 수업연습
- 학생생활지도의 목표와 내용, 실시요령
- 학급경영의 목표와 내용, 실시요령
- 학교행정업무에 대한 이해와 참여의 한계
- 교육실습에 임하는 태도 및 유의사항

(2) 교육실습생의 준비

사전교육에서 실습생들이 미리 알고 준비해야 할 사항은 다음과 같다.

첫째, 실습학교가 정해지면 그 학교의 상황을 파악해 놓아야 한다. 학교의 위치에 따른 교통편이나 학교규모, 교직원의 구성, 지역적인 상황 그리고 담당 실습지도교사 등에 관한 것이다. 학교홈페이지를 참고하면 도움이 될 것이다.

둘째, 실습의 어느 단계에서 어떤 활동이 이루어지는지 명확하게 파악하고 있어야 한다. 교육실습이 시작되면 시간별로 교실을 옮겨 가며 실습이 이루어진다. 실습현장에서 다음 프로그램으로 옮겨 갈 때 시간과 장소를 몰라서 헤매거나 늦게 참석하여 교직원들로부터 눈총을 받는 일이 없어야 한다.

셋째, 교육실습 중에 실습학교에서 요구하는 연구과제물을 파악하고 미리 자료를 수집하여 준비해 놓아야 한다. 일단 교육실습이 시작되면 빼곡하게 짜인 바쁜 일정에 쫓겨 느긋하게 과제를 작성할 시간이 없다.

넷째, 교수-학습과정안 작성을 연습해 두어야 한다. 수업실습을 위해 가장 중요하고 많은 시간을 요하는 것이 바로 수업안 작성이다. 실습기간 중에는 자신의 수업을 계획하고 설계할 시간이 매우 부족하다. 미리 동 교과의 동료실습생들과 함께 수업안 만드는 연습을 해 두어야 한다.

다섯째, 실제수업에 대비하여 연습수업을 충분히 해 보는 것이 필요하다. 자신의 수업모습을 동영상으로 촬영하여 분석하거나 동료실습생들과 서로 연습수업을 참관하고 비평하는 기회를 가지는 것이 좋다. 실기나 실습을 요하는 교과의 경우, 수업에 지장이 없도록 평소에 능숙한 시범이나 실기능력을 갖추는 것도 꼭 필요한 일이다.

여섯째, 생활습관을 바꾸어야 한다. 대학에서의 수업은 대개 첫 시간이 9시에 시작하고, 수업시각까지만 늦지 않게 참석하면 되지만, 중등학교의 일과는 대개 그보

표 4-1 교육실습 연구과제물 예시

과제물	제출일	구체적인 내용
교수-학습과정안 (약안)	첫째 주 금요일	교수-학습과정안(약안) 1부를 작성하여 교과지도교사 확인 후 제출
연구보고서	둘째 주 금요일	〈효과적인 학습동기 유발방법〉의 주제로 A4용지 4면 이상 작성하여 제출
교수-학습과정안 (세안)	셋째 주 금요일	교수-학습과정안(세안) 1부를 작성하여 교과지도교사 확인 후 제출
학생상담기록부	넷째 주 수요일	교육실습기간 중 학생상담의 결과를 학급지도교사 확인 후 제출
교육실습일지	실습 마지막 날	교육실습일지는 매일 학급지도교사에게 점검받고 마지막 날 실습담당교사에게 제출
실습소감문	〃	실습 마지막 날 소감문 작성 후 교생대표가 수합한 후 실습 담당교사에게 제출

※ 유의사항
- 모든 제출물은 담당지도교사의 점검을 거쳐 실습담당교사에게 제출한다.
- 제출 마감 일시를 지키고, 제출하지 않으면 해당 영역을 감점 처리한다.

다 일찍 시작하며, 수업 이전에 직원조회, 아침자율학습, 학급조회 등으로 보통 8시 30분이면 하루일과를 시작한다. 대부분의 초·중등학교에서 교원의 근무시간을 8시 30분부터 16시 30분까지로 운영하고 있다.

대부분의 실습학교에서는 실습생들에게 연구과제를 부과하고, 그 결과물을 실습 기간 중에 제출하도록 하고 있다. 연구과제는 그 내용에 따라 실습평가에 적용된다. 실습생 사전교육 때에 이러한 사실을 미리 알려 주어 실습생들이 마음의 준비할 수 있도록 한다. 일반적으로 실습생에게 부과되는 연구과제물은 〈표 4-1〉과 같다.

2) 업무참관실습

(1) 참관실습의 목적

교육실습은 크게 참관실습, 업무실습, 수업실습영역으로 이루어져 있다. 교육실습의 첫 번째 단계는 참관실습이다. 참관실습은 업무실습과 수업실습의 전 단계로,

보통 실습이 시작되는 첫 주에 이루어진다. 실습생은 지도교사와 함께 실제 교육현장의 전반적인 활동을 보고 들으며 학교교육활동과 교육현장에 대한 전체적인 상황을 상세하게 파악하고, 학생들을 직접적으로 이해할 수 있게 된다. 참관실습의 목적은 학교의 제반실태, 학생들의 관심과 욕구, 지도교사의 요구와 지도경향, 교과지도의 방법, 공개수업방법, 교사와 학생 간 상호작용 등을 파악하고 다음 단계인 실무실습 단계에서 기초자료로 사용할 수 있도록 하는 데 목적을 가지고 있다(한상효 외, 2009).

(2) 업무참관실습의 내용

참관실습에서 파악해야 할 내용을 교내의 대표적인 몇 개의 부서별로 나누어 다음과 같이 살펴볼 수 있다. 각 부서의 명칭은 학교에 따라 조금씩 다를 수 있다.

① 교무기획부
- 학교 내 각 조직(교무행정조직, 교과운영조직 등)의 구성과 기능
- 교내 각종 위원회(학교운영위원회, 인사위원회 등)와 협의회(교과 및 학년 협의회 등)의 구성과 기능
- 교무업무분장에 따른 부서별 · 학년별 · 교과별 업무
- 학교교육목표 및 학교교육과정에 따른 학년별 교육과정의 편성 및 운영
- 학교특색사업 및 중점추진사업의 내용 및 추진현황
- 연간 학사일정에 따른 학교행사 및 각종 현장체험활동 현황
- 학생의 입학 · 전학 · 퇴학 · 졸업 등에 따른 학적관리, 반 편성
- 수업시간표 운영과 교사의 결강에 따른 휴강 및 보강 방안
- 출근 · 퇴근 · 외출 · 지각 · 조퇴 · 출장 · 휴가 등 근무상황 신청과 관리

② 교육연구부
- 연간 학년별 · 교과별 평가계획 수립과 평가업무
- 성취도평가 실시에 따른 교과별 평가내용과 평가방법
- 학업성적관리위원회의 구성과 기능
- 각종 교직원연수(기관중심연수, 교내연수, 원격연수 등) 운영

- 학교컨설팅지원센터를 통한 수업컨설팅 업무 처리
- 교원능력개발평가의 평가내용, 평가방법, 평가결과 활용
- 동료장학과 자기장학 등 교내자율장학의 운영

③ 생활지도부
- 연간 학교교육계획에 따른 월별 학생생활지도계획 수립과 실행
- 학생 등·하교지도계획 및 활동
- 학생생활수칙(교칙)의 내용과 위반 학생에 대한 대책 수립과 실행
- 학생안전지도계획 및 지도방법, 안전사고발생 시 대처
- 모범학생표창, 선도위원회, 벌점제 활용 등을 비롯한 각종 상·벌제도
- 따돌림 예방 및 대처, 생명존중교육(자살예방지도) 실시
- 학교폭력대책위원회의 조직 및 운영

④ 교육정보부
- 업무관리시스템의 내용과 활용법 안내
- 전산시스템에서의 공문서작성 및 관리
- 교원과 학생, 학부모를 위한 에듀넷 활용방법 안내
- 웹 기반 정보통신망을 활용하는 수업방법 안내

⑤ 예체능부
- 연간 학생보건교육계획 운영, 보건실 사용법 및 활용
- 학예제, 체육대회, 사생대회 등 예능행사 계획 및 운영
- 한글날 백일장, 가정의 달 행사, 교지발간 등 문예교육
- 교내 각종 학생동아리부서 편성 및 활동
- 교기(학교운동부) 종목과 대회출전 등 활동

⑥ 진로상담부
- 진로교육 교과 편성, 교육자료 지원, 수업현황 파악
- 창의적 체험활동의 자율활동, 동아리활동, 봉사활동, 진로활동 교육

• 진로진학 안내실 활용 및 진로상담전문교사 활동
• 상담실 운영, 상담연수, 학생상담활동
• 진로체험의 날 운영계획 및 운영

3) 수업참관실습

(1) 수업참관실습의 내용

참관실습 중 가장 중요한 수업참관은 대개 교육실습의 시작부터 끝까지 전 기간에 걸쳐서 이루어지며, 실습기간 중 전반부는 주는 주로 교과지도교사나 동 교과교사의 수업을 참관하고, 후반부는 자신의 수업실습을 진행하면서 동료실습생들의 수업을 참관하는 방식으로 이루어진다. 수업참관은 실습생들의 수업능력신장뿐만 아니라 자신의 수업을 되돌아보는 데 큰 영향을 주는 중요한 경험이다.

실습생들은 수업을 참관하면서 다음과 같은 것을 생각해 보아야 한다.

• 교사는 어떤 수업의도를 가지고, 어떤 수업모형을 구상하여 수업을 설계하고 교과서를 재구성하였는가?
• 주제에 적합한 학습목표를 몇 가지로, 어떤 내용으로 설정하고, 어떤 방법으로 제시하였는가?
• 학습목표를 달성하기 위하여 수업의 흐름에 따라 각 단계별로 교사와 학생들은 각각 교수–학습활동을 어떻게 전개하고 있는가?
• 교사의 언어구사와 표정 및 수업행동은 적절하고 진지한가?
• 학습동기 유발은 학습목표와 학습자의 수준에 맞으며, 학습상황에 적합한 방법을 사용하고 있는가?
• 학생들의 학습사고를 자극하고, 상호소통과 친밀감 형성을 위하여 학생들에게 어떤 발문을 제공하고 있는가?
• 학생중심수업을 유도하기 위하여 학생들에게 어떤 문제해결방법과 기회를 제공하고 있는가?
• 협동학습을 적용하는 적절한 수업상황과 모둠활동의 지도방법 및 수준별 수업지도는 어떻게 하는가?

- 학습주제와 학생들의 수준과 흥미에 적합한 학습과제를 부과하는 방법은 무엇인가?
- 학습목표 달성과 관련하여 어떤 내용과 방법으로 평가를 하고 있는가?
- 수업 중에 여러 가지 예상하지 못한 상황이 발생할 수 있다. 수업 중 이러한 교실상황에 맞닥뜨렸을 때 교사는 어떻게 적절하게 대처하고 있는가?

(2) 수업참관 시 유의점
- 교과지도교사의 수업참관을 원칙으로 하고, 다른 교사의 수업참관을 할 때는 미리 지도교사와 해당교사의 허락을 받아야 한다.
- 수업 시작 전에 지도교사보다 미리 입실해서 뒤쪽에 자리하고, 수업 도중에 교실을 들락거리거나 교실 안을 돌아다니는 등의 불필요한 행동이나 시선으로 교수–학습활동에 지장을 주지 않도록 한다.
- 지도교사의 교수활동과 학생들의 학습활동을 자세히 관찰하여 수업참관기록부를 충실히 작성함으로써 나중에 자신의 수업을 설계할 때 참고한다.
- 수업내용에서 본받을 점을 찾아내고, 이해가 안 되는 것은 기록했다가 수업참관 후 궁금한 점을 묻고, 다른 이의 다양한 의견을 들으며 배움의 시간을 갖는다.

4) 수업실습

(1) 수업실습의 목적
교육실습생의 수업실습 목적을 좀 더 구체적으로 정리해 보면 다음과 같다.

- 담당교과의 교재연구를 통하여 교과교육과정이 어떻게 구성되어있는지 이해하고, 이에 따른 교육계획을 수립하는 능력을 기를 수 있다.
- 교재의 내용을 그대로 가르치는 것이 아니라 교사의 수업의도와 학습자의 수준을 감안하여 교재내용을 교사의 의도대로 수업모형을 선택하고, 재구성하는 방법을 익힌다.
- 수업진행의 각 단계에서 적용할 적합한 교수기법과 학생의 자기주도적 학습방법을 찾아서 적용해 보고 그 결과를 분석할 수 있다.

- 수업의 전체적인 흐름을 고려하여 각 단계별로 적절히 시간을 안배할 수 있다.
- 수업경험의 횟수가 반복되면서 실제 수업장면에서 만나게 되는, 미리 예상하지 못한 여러 수업상황에 대한 효과적인 대처방법을 익힐 수 있다.
- 가르칠 수업내용에 따라 어떻게 수업을 설계하고, 어떤 방법으로 가르쳐야 할지 계획하는 수업 설계도인 교수–학습과정안을 작성할 수 있다.
- 수업내용과 학습자의 수준에 맞게 학습목표를 설정하고 이를 제시하는 방법과 학생들에게 명확하게 인식시키는 방법을 찾을 수 있다.
- 수업을 교사 혼자만 일방적으로 전달하는 방식이 아니라 학생들과 상호소통하고 교류하는 방식을 통하여 학생들과 친근해지는 기회로 삼을 수 있다.
- 수업내용에 맞추어 다양한 학습자료를 선택하고 제작하며 사용해 봄으로써, 수업매체의 활용능력을 기를 수 있다.
- 수업의 결과를 일반화하여 다른 교사가 쉽게 사용할 수 있게 하고, 수업내용을 실생활에서 적용할 수 있도록 한다.

(2) 수업실습의 내용

① 교과지도
교과지도활동 방법을 살펴보면 다음과 같다.

- 담당교과의 성격과 목적을 규명하기 위하여 교육과정의 일반목표와 교과목표를 검토한다.
- 각 단원의 학습문제를 분석하여 학습목표를 설정하고 각 목표를 더욱 상세화하여 평가문항을 작성한다.
- 교과 또는 단원의 성격에 적합한 교수–학습모형을 구안해 보고 그 적용 방법을 연구한다.
- 지도목표와 내용에 따라 학교 및 학급실태를 분석하여 학습자에 맞는 구체적인 수업안을 작성하여 수업에 임한다.
- 자신의 수업을 개선하기 위하여, 교과협의회, 수업협의회에 적극 참여하고 여기에서 나온 의견을 적극 참고한다.

- 수업의 내면화 정도와 학업성취도를 알아보기 위하여 수업목표에 적합한 평가를 실시하고 평가결과를 검증한다.
- 평가결과를 기초로 자신의 수업을 반성해 보고 개선방법과 함께 교육실습일지에 기록한다.

② 수업실습에서 연구해야 할 일

수업실습에서 연구해야 할 일은 다음과 같다. 이러한 내용은 특히 교수-학습과정안의 세안을 작성할 때 필요할 것이다.

첫째, 교육과정에 대한 연구가 있어야 한다. 교과학습지도를 제대로 하기 위해서는 먼저 교육과정에 대한 연구가 선행되어야 한다. 교육과정의 구성과 국가수준의 교육목표, 교과의 교육목표, 학년목표와 지도내용, 지도상의 유의점, 타 교과와의 관련사항 등을 연구해야 한다. 나아가 실습학교의 교육목표와 교육방침도 살펴보아야 한다.

둘째, 수업모형에 대한 연구가 있어야 한다. 수업모형에는 여러 가지 종류가 있으며, 시대적 변화에 따라 다양한 수업모형이 생겨나고 있다. 수업모형은 교과와 지도대상에 따라 적용하는 모양이 달라지기에 정형화될 수 없다. 교사는 이러한 여러 모형 중에서 수업 단원과 학습자의 수준에 적합한 것을 찾아내어 적용할 수 있어야 한다.

셋째, 교재 및 교구에 관한 연구가 있어야 한다. 교사는 교재의 내용을 어떻게 재구성하여 가르칠 것인가에 대한 해석이 있어야 하며, 이를 위해 먼저 교과서의 단원 내용을 분석하고 수업에 필요한 요소를 추출해 내야 한다. 이에 따라 필요한 교수자료와 학습자료를 제작·준비하며, 수업의 주제와 학습목표를 설정하게 된다.

넷째, 수업안의 작성방법을 연구해야 한다. 수업안은 수업의 모든 것이 들어 있는 설계도다. 수업안을 제대로 설계했다면 수업실습의 절반 이상을 익힌 것이다. 실습생은 과정안의 형태를 새롭게 창안하기보다 일단은 우수 수업안을 견본으로 두고, 그 틀에 맞추어 짜는 연습을 해 보는 것이 좋다.

(3) 수업의 설계

수업실습에서 가장 먼저 해야 할 일은 수업을 설계하는 것이다. 수업안에 반영해야 할 요소들은 다음과 같다.

- 단원을 선정하고 이에 적합한 수업모형(수업방법)을 선택한다.
- 학습목표를 설정하고 목표달성을 위한 학습동기 유발방법을 모색한다.
- 교수−학습활동의 순서와 내용을 설계하여 각 활동별로 시간을 배분하고, 전체 혹은 그룹별로 활동방법을 결정한다.
- 필요한 학습자료를 선정하고 자료를 제작한다.
- 수업에서 학생들과의 소통방법과 학생활동을 어떻게 전개할 것인지 계획한다.
- 학습목표 성취도를 확인하는 평가내용과 방법을 설정한다.

이런 세심한 준비에도 불구하고 실제수업에서는 수업안대로 이루어지지 않을 때가 많다. 수업이 진행되는 과정에서 예기치 않은 돌발 상황이 발생할 수 있고, 실습생이 뜻하지 않은 학생들의 반응으로 인해 당황할 수 있다. 따라서 수업 중에는 항상 그때의 상황에 따른 새로운 결정을 내려야 하는 경우가 종종 발생하며 이런 모든 것을 사전에 계획할 수는 없다. 그렇기 때문에 실습생은 수업실습을 하면서 수업안을 계속 수정해 가며 실제상황에 맞게 대응하여야 한다(Richards & Farrell, 2011). 수업안의 작성에 대한 상세한 내용은 중 제7장 교과학습지도의 준비에서 상세히 다루기로 하고 여기서는 기본적인 사항만 살펴본다.

(4) 교수−학습과정안 작성 방법
수업안의 구체적인 작성 방법은 다음과 같다.

① 수업설계
- 교재를 학습자의 수준과 요구에 맞도록 적절히 재구성해야 한다.
- 수업모형은 학습내용에 적합하고 학습자에게 흥미로운 것으로 설계한다.
- 수업결과를 일반화하여 다른 교사들도 쉽게 적용할 수 있도록 만든다.
- 수업내용을 실생활과 연관되도록 구성한다.
- 가급적이면 교과통합적인 내용의 수업이 이루어지도록 구성한다.

② 학습목표

- 학생의 입장에서 구체적인 행동적 용어로 진술해야 한다.
- 학습내용과 학습행동, 학습 후에 기대되는 학습결과를 포함한다.
- 내용의 수준과 양은 학습자의 수준에 맞추어 적절해야 한다.
- 제시 시기와 방법이 적절하며, 학생들이 명확하게 인식하고 있어야 한다.
- 처음부터 끝까지 한곳에 게시하여 수업 중에 항상 볼 수 있도록 한다.
- 수업 도중에 수시로 확인하고 수업 마무리 단계에서 꼭 확인한다.

③ 교사

- 존칭어를 쓰고 명확한 발음, 명쾌한 음성으로 듣는 이가 불편함이 없도록 한다.
- 밝고 자신감 있는 모습, 고른 시선, 적당한 움직임, 열정적인 수업으로 학생들을 집중시킨다.
- 학습동기를 유발하는 적절한 방법으로 수업에 집중을 이끌어 내야 한다.
- 학생과의 상호작용이 활발하게 이루어질 수 있도록 해야 한다.
- 학생들이 알아듣기 쉽게 자주 예를 들어 설명해 주는 것이 좋다.
- 학생들의 발표 후 교사가 요약·정리를 충분히 해준다.

④ 학생

- 모두가 적극적으로 수업에 참여하고 흥미를 느낄 수 있도록 해야 한다.
- 토론(토의), 실습(실기), 발표 등으로 학생중심수업이 이루어지도록 한다.
- 협동학습에 소외되는 이 없이 모든 학생이 적극 참여하도록 지도한다.

⑤ 학습자료

- 학습주제와 학습자 수준에 맞는 내용으로 선정한다.
- 학습자료 제작과 준비에 충분한 노력을 기울여야 한다.
- 수업 중 자료의 활용과 제시 시기와 방법이 적절해야 한다.
- 너무 많은 자료를 준비하면 제한된 수업시간에 미처 활용하지 못하는 경우가 있으므로 한두 가지 정도만 준비하는 것이 좋다.
- 프레젠테이션은 글자 수를 줄이고 그림이나 사진으로 단순화한다.

⑥ 발문

- 학생들의 창의적인 느낌과 생각을 이끌어 낼 수 있도록 한다.
- 발문의 대상을 여러 학생에게 고르게 지명하고, 묻는 방법을 다양화한다.
- 먼저 묻고 나서 지명하고, 생각할 여유를 주어 응답을 유도한다.
- 교사의 발문에 활발하게 학생들의 의견을 표현하도록 유도한다.
- 발문에 대해 학생이 응답하면 적절한 칭찬과 격려를 해 주어야 한다.

⑦ 교수–학습활동

- 교사와 학생이 각각 어떤 내용으로 어떻게 활동하게 할 것인지 구상한다.
- 지루하지 않게 가급적 다양한 유형의 학습활동을 구상한다.
- 학생들이 충분히 해낼 수 있는 학습활동을 구상한다.
- 전체적인 수업의 흐름과 각 단계별 시간안배가 잘 되도록 한다.

⑧ 인성지도

- 나라사랑, 자연보호, 타인배려, 협동심앙양, 생명존중, 예절의식, 준법정신 등에 관한 내용을 담고 있어야 한다.
- 수업 중 자연스럽게 학생들의 인성지도가 이루어지도록 한다.

⑨ 평가와 정리

- 학습목표와 연관된 적절한 수준의 평가가 이루어지도록 한다.
- 평가는 문제풀이 학습이 아닌 학습목표 성취도의 확인이 이루어지도록 한다.
- 학습자가 수업결과를 내면화하여 성취감을 느낄 수 있도록 한다.

5) 업무실습

업무실습은 학급경영과 학생생활지도가 실무의 중심이므로 이에 대하여 살펴보기로 한다.

(1) 학급경영실습

학급담임의 역할을 알고 실습생이 실천해야 할 학급경영관련 실습의 내용은 다음과 같다.

- 매일 학급조회와 종례에 동참하여 지도교사의 전달사항과 훈화를 듣는다.
- 학급회 조직과 운영, 학급임원의 임무를 알고 학급경영에 학급임원을 활용하는 방법을 배운다.
- 학급학생들의 출결상황을 파악하고 지각·조퇴·외출·결석생에 대한 조치와 출석부 기재방법을 배운다.
- 쾌적하고 청결한 학습을 위한 청소지도와 학급환경을 만들고 유지하는 방법을 알아본다.
- 점심시간에 학생들의 급식지도에 동참하여 배식질서 지키기, 잔반 안 남기기 등 식사예절을 실천 및 지도한다.
- 학생들의 눈높이에 맞추어 자연스러운 대화로 학생에 관한 정보를 수집하고 친근함과 거리감을 좁히며 신뢰를 쌓는 방법을 배운다.

학급경영에 관한 상세한 내용은 제6장에서 살펴보기로 한다.

(2) 학생생활지도

학생생활지도는 학생들의 학급생활과 밀접하게 연관되기에 학급담임교사의 몫이기도 하지만, 학생들의 학교생활 전반에 걸쳐 이루어지므로 학교 내 모든 교사들이 동참해야 할 일이다. 일반적으로 학생생활지도 실습은 주로 학급담당교사와 함께 생활지도에 동참하는 형식으로 이루어지게 된다.

교육실습생은 다음과 같은 내용으로 생활지도 실습에 임하게 된다.

- 올바른 가치관 형성에 도움이 되는 훈화 및 사례지도를 통하여 바람직한 인격 형성을 도모한다. 각종 훈화자료는 주제별로 각 담당부서에서 유인물로 제공되기도 하고 학급담임교사가 직접 제작할 수도 있다.
- 생활지도부의 월별 학생생활지도계획에 따라 학급학생들의 두발, 용의복장,

학용품사용, 생활습관 등을 지도한다. 이러한 지도 때에는 모든 교사가 지도의 표준에 따라 일관성을 지키는 것이 필요하다.

• 학생의 안전사고예방을 위하여 평소 지속적인 훈화와 함께 사고발생 우려가 있는 현장에서 안전사고가 발생하지 않도록 지도한다. 특히 학교 밖에서 이루어지는 다양한 현장체험활동에서 각별한 주의지도가 필요하다.

• 등·하교시간에 등·하굣길 현장에서 학생들의 보행질서와 교통안전지도, 예절교육 등에 지도교사와 동참하여 지도한다.

• 학생상담의 기본적인 기술을 배우고 학생들의 요구를 파악하여 학급학생들을 대상으로 학생상담을 실습해 본다. 실습생의 상담실습은 주로 집단상담의 형식이 될 것이다.

학생생활지도에 관한 상세한 내용은 제9장에서 살펴보기로 한다.

2. 수업의 관찰과 분석

1) 좋은 수업의 조건

수업을 분석하고 개선하기 위해서는 좋은 수업이란 무엇인가에 대한 논의가 우선되어야 한다. 왜냐하면 교사라면 누구나 좋은 수업을 하기 위해 노력할 것이며, 학생들은 좋은 수업을 받기 원할 것이기 때문이다. 그러나 좋은 수업의 의미는 시대, 사회, 집단에 따라 달리 해석되기 때문에 그 의미를 명확히 규명하기란 쉽지 않다.

좋은 수업의 의미에 관하여 김주훈 등(2003: 43)은 '학습자가 재미를 느끼고, 교육적으로 의미가 있는 학습경험을 제공해 주며, 교사와 학습자 간의 충실한 상호작용이 일어나 교수–학습 효율을 극대화 하는 수업'이라고 정의하였다.

각 연구자들이 제시하는 좋은 수업의 특징을 종합·분류한 결과에 따른 특징은 다음과 같다.

첫째, 좋은 수업은 수업의 구조화가 잘 된 수업이다. 수업활동이 교사와 학생 모두에게 잘 파악되고 일관된 전개과정이 이루어지는 것을 말한다. 수업에서 명료한 구조화는 목적, 내용 그리고 방법의 조화로운 일치가 있어야 하며, 조화로운 일치는 좋은 계획, 교사의 교수방법적인 노련함 그리고 학생의 구성적인 협력을 통해서 이루어질 수 있다.

둘째, 좋은 수업은 내용이 명료한 수업이다. 내용의 명료화는 수업의 과제 설정이 설득력이 있으며, 주제의 전개 과정이 순조롭고, 수업 결과의 정리가 명료하고 확실하게 이루어질 때 나타난다. 따라서 수업이 명료해지기 위해서는 수업 내용이 무엇인지 쉽게 알 수 있어야 하며, 수업 내용들은 서로 연결이 되어 있고, 전체적인 수업의 핵심내용과 연결되어야 한다.

셋째, 좋은 수업은 무엇보다 교사의 전달 능력이 무엇보다도 중요하다. 그러나 여기서 전달의 기술이란 교수의 말재주나 청중을 끄는 수완을 의미하는 것이 아니라 다양한 교수방법과 자료, 매체 등을 사용하여 학생들에게 효과적으로 전달하는 데 중점을 두는 것이다. 학습의 흥미를 이끌어 내기 위해서 교사의 표정, 동작, 몸 언어 등을 통한 수업에서 가급적 다양한 연출 기법을 사용할 수 있다.

넷째, 좋은 수업은 학생이 스스로 지식을 구성하도록 하는 수업이다. 지식은 교사에게서 학생으로 전달되는 것이 아니라 학생들에 의해 능동적으로 구성된다는 관점이다. 즉, 학생이 교사와의 교류 속에서 교수-학습 과정과 그 결과에 어떤 개인적이고 개별적인 의미를 부여하는 과정을 말한다. 따라서 좋은 수업은 학생들이 자신의 현재 지식을 더욱 높은 수준으로 재구성할 수 있도록 지원해 주는 수업이라 본다.

다섯째, 좋은 수업은 적극적인 학생 참여가 이루어지는 수업이다. 학생은 학습 과정에 적극적으로 몰입해 있을 때 가장 학습 효과가 크다. 이와 같이 학생 참여를 중요시하는 수업에 협동학습과 상황학습이 있다. 협동학습은 여러 사람의 공동 참여와 작업을 통해 이루어질 때 개인의 고정된 시각이나 관점이 다른 여러 관점과 시간에 노출됨으로 인해 개인의 시각과 지식의 범주를 더욱 넓힐 수 있고 더욱 심화된 사고와 학습을 할 수 있으며, 상황학습은 여러 개념과 기술이 담겨 있는 복잡한 문제를 풀기 위해 파생되는 여러 작은 문제들이나 과제들을 스스로 찾아내고 풀어 가는 형성학습을 강조한다.

여섯째, 좋은 수업은 교사와 학생 및 학생들 간의 상호작용이 잘 되는 수업이다. 즉, 좋은 수업은 교사의 가르치는 활동, 학생의 배우는 활동, 그리고 교사와 학생

간의 상호작용 활동을 모두 포함해야 하며(김재춘 외, 2005: 373), 참여와 소통이 있는 수업은 교수가 일방적으로 내용을 설명하고 끝나는 것이 아니라 허용적인 의사소통 체계에 따라 진행되며, 경직된 구조보다는 수업내용과 학생의 요구에 따라 유연하게 의사소통할 수 있는 체계의 구축이 학습의 측면에서 효율적이다. 따라서 좋은 수업을 위해서 교사와 학생 간에 균형 있고 다양한 방식의 상호작용이 일어나야 한다.

2) 수업관찰

(1) 수업관찰의 목적

수업분석을 위해서는 먼저 수업을 제대로 관찰할 수 있어야 한다. 수업참관에서는 교실수업에서 일어나는 모든 영역이 관찰대상이 되며, 수업 중은 물론, 수업 전이나 수업 후의 활동까지 포함된다. 수업분석의 목적과 필요성, 수업관찰 중에 두드러진 현상이나 수업분석을 통해 나타나는 현상 등을 중점적으로 관찰한다. 수업을 직접 관찰하게 되면 수업의 앞 단계에서 약정된 수업관찰의 방법과 수업개선의 방안에 관하여 수업담당자를 도울 수 있는 체계적이고 실제적인 근거를 마련할 수 있게 된다. 직접적인 수업관찰을 통해서 얻어진 정보나 데이터가 사실적이고 구체적이라면, 수업관찰 앞 단계에서 수업담당자와 합의된 수업개선의 문제를 해결하는 데 중요한 근거자료가 될 수 있다.

(2) 수업관찰의 내용

수업과 관련한 관찰의 내용을 수업 앞 준비 단계에서부터 수업 뒤 평가단계까지 살펴보면 다음 〈표 4-2〉와 같다.

표 4-2 수업관찰 내용

관점	관찰할 내용
수업전 활동	• 교재단원의 내용 및 성격은 단원 선정의 취지에 부합하고 있는가? • 수업모형은 교재단원의 내용과 학습자의 수준(학습능력)에 맞는 것으로 선정하였는가? • 교재의 내용을 교사의 수업의도와 학습자의 수준에 맞추어 창의적으로 재구성하였는가? • 교실은 잘 정돈되고 쾌적하여 면학분위기가 조성되어 있는가? • 좌석배치는 단원의 주제와 수업내용, 학습자의 수준 등을 배려한 것인가? • 학생의 학업성취도와 관련하여 사전에 기초 실태조사가 이루어졌는가? • 해당 교과와 관련하여 학생들의 수업 흥미도를 파악하고 있는가?
수업중 활동	• 학생들은 학습목표를 명확하게 인식하고 있으며 학습목표달성을 위한 학습이 이루어지고 있는가? • 학습목표의 설정과 제시는 수업내용 및 학습자 수준에 관련하여 적합한가? • 학습동기를 유발하기 위한 다양하고 창의적인 시도가 이루어지고 있는가? • 학습의 각 단계별로 교수-학습활동의 선정 및 시간안배는 적절한가? • 교수매체는 학습흥미를 자극하는 것이며, 교사의 활용 능력은 우수한가? • 학습자료의 제작 노력과 내용 및 수업 중 제시 시기와 방법은 적절한가? • 학습의 집단화와 개별화는 수업내용에 맞추어 조화롭게 이루어지고 있는가? • 수업의 흐름은 단계별로 어색함 없이 자연스럽게 이어지고 있는가?
수업중 활동	• 학생중심수업으로 학생들 간에 역동적이고 활발한 상호작용이 이루어지고 있는가? • 교사는 학습사고를 자극하는 다양하고 창의적인 발문을 여러 학생들에게 고루 제공하고 있는가? • 교사의 발문에 대하여 학생들은 활발하고 적극적인 응답과 질문을 하고 있는가? • 교사는 학생들의 응답에 대한 적절한 칭찬과 격려를 제공하고 있는가? • 교사의 수업진행은 열정적으로 이루어지고 있으며, 학생들과의 교감으로 활발한 상호작용이 이루어지고 있는가?
수업후 활동	• 평가문항은 학습목표 도달을 확인하는 적확한 내용과 방법으로 제공하고 있으며, 학생들은 평가에 적극 참여하는가? • 후속학습은 본시학습과 잘 연계되어 이루어지도록 계획되어 있는가? • 학생들은 수업결과에 대한 만족도가 높으며 내면화가 이루어지고 있는가? • 학생들의 바람직한 인성을 함양하는 데 도움을 주는 수업내용인가? • 수업의 내용은 실생활과 연관된 것으로 창의성을 기르는 데 도움이 되는 것인가? • 수업의 내용을 타 교사가 일반화하는 데에 어려움은 없는가?

(3) 수업참관록 작성

수업참관록을 작성할 때에는 수업의 각 단계에서 어떤 활동이 이루어지며 교사의 수업행동에 학생들은 어떤 반응을 보이는지 세심하게 관찰하고, 느낌과 의문점 등을 일일이 기록하는 것이 중요하다. 수업참관록의 내용은 〈표 4-3〉을 참고한다.

표 4-3 수업참관록

참관실습생:	대학	과	학년	성명:		

과목:		수업교사:		대상: 학년 반		

일시: 월 일 제 교시		단원명:				

학습목표:						

영역	내용	참관소감	의문점(문제점)
수업준비	학습목표 진술과 제시방법		
	전시학습 연계성		
	학습동기 유발방법		
수업방법	수업모형의 적절성		
	학습자의 흥미와 수준 고려		
교재연구	핵심지도내용 강조		
	교재내용의 재구성		
수업매체	수업매체 제작과 활용능력		
	활용도와 내용의 적절성		
수업진행	발문과 응답의 창의성, 적절성		
	타 교사의 일반화 가능성		
	협동학습, 토의토론, 학생발표		
	전체적인 흐름과 시간 안배		
	수업내용의 실생활 관련성		
교사태도	표정과 동작의 열정, 진지함		
	언어구사의 분명함, 명쾌함		

학생태도	학생중심 학습활동의 역동성		
	학습결과의 내면화 정도		
	교사에 대한 수업만족도		
평가	학습목표와의 연계성 및 달성도		
	평가방법의 적절성		
토의 및 협의사항			

3) 수업분석

(1) 수업분석의 목적

수업은 그 형태가 고정적일 수 없으며 끊임없이 발전시키고 개선해 나가야 한다. 이를 위해서는 수업에 관한 다양한 관점에서 분석이 이루어져야 한다.

수업분석의 목적은 다음과 같다.

첫째, 수업분석은 관찰된 데이터를 통해 수업의 특징이나 문제점을 분석하고, 뒤이어 장학협의회의 실시를 위한 전략을 수립하기 위함이다. 즉, 어떤 데이터를 활용해야 하는지, 협의회에서 중요하게 논의되거나 제안할 사항은 무엇인지 결정되어야 한다.

둘째, 수업분석은 수업에 있어서 내용보다 방법에 초점을 두는 입장으로, '무엇을'보다 '어떻게'를 강조하는 개념이다. 수업분석의 최종 목표는 수업방법의 개선을 통하여 수업의 질을 높이는 데 있다.

셋째, 수업분석은 교사의 핵심적이고도 전문적인 영역인 교수능력을 개발하고 확보하는 데 있다. 수업분석은 교사의 수업에 관한 자율성과 독창성을 보장하고, 객관적인 시각과 과학적인 방법을 통하여 수업을 보다 창의적인 것이 되도록 하는 데 있다.

넷째, 수업분석은 교사와 학생이 교수-학습활동에서 함께 소통하고 만족하며 공유하는 부분을 넓히는 데 있다. 수업은 가르치는 이와 배우는 이가 상호작용함으로써 본연의 효과를 거둘 수 있다. 가르치는 이와 배우는 이는 수업장면에서 본질적으로 동일한 일을 한다(이윤식 외, 2009: 24).

다섯째, 수업분석은 수업결과의 내면화와 일반화에 기여하는 데 있다. 좋은 수업
은 수업안만 가지고도 다른 교사가 그와 같은 수업을 자신의 수업에 적용할 수 있어
야 한다.

(2) 수업분석의 방법

수업분석 도구는 수업을 분석하는 방법이나 기준에 따라 다양하게 분류되는데,
일반적으로 수업분석 방법은 양적 분석과 질적 분석으로 분류할 수 있다. 양적 분석
은 주로 정보를 양적으로 처리하는 것으로 수업의 사실을 관찰·측정하고, 객관적
인 데이터를 만들어 수량적으로 분석하려는 방법이며(천호성, 2008), 질적 분석은 교
실생활의 의미, 교실생활에 대한 해석과 설명, 교실생활의 중요성 등을 파악하기 위
하여 수업사태의 심층을 면밀히 조사하려는 접근법이다(주삼환, 1999). 이를 구체적
으로 살펴보면 다음과 같다(김난희, 2013: 13).

① 양적 분석 방법

양적 분석에서 주로 사용하고 있는 방법에는 평정척(rating scales)에 의한 분석
법, Flanders의 언어상호작용 분석법(Flanders Interaction Analysis Category System),
Truckman의 수업분위기 분석법, 좌석표에 의한 분석법, 필터식 수업관찰 분석법
등이 있다.

평정척에 의한 분석법은 일반적이고 관찰하기가 모호한, 추상적인 수업활동을
정해진 평정척도에 따라 주관적으로 평가하는 방법이다. 따라서 이 방법은 관찰한
행동을 비연속적인 용어로 쉽게 기록할 수 없어서 수량화하기 어려운 경우에 특히
유용하며, 교육현장에서 널리 쓰이고 있는 방법이다.

Flanders의 언어상호작용 분석법은 교사와 학생간의 언어 상호작용에 초점을 두
는 것으로, 이 분석법은 언어의 특성을 10개의 영역으로 구분하여 수업에서 교사와
학생의 언어를 3초 단위로 표시하는 것이다.

좌석표에 의한 분석법은 교사와 학생의 행동을 관찰할 때 좌석표를 이용하는 방
법으로 자리이동 분석법, 과업집중 분석법 등이 있다. 자리이동 분석은 수업 중 교
사의 이동형태를 관찰하고 분석하는 방법이며, 과업집중 분석은 수업 중 학생이 어
느 정도 수업에 집중하고 있는지를 통하여 수업을 분석하는 방법이다.

필터식 수업관찰 분석법은 수업의 효과를 높이기 위해 수업의 준거들을 분석할 수 있는 '틀(여과기)'을 만들어, 이 틀에 비추어 수업의 여러 가지 사실과 정보를 통과시켜 관찰·분석하고 수업개선에 필요한 자료들을 빼내어 교사들이 효과적으로 활용할 수 있게 하는 방법이다.

② 질적 분석 방법

질적 분석에서 주로 사용하고 있는 방법에는 주요사건접근법, 일화기록법, 녹음과 녹화기록법 등이 있다. 주요사건접근법은 Flanagan이 고안한 주요사건 기록지(critical-incident report)를 활용한 방법이다. 기록지는 수업의 주요 사건을 주도한 것이 무엇이며, 수업 중에 어떤 일이 발생하였는지, 그 결과가 무엇인지를 나타내는 형식이며, 이에 따라 기록한다.

일화기록법은 수업의 상호작용을 기록하는 방법으로 수업 중에 일어나는 사건을 노트에 간단하게 기록하는 것이다. 일화기록은 수업 중에 일어나는 일을 짧은 문장으로 구성하며, 부호(protocol)형태로 기록한다. 또한 문장마다 관찰시간을 제시하고, 문장은 가능한 객관적이고 비평가적이어야 한다.

녹음과 녹화기록은 수업분석에서 가장 객관적인 관찰방법 중 하나다. 녹음은 녹음기와 마이크를 사용하여 교수와 학생의 말을 녹음하는 것이며, 녹화는 비디오카메라를 사용하여 녹화를 하는 것이다.

(3) 수업분석의 절차

효과적인 수업분석을 위하여 이루어져야 할 절차는 다음과 같다.

첫 번째, 수업분석계획 수립: 수업분석을 위한 사전 작업으로 수업참관 대상 교사와 대상 학급 및 수업시간과 수업장소를 선정한다. 그리고 관찰의 중점과 관찰과 분석에 관한 유의사항 등에 대한 계획을 수립한다.

두 번째, 교사와의 의사소통: 수업분석은 수업담당자와 참관자 모두의 수업개선을 통한 전문성을 높이는 데에 있다. 따라서 수업분석 대상 교사인 수업담당자와 참관 교사와의 충분한 협의를 통하여 수업분석의 취지와 방법에 대한 이해를 높이고 불필요한 부담감이나 오해의 소지가 없도록 한다.

세 번째, 수업참관 및 분석: 수업분석의 중심활동으로 ① 교수-학습과정안 제출,

② 관찰과 분석의 영역 및 관점 결정, ③ 참관교사의 역할 분담, ④ 수업준비 및 계획, ⑤ 수업참관 및 분석, ⑥ 결과처리 및 분석, ⑦ 수업참관협의회의 순서에 따라 이루어진다.

네 번째, 수업분석 결과처리: 참관자가 분담한 역할별로 관찰하고 분석한 내용의 결과를 종합하여 정리하고, 정리된 자료에 의하여 수업개선의 방향을 협의하고 제시한다.

다섯 번째, 수업결과 환류(피드백): 수업분석의 결과를 수업담당자에게 제공하고 다음 수업행동에 대한 교정의 자료로 활용하도록 함으로써 교정 결과에 따른 수업개선을 시도한다.

(4) 수업분석의 예시

수업을 관찰하고 분석하는 방법에 관한 예시는 〈표 4-4〉와 같다. 실습생은 표의 왼쪽에 있는 관점에 따라 오른쪽 빈칸의 관찰 및 분석내용에 기록하는 것이다.

표 4-4　수업관찰 분석 예시

		관점	관찰 및 분석내용
수업계획	• 수업안 작성과 수업조직 • 교새와	① 교과 본질 면, 수업모형의 적합성 ② 학습요소, 학습시간, 학습목표의 적절성 ③ 역동적 학습활동의 계획	▶도덕의 '자아'라는 복합적인 요소를 교과 간 융합과 성찰학습을 통해 접근하려는 노력이 돋보임. ▶이론으로서의 도덕보다 실제적인 학생의 다양성과 독창성, 감수성, 상상력을 고려한 수업으로 기능과 태도를 강조한 부분이 인상적임. ▶수업의 분위기를 유도할 수 있는 촛불과 음악을 준비한 노력이 보임.
	• 교재교구 준비 • 지도계획	① 교재, 교구의 종류 및 투입의 적절성 ② 수업안 전체적 짜임의 적절성	
교수 · 학습과정	• 학생의 학습활동 및 발문 • 학습의욕과 참여도	① 학생의 참여도(시간, 발문, 자료) ② 학생의 발언 내용 ③ 다양한 학생의 활동 여부	▶학생의 참여가 주를 이루었고 이러한 참여를 통해 자기 스스로를 발견할 수 있는 활동으로 이루어짐. ▶'자아'라는 주제에 다양한 활동이 이루어질 수 있도록 유도함.

교수·학습과정	• 교수용어 • 발문과 조언	① 교사의 교수용어 적절성 ② 교사의 발문(시간별, 발문 내용)	▶ 교사의 용어가 학생들에게 재미있게 다가오고 친근했다는 점에서는 좋았으나, 말이 빨라서 제대로 이해하지 못한 점이 있다는 것은 아쉬움. ▶ 수렴적 발문과 확산적 사고를 촉진하는 발문이 적절한 조화를 이룸. ▶ 모둠별 활동이 주를 이루었는데 활동이 많아 모둠별 능력 차이를 고려한 지도가 이루어지지 못함.
	• 판서 • 학생 개인차 고려	① 판서의 내용, 시기, 구조화 등 ② 개별지도, 개인차 고려 (능력별, 흥미별)	
	• 학습자료의 제작과 활용 • 자료활용의 효율성	① 제작 자료의 내용(경제성, 효율성) ② 자료 투입의 적절성(시기, 시간, 효과)	▶ 자아라는 수업개념 속에서 학생들이 스스로의 가치와 소중함을 깨닫게 하는 영상이 감동적임.
	• 계획과 실천과의 관련성 • 수업의 흐름과 형태	① 수업안 계획과 수업결과와의 비교 ② 평가계획, 평가요소, 평가결과의 적절성	▶ 수업안 계획에 비해 시간을 초과한 점과 다양한 학생활동을 수용하지 못한 점은 아쉬움. ▶ 평가요소가 다양하고 평가 자체가 수업내용에 그치지 않고 이후의 자아 성장을 도모함.
수업성과	• 학습목표 도달도 • 일반화 • 기타 의견	① 학습 과정상의 우수사례 ② 학습목표 도달도 ③ 일반화할 수 있는 우수사례 ④ 기타 의견	▶ 2차적 강화물을 적절히 사용하여 학생들의 참여를 적극적으로 이끎. ▶ 수업과 창의인성 요소가 조화로움.
교사 이미지 분석	수업담당자는 -학생들에게 골고루 발표시킨다. -학생들의 의견을 존중해 준다. -학생들의 질문에 친절하게 답해 준다. -유머감각이 풍부하다. -적절한 과제를 내 준다. -최선을 다해 열심히 가르친다.		수업담당자는 유머 감각이 뛰어났고 그 속에는 진정으로 학생을 위하는 태도가 돋보이며 감동적이었다. 학생들을 아끼는 마음이 그대로 드러나는 수업이었으며 이를 위해 많은 준비를 한 것 또한 느낄 수 있었다.

3. 교육실습의 평가

1) 교육실습평가의 목적

교육실습평가의 궁극적인 목적은 실습초기에 설정한 목적에 비추어 실습생의 실습과정 및 실습 후에 나타난 성취도를 확인함으로써 실습경험의 효과를 극대화하고, 교육실습과정에 대한 반성을 통해 추후 교육실습과정을 개선시켜 나가려는 것이다(권순우 외, 2006: 175). 또한 교육실습생이 교사로서 자신의 실습경험을 되돌아보는 자아성찰을 통하여 장차 훌륭한 교사가 되는 데 필요한 자질과 역량을 갖출 수 있도록 하는 데에 있다.

실습학교의 지도교사는 실습생의 실습성과를 평가하는 과정을 통하여 그동안 이들에게 시범을 보이고 지도를 하여 예비교사를 길러 낸 일에 대한 보람과 긍지를 가질 수 있다. 이로써 교사로서의 자질을 더욱 향상시키는 계기를 마련하게 한다.

대학의 지도교수는 실습생의 평가과정을 통해 학생들이 실습현장에서 예비교사로서의 역할을 제대로 수행해 냈는지를 확인해볼 수 있고, 평가과정에서 수정·보완해야 할 사항들을 찾아내어 이후 실습지도에 반영하여 실습과정을 개선시켜 나갈 수 있다.

현행 중등교육실습의 평가는 교과지도교사와 학급지도교사가 교과지도영역(60점), 학급지도영역(20점)에 대해 평가한 후 교육 실습부에서 근무일반(20점) 점수를 합하여 교육실습 성적으로 확정한다. 그 밖에 실습생은 실습기간 중 수업평가회, 총평회 등에 참여하거나 교육실습일지의 소감란에 자기반성의 내용을 기록하는 등의 활동을 통하여 본인 스스로 반성 및 평가의 기회를 갖는다.

2) 교육실습평가의 과정

교육실습은 대학에서 이수해야 할 과정의 하나이지만 수행 장소가 초·중등학교 현장이고 실제지도를 초·중등학교교사가 담당하게 되니 실습수행에 관한 평가 또한 담당지도교사가 맡게 된다. 다만, 평가의 구체적인 항목과 배점 등은 사전에 대학 측에서 결정하여 실습학교에 제공하게 되고, 실습학교에서는 이 기준에 따라 평가하고, 실습이 종료되면 결과를 대학에 보고하게 된다.

교육실습평가를 위해서는 우선 교육실습의 목적을 확인하고, 이러한 목적을 달성하기 위해 실습과정에서의 실습내용을 구체화한 후 각 내용별 평가 비중을 정하고, 이에 해당하는 구체적인 자료들을 수집하여 수집된 자료를 토대로 객관적 분석과정을 통해 최종평가를 내리게 된다.

교육실습의 평가에는 형성평가와 종합평가가 모두 포함된다. 형성평가는 실습이 진행되는 과정에서 일어나고 있는 바를 그때그때 실습지도교사와 실습지도교수에 의해 평가되는 것을 일컫는 것이다. 종합평가, 즉 최종평가는 실습지도교사가 실습시간동안 실습생이 행한 모든 활동을 비롯하여 실습생이 작성한 실습결과보고서와 각종 제출물을 근거로 평가하고, 대학의 지도교수는 실습기관에서 평가한 실습결과보고서, 실습생이 제출한 각종 기록물, 실습기간 동안 실시한 순회지도 등의 결과를 종합하여 평가한다(권순우 외, 2006: 176).

3) 교육실습 평가의 방법

(1) 교육실습생의 자기평가

교사는 자신이 가지고 있는 교직관, 교육자로서의 신념, 학문적 지식, 교수기술 등을 교육활동과 교직업무 상황에 맞도록 종합하고 재구성하는 실천적 판단능력을 갖추고 있어야 한다. 따라서 실습생에게 교사로서의 자질, 능력 및 적성에 관한 스스로의 평가기회를 제공함은 유능한 교사가 되기 위해 반드시 필요한 과정이다.

실천적 지식은 교사가 가지고 있는 교수관련 지식과 기술들을 바탕으로 하여 그때그때의 상황에 따라 최대의 교육적 효과를 이끌어 낼 수 있도록 하는 것으로, 전공교재나 강의를 통해 획득되는 것이 아니라, 실제장면에서 교직활동을 수행하면서 경험으로 얻어지는 것이다. 물론 교사들은 교직에서 실천적 지식을 쌓아 가게 되지만, 교사 준비과정에서는 교육실습이 실천적 지식을 경험하는 유일한 과정이다. 따라서 이 과정에서 스스로를 반성적으로 평가해 보는 경험을 갖는 것은 경험의 효과를 극대화하여 유능한 교사가 되는 데 도움을 주게 된다(권순우 외, 2006: 178).

(2) 실습학교에 의한 평가

실습학교에서는 실습생의 교사로서의 자질, 능력, 성실성, 연구결과에 대한 평가를 실시한다. 평가를 위해서는 관찰하고 분석하고 이를 토대로 평가하는 과정이 반복된다. 실습학교에서는 실습기간 동안 실습생의 수업활동과 수업 외 실무활동을 관찰하고 평가하며, 수시로 조언하는 형성평가를 통해 실습이 바람직한 방향으로 진행되도록 지도한다. 실습이 모두 끝나면 실습생이 초기에 설정한 목표를 어느 정도 달성했는지를 확인하는 종합평가를 실시한다.

실습학교에 의한 평가는 교육실습에 참여한 이들이 함께 모여 평가하는 집단평가가 있고, 지도교사가 실습생을 개별적으로 평가하는 개별평가가 있다. 평가를 실시할 때는 대학에서 제공한 평가준거를 근거로 한다. 대학에서 제공하는 평가준거는 교육부에서 제안하는 교육실습 평가를 위한 5개 영역과 각 영역별 배점에 의한 것으로, 평가영역과 구체적인 평가항목은 〈표 4-5〉와 같다(권순우 외, 2006: 182-183).

표 4-5 교육실습의 평가영역 및 평가항목

영역	배점	평가항목
근무태도	10	근무상태(출석 · 결석 · 지각 · 조퇴 등), 성실성
일반사항	15	직무에 대한 책임감과 열의, 인성 및 교사로서의 품위, 신념, 학습자에 대한 태도
학습지도 능력	50	교재연구, 활동계획 및 계획안 작성, 자료준비, 지도기술, 평가기술
연구조사활동	15	연구태도 및 자세, 연구능력, 자료수집 및 분석
학급경영 및 사무처리 능력	10	생활지도, 환경정리, 사무처리, 학습자관리
계	100	

실습학교에서는 교육실습 보고서에 실습평가 결과를 기재하여 대학에 송부한다. 교육실습결과보고서 양식은 〈표 4-6〉과 같다(권순우 외, 2006: 185).

표 4-6 교육실습 평정척도

영역	평가 내용	점수
근무태도 (10%)	1. 출근일 ( )일 2. 결근일 ( )일 3. 지각 · 조퇴 · 외출 횟수 ( )일 (10점에서 결근 1회 2점 감점, 지각 · 조퇴 · 외출 각 1점 감점)	
일반사항 (15%)	1. 직무에 대한 책임감과 열의 　① 직무에 책임감이 강하며, 매사에 성실하게 임한다. 　② 동료교사와 학습자로부터 신뢰를 받는다. 　③ 교직에 흥미를 느끼고, 교육활동에 적극적이다. 　④ 직무수행에 열의를 갖고 있다. 2. 용모, 언어, 교양 　① 용모가 단정하다. 　② 언행이 예의 바르다. 　③ 일반교양이 풍부하며, 교사로서의 품위를 갖추고 있다. 3. 교육신념 　① 바람직한 교육관과 학생관을 갖고 있다. 　② 교직을 천직으로 생각한다.	
학습지도 능력 (50%)	1. 활동계획 및 준비 　① 교육계획안은 수업에 도움이 되도록 적절하고 충실하게 작성하였다. 　② 교재연구 및 준비를 충실히 하였다. 　③ 수업에 필요한 자료를 충분히 준비하였다. 2. 지도기술 　① 지도에 자신 있게 임하며, 학습자 개개인에 유의하여 수업을 진행하였다. 　② 학습자의 심리를 잘 파악하여, 교사와 학습자 상호간에 협력적인 수업을 진행하였다. 　③ 교사가 사용하는 용어 및 설명은 적절하였다. 　④ 자료 제시는 적절하며 조리 있게 되었다. 　⑤ 학습자는 즐거운 분위기에서 높은 학습욕구를 가지고 수업에 임하였다. 3. 평가기술 　① 학습자의 활동에 대한 평가방법은 적절하였다. 　② 평가 시에 학습자가 참여하고 있는 활동에 지속적으로 관심을 갖도록 지도하였다.	

연구조사 활동 (15%)	1. 연구능력 　① 업무에 창의성을 발휘하였다. 　② 제반사항을 면밀하게 관찰하고, 비판적으로 해석하였다.	
	2. 연구태도 　① 교직과 관련된 제반사항을 스스로 알고자 노력하였다. 　② 제반사항을 면밀하게 기록하여 반성적으로 검토하였다.	
	3. 교육이론 적용 　① 교직과 관련된 이론적 기반이 잘 갖추어져 있다. 　② 알고 있는 이론을 적용하고자 노력하며, 현실성과 관련된 이론을 검토 　　하고자 하였다.	
학급경영 및 사무 처리능력 (10%)	1. 학급경영 기획 및 사무처리 　① 학급환경구성을 창의적으로 하였다. 　② 학급경영안의 작성요령 및 경영방침 등을 잘 습득하였다. 　③ 제반 지시사항을 기한 내에 수행하였다. 　④ 지도교사와 동료실습생 및 기타 교직원에게 협조적이었다.	
	2. 학습자 관리 및 지도력 　① 학습자의 개성을 잘 파악하고, 그에 맞는 지도를 수행하였다. 　② 학급 내 학습자들을 잘 지도하여 바람직한 분위기를 조성하였다.	
계		100

(3) 실습학교의 평가 방침

- 대학에서 마련한 실습생 평가기준에 의거하여 평가를 실시하되, 평가방식은 투명하고 다면화하여 객관성과 공정성을 유지한다.
- 교육실습의 학점은 2학점으로 100점 만점제로 하고, 출석일수 3/4에 미달하는 자는 평가에서 제외한다.
- 실습생 개인별평가표, 실습생수업 참관평가표는 업무담당교사가 수합하여 평가한다. 평가서식, 출근카드, 생활점검표는 실습학교에서 보관하며, 교육실습 일지는 실습생에게 돌려준다.
- 평가영역은 실습에 관한 전반적인 자세와 태도, 교육실습일지와 연구보고서의 내용, 근무상황, 교수-학습지도, 학교 및 학급경영, 창의적 체험활동의 지도, 생활지도, 행정업무처리 능력 및 태도 등의 영역으로 나누어 평가한다.

• 평가방법은 교육실습 평가영역에 따라 지도교사가 그 내용을 기록하여 학교장의 결재를 받은 후 해당 실습학교장의 명의로 실습생 소속대학으로 발송된다.

실습학교에서 작성하는 교육실습생의 개인별 평가표의 적용 예시는 〈표 4-7〉과 같다.

표 4-7 교육실습생 개인별 평가표

평가영역			배점	평가자	평가방법	득점
근무 상황	결근	무단	-2.0	업무담당	결근 1회 2점 감	
		계출	-0.5	〃	결근 1회 0.5점 감	
	무단지각		-0.5	〃	지각 1회 0.5점 감	
	무단조퇴		-0.5	〃	조퇴 1회 0.5점 감	
	무단결과		-0.5	〃	결과 1회 0.5점 감	
	소계		10			
연구 활동	① 수업참관록		10	교과담임	수업참관록 기록상황(최저 7점)	
	② 교수-학습과정안		15	〃	교수-학습과정안(약안 및 세안)의 완성도(최저 10점)	
	③ 실제수업활동		30	〃	학습지도능력 및 태도(최저 20점)	
	④ 연구활동		10	〃	교과 연구활동(최저 7점)	
	소계		65			
학급 경영	⑤ 교육실습일지		10	학급담임	실습일지 기록상황(최저 7점)	
	⑥ 학급관리		15	〃	학급경영의 열의 및 성실도 학급 경영근무상황(최저 10점)	
	소계		25			
실습강화 평가			10	업무담당	교직·교육실무 면담 및 논술	
평점 계			100			

(4) 대학에서의 평가

실습생이 실습기간 동안의 수행결과에 대해 실습기관에서 작성한 실습결과보고서, 실습기간 동안의 순회지도 등을 통해 지도교사가 확인한 상황, 실습생이 제출한 각종 자료(교육실습일지, 연구수업계획안, 수업자료개발안 등)를 바탕으로 하여 대학에서의 평가가 이루어진다.

대학에서는 교육실습이 종료되면 지도교사와 실습생들이 모여 평가회를 열게 되는데, 이 자리에는 앞으로 교육실습을 하게 될 후배들도 함께 참관하고, 지도에 임한 실습기관의 기관장과 실습지도교사를 초대하기도 한다. 이러한 평가회 자리는 문제점과 개선방안을 논하는 평가의 목적도 있지만 실습기관과 대학 간의 신뢰와 협력관계를 증진하는 데에도 중요한 의의가 있다.

실습문제

• 수업참관을 할 때 수업의 어떤 면을 보아야 하는지 염두에 두어야 한다. 수업
  참관평가표에 들어갈 내용을 수업의 흐름에 따라 영역별로 그 내용을 열 가지
  이상 아래 빈칸에 작성해 보자.

단계	관찰영역	관찰의 관점(내용)
도입		
전개		
정리		

제2부

교육실습의 실제

제5장

학교경영실습

1. 학교경영의 의미

2. 학교조직의 구조

3. 공문서 작성

4. 업무관리시스템

학습개요

1. 학교경영이 가지는 의미를 알고, 학교경영이란 어떤 일을 하는 것이며, 학교경영
   에는 어떤 내용들이 있는지 알아본다.

2. 학교조직이 일반 조직과 다른 이중적인 성격과 학교조직의 문화에 대하여 알아
   본다.

3. 공문서의 개념과 종류, 구성 체계를 알고, 공문서를 기안하는 방법을 연습해 본다.

1. 학교경영의 의미

1) 학교경영의 개념

학교경영이란 학교의 목적을 달성하기 위하여 인적 · 물적 · 재정적 자원을 확보하고 활용하여 계획 · 조직 · 지시 · 조정 · 통제하는 일련의 활동과정을 말한다. 즉, 학교경영은 단위학교에서 교육목적을 설정하여 교육활동에 필요한 교사, 학생, 교육과정 및 시설과 설비 등의 교육자원을 확보하고 교육여건을 조성하며, 교육목적을 효과적으로 달성할 수 있도록 교육활동을 계획, 조직, 지도, 조정, 통제하는 일련의 활동이다.

학교경영에 대한 정의는 다음과 같이 내릴 수 있다(박병량, 주철안, 2011: 22).

첫째, 학교경영은 학교의 목적을 추구하는 활동이다. 학교경영은 학교의 존재 이유가 되는 학교의 교육목적을 성취하고자 한다. 학교교육의 일반적인 목표는 학생들이 사회에서 인간다운 삶을 영위할 수 있도록 문화를 전수하여 그들의 성장과 발달을 도모하는 데 있다.

둘째, 학교경영은 교육자원을 획득하고 배분하고 활용하는 활동이다. 교육자원은 교육목적을 달성하기 위한 활동에 투입되어 공헌할 수 있는 힘을 지닌 모든 것을 말한다. 이러한 교육자원에는 교직원 · 학생과 같은 인적 자원, 교사(校舍) · 시설 · 설비와 같은 물적 자원, 운영비와 같은 금전적 자원, 그리고 지식 · 정보 · 시간 · 노력 등의 자원이 포함된다. 이러한 자원을 획득하고 효율적으로 사용하는 일이 학교경영의 중요한 내용이 된다.

셋째, 학교경영은 계획 · 조직 · 지도 · 조정 · 통제 등의 일련의 활동과정으로 이루어진다. 계획은 목표를 세우고 이를 성취할 수 있는 미래의 행동을 예정하고 준비하는 과정이며, 조직은 공동목표를 달성하기 위한 분업적 협동체제의 구성을 말한다. 지도는 공동목표를 달성하기 위한 분업의 협동체제의 구성으로서 계획에 따라 여러 가지 활동을 운영하고 실천하는 과정이며 조직의 여러 활동을 운영하고 실천하는 과정이다. 조정은 조직의 여러 활동을 상호 관련시켜서 조직 노력을 통합하고 조절하는 것이며 통제는 모든 활동이 계획된 대로 목표를 향하여 진행되도록 규제하는 활동이다.

이상과 같이 학교경영의 활동들은 서로 분리된 활동으로서가 아니라 서로 연계된 활동으로, 전체적으로 학교의 목표를 효율적으로 달성하는 데 필요한 순환적 과정활동이다.

2) 학교경영의 원리

학교가 성공적으로 운영되기 위해서는 조직으로서, 제도로서 그리고 사회체제로서 제반 특성 및 지배원리가 제대로 발휘되어야 한다. 학교경영이 추구하는 중요한 가치로서 학교경영의 원리를 정리하면 다음과 같다(박병량, 주철안, 2011: 23-25).

① 민주성의 원리

민주성은 민주주의의 원칙을 추구하는 것이다. 인간존중, 자유, 평등, 참여와 합의 등은 민주주의를 특징짓는 이상과 원칙이다. 민주적인 학교경영은 학교구성원 개개인의 인격이 존중되고, 학교운영과 관련된 각종 정보와 참여기회가 개방되며, 자유로운 의사표현과 의사소통으로 교직원 및 학생의 의견이 학교경영에 반영되고, 학교경영에서 구성원의 자율성이 존중되는 것이어야 한다.

② 효과성의 원리

효과성은 목적달성을 의미한다. 학교의 목적은 교육을 통하여 학생 개개인의 성장·발달을 촉진하여 그들의 자아실현을 돕는 데 있다. 따라서 효과성을 지향하는 학교는 인간성향의 변화가능성을 믿고 학생 개개인의 지적·정의적·사회적·도덕적 성향을 발달시켜 나갈 수 있도록 노력한다. 효과적인 학교는 교수-학습활동을 통한 학생의 교육성취에 초점을 둔다.

③ 능률성의 원리

능률성은 산출과 관련하여 투입과 과정이 최적한 상태를 의미한다. 능률성의 일차적 의미는 최소한의 자원을 투입하여 최대의 효과를 거두는 경제적 원리다. 확장된 능률성의 개념은 인적·물적 자원과 시간의 최적한 투입뿐만 아니라 구성원의 심리적 상태와 경영과정을 최적한 상태로 유지하여 산출을 극대화하는 것을 의미한다. 학교는 이러한 능률성을 추구한다.

④ 공평성의 원리

공평성은 분배가 공평하게 이루어지는 것이다. 그것은 부(富), 권한, 기회, 이득 등 사람에게 중요하게 여겨지는 것이 공정한 방법으로 공평하게 분배되는 것이다. 공평성을 지향하는 학교경영은 인적·물적·재정적 자원이 공평하게 배분되고, 모든 구성원들에게 권한, 기회, 이익과 불이익, 상·벌 등이 공정하게 부여되고 배분된다.

⑤ 전문성의 원리

전문성은 과업의 특수성으로 인하여 지적·기술적 수월성을 갖고 과업을 수행하는 것이다. 전문성은 지식과 기술, 윤리성과 자율성, 그리고 전문적 분업을 특징으로 한다. 전문성을 지향하는 학교경영은 업무가 기능적으로 분업화되고, 각 해당 분야에는 전문적 지식과 기술을 갖춘 교직원이 배치되며, 그들은 전문인으로서의 윤리와 자율성을 지니고 의사를 결정하고 업무를 수행한다. 전문적인 학교경영에서는 교직원의 계속적인 학습과 연구를 통한 자기개발과 윤리성이 강조되고 자율성이 존중된다.

⑥ 자율성의 원리

자율성은 스스로 결정하고 통제하며, 결과에 대해서 스스로 책임을 지는 것이다. 자율적인 학교는 독자적인 권한과 책임으로 학교의 제반 업무를 결정하고 수행한다. 또한 자율적인 학교는 학교의 권한과 책임이 하위 부서에 위임·분산되고, 각 부서의 업무가 자율적으로 수행된다. 학교의 자율적 능력은 학교구성원의 참여와 협동, 그리고 그들의 전문성을 요건으로 한다.

⑦ 책무성의 원리

책무성은 수행된 과업이 일정한 기준에 따라 평가받고, 그 결과에 대하여 책임을 지는 것이다. 책무성을 추구하는 학교는 책무성을 검토하는 체제를 갖추어 학교와 학교구성원이 수행하는 과업의 타당성·효과성·능률성 등을 합의된 기준에 따라 평가하고, 평가결과에 따라 과업 담당자에게 책임과 보상이 주어지며, 평가결과는 공개되어 학교경영의 개선자료로 활용된다.

⑧ 지역성의 원리

지역성은 지역의 특수성을 살리는 것이다. 학교가 위치한 지역사회의 물리적·사회적·문화적 환경은 학교교육에 직·간접적으로 영향을 미친다. 따라서 학교경영은 지역사회의 여러 특성―지리, 경제, 인구, 자원, 문화, 사회적 구조, 정치적 구조 등―을 학교경영에 반영하고 활용하여 교육의 효과를 높이도록 한다.

⑨ 적응성의 원리

적응성은 변화하는 환경에 대응하는 능력이다. 학교는 학생, 교사, 학부모 등의 인구학적 및 성향의 변화, 교육과정 및 교육사조의 변화, 교육청 및 교육부와 같은 상위 교육행정기관의 정책 및 시책의 변화, 나아가서 정치, 경제, 사회, 문화 등의 사회전반의 변화 등 학교 내외의 환경변화를 이해하고 이에 능동적으로 대처하여 학교를 유지·발전시키는 노력을 기울여야 한다.

⑩ 발전성의 원리

발전성이란 바람직한 방향으로 변화를 추구하는 경향성을 말한다. 발전적인 학교는 학교의 제반조건을 개선하여 보다 좋은 학교가 되도록 노력하는 학교다. 발전적인 학교는 학교발전의 비전을 가지고 학교상태를 계속 진단·평가하면서 개선이 필요한 경우 학교구성원의 참여와 협동하에 변화를 계획하고 프로그램을 개발하여 이를 실행하는 일련의 변화과정을 반복함으로써 항상 학교발전을 도모한다. 이러한 학교에서는 학생의 교육적 성취, 구성원의 참여와 협동, 구성원의 능력개발이 강조된다.

3) 학교경영의 영역

학교경영의 영역을 업무내용에 따라 분류하면 다음과 같이 몇 가지 영역으로 구분할 수 있다(서정화 외, 2002: 26-28).

① 교육과정운영

교육과정운영은 교육목표 달성을 위해 학교에서 계획적으로 이루어지는 학생들의 모든 교육적 경험을 관리하는 일이다. 이 영역에는 시간운영, 교과운영, 창의적 체험활동운영 등이 포함된다. 교육과정운영 측면에서는 교육과정의 정상적 운영여부, 교육과정 구성의 적합성 및 다양성, 학생들의 학력, 학습태도, 교육평가활동 등의 측면이 주요 관점이 된다.

② 학생생활지도

학생생활지도는 학생들의 교내·외생활 지도활동을 말한다. 상담, 진로, 건강과 여가, 태도 및 성격지도 등이 포함된다. 적성 존중, 적정한 기회제공, 도덕성 및 개성 신장 등의 측면이 주요 관심이 된다.

③ 교직원연수 및 인사관리

교직원연수 및 인사관리는 교직원의 직무능력향상을 위해 개인 또는 집단적으로 수행되는 연수활동과 교직원의 평정, 이동에 관한 내신, 교직원의 사기양양 및 인간관계관리 등을 말한다. 이 영역에는 연수 기회의 질과 효과, 평정의 공정성 및 합리성, 근무조건 및 복지, 교사의 사기수준, 교직원 간의 응집성 등이 주요 관심이 된다.

④ 교내장학

교내장학은 교사의 교수–학습지도 기술향상과 교육과정 운영 개선, 그리고 학급 및 학년경영의 합리화를 위해 학교장 등 경영관리층이 수행하는 전문적 보조활동이라 할 수 있다. 이러한 교내장학에서 수업지도성이 요구되는 학교장의 역할이 강조됨에 따라 수업장학의 실질적인 장학활동 활성화와 그 도움정도, 여건조성 등이 주요관심이 되고 있다.

⑤ 사무관리

사무관리는 학교경영활동을 수행하는 과정에서 수반되는 제반 기록과 장부의

작성 및 보관, 공문서처리 등 문서관리활동을 말한다. 사무관리는 학교내규, 학생
전·출입, 장부의 작성 및 보관, 문서의 수발, 각종 사무용품의 조달과 배분 등이 포
함되며, 여기서는 교육활동의 지원정도, 효율적 운용 등이 주요 관심이 된다.

⑥ 시설 및 매체관리

시설 및 매체관리는 학교교육활동 수행에 필요한 물적 조건과 자료 관리를 포괄
적으로 지칭한다. 이 영역에는 교직, 교사(校舍) 등 시설과 환경구성, 각종 교수-학
습매체 및 기자재 관리 등이 포함되며, 시설 및 매체의 확보정도, 현대화, 인간화,
효율적 활용 등이 주요 관점이 된다.

⑦ 재무관리

재무관리는 학교교육활동에 필요한 경비를 조달·운영하는 활동을 말한다. 학교
교비, 육성회비, 예산의 편성·집행·결산 등이 포함되며, 학교재정 규모의 적정,
재원의 안정적 확보, 효율적 운영, 공개성 등이 주요 관심의 대상이 된다.

⑧ 대외관계

대외관계는 학부모, 지역사회, 행정당국 등과의 관계를 말한다. 이 영역에는 학
부모회 운영, 지역사회봉사, 지역사회자원 활용, 홍보활동 등을 포함하며, 학교교육
에 대한 학부모의 반응 및 지원, 지역사회와 학교의 상호작용 등이 주요 관심의 대
상이다. 대외관계는 학교의 자율적 운영과 교육자치의 활성화와 함께 학교경영의
매우 중요한 대상영역이 되고 있다.

4) 학교경영의 의의

학교경영은 학교의 설치·관리에 그치지 않고 학교제도 전반에 대한 정비·운
영·관리를 의미한다. 구체적으로 학교의 조직·편성, 교육과정 지도방법, 교재·
교구, 교직원의 인사, 학교의 시설·설비, 교육재정에 관한 사항 등을 내용으로 한
다. 여기에서 학교경영이란 학교가 적합한 목적을 수립하고, 수립된 목적을 달성하
기 위하여 교육적·인적·물적·재정적 자원을 적절한 수준으로 확보하여, 이를

공정하게 배분하고, 능률적으로 활용하여 효과적인 목표달성을 위하여 기획 · 운영 · 평가하는 활동이다(박종렬 외, 2010: 16). 이러한 내용을 살펴보면 다음과 같다.

첫째, 학교는 단위학교에 적합한 비전이나 목표를 수립해야 한다. 학교경영은 학교교육 목적을 달성하는 모든 수단적 · 봉사적 협동 활동이다. 다만, 그러한 학교의 목적은 사회적으로 공인(公認)되고 교육적으로 적합한 것이어야 한다. 모든 학교는 효과적인 학교경영을 위하여 해마다 학교장의 경영철학에 따라 전 교원의 참여에 의한 학교교육계획서를 작성하고 구성원들의 공동의견을 의사결정에 반영하여 학교경영을 추진한다.

둘째, 학교경영에서는 학교교육목표를 달성할 수 있는 적정한 수준의 인적 · 물적 · 재정적 자원을 확보하고, 이를 공정하게 배분하여 능률적으로 활용해야 한다. 교육적 자원은 교육목표, 교육과정, 교과내용, 학습자료, 학습방법 등을 말한다. 인적 자원은 학생, 교사, 사무원, 학부모, 행정가 등이다. 물적 자원은 시설과 설비, 교구, 교재 등이다. 그리고 재정적 자원은 학교운영을 위하여 투입되고 지출되는 인건비, 운영비, 시설비 등 제반 학교운영경비를 말한다.

셋째, 단위학교는 학교효과성을 극대화하여 목표달성도를 높인다. 학교의 목표달성은 학교조직의 목표와 교육목표를 동시에 달성함을 의미한다. 학교교육목표는 궁극적으로 학생들에게서 나타나는 학습결과에 따른 학업성취와 행동특성의 성숙에 따른 지적 · 정의적 · 심동적 변화다. 효과적인 학교 만들기는 학교장의 탁월한 교육지도성, 교사들의 수업개선과 학생생활지도 노력, 학생들의 주인의식과 협동, 학부모의 학교교육 참여인식 등이 함께 따라야 한다.

넷째, 학교경영은 기획(planning)-운영(implementation)-평가(evaluation)의 과정을 거쳐 이루어진다. 기획을 위해서는 기획위원회를 만들고 자료를 수집 · 분석하여 학교계획을 수립하고, 이를 운영하여 그 결과를 평가한다.

이러한 학교경영의 내용은 조직구성원의 직무만족도를 높이고 학생들의 학업성취에 기여하며 학교평가에 긍정적인 결과로 나타나는 방향으로 추진되어야 할 것이다.

2. 학교조직의 구조

1) 학교조직의 성격

(1) 공동체로서의 학교

공동체는 자유의지로 결합되고, 가치와 규범의 공유를 통하여 결속되는 개인들의 집합을 말한다. 공동체 내에서 구성원과 목적 간의 관계, 구성원 상호 간의 관계는 계약에 근거하지 않고 헌신에 기초하며, 공동체는 구성원들을 하나로 묶어 주고 또 이들을 공유된 가치, 신념, 감정으로 결속시킨다. 학교공동체가 만들어질 때 교사와 학생들은 독특하고 지속적인 정체감, 소속감, 연대감을 공유하게 된다.

학교의 공동체 규범은 전문직으로서의 교직의 규범과 상당히 일치한다. 최선의 방법을 사용하여 수업실제에 헌신하는 것은 새로운 변화에 뒤떨어지지 않기 위해서 자신의 가르치는 방법을 연구해서 개선하며, 새로운 아이디어를 실현하는 것을 의미한다. 이러한 헌신은 학교를 배움공동체로 전환시킨다. 배움공동체에서는 교사, 학생, 학부모 등 모든 구성원들이 서로 배우면서 함께 성장한다.

배움공동체로서의 학교는 구성원들이 높은 소속감과 강한 정체감을 가지고서 학교목표 달성을 위한 신념을 지니고 있으며, 이를 달성하기 위해서 구성원들 간에 교수-학습활동의 협력과 산출결과의 공유, 지속적인 성장과 능력개발을 장려하는 신념체계를 지닌다. 이러한 배움공동체에서는 교사와 학생 모두가 학습할 수 있도록 자기주도적인 학습과 협력학습을 촉진하는 조건을 탐색하고 이를 제공하는 것을 강조한다(박병량, 주철안, 2011: 94; 주철안, 2004; Sergiovanni, 1994).

(2) 학교조직의 특수성

학교조직은 일반 기업조직과 달리 다음과 같은 몇 가지 특성을 가지고 있다.

첫째, 학교조직의 목표는 구체적으로 규정하기가 쉽지 않다. 예컨대, 기업은 품질의 규격화, 공정의 단순화나 자동화, 생산의 다양화를 바탕으로 품질 좋은 제품의 빠른 양산(量産) 등을 통하여 이윤의 극대화를 추구한다. 그러나 학교는 학생들의 개인적인 소질과 능력을 개발하고 도덕적·윤리적 가치와 신념을 추구한다. 정의롭고 이타적(利他的)이며, 민주사회에 협동하고 봉사할 수 있는 시민으로 성장할 수 있도록 하는 이러한 인간교육의 목표를 단순화하여 규정하기는 매우 어려운 일이다.

둘째, 학교교육은 목표가 성취되고 있는지를 측정하는 것이 매우 어렵다. 기업조직에서는 자원과 제품의 입출에 따른 물류의 이동, 생산과 판매의 증감, 손익의 발생 정도 등을 실시간으로 측정 가능하며 결과를 가시적으로 나타낼 수 있다. 그러나 학교교육을 통한 인간의 인지적 · 정의적 성숙과 행동의 변화는 하루아침에 그 결과가 나타나기 어렵고 일생동안 계속되는 것이기에 교육경영 목표의 도달을 실시간으로 측정하기가 어려우며, 가시적으로 표현하기도 어렵다.

셋째, 학교교육의 대상인 학생들의 조정과 통제가 어렵다. 교육경영의 개념에서 학생은 교육의 객체로서 수혜자인 고객이 된다. 그런가 하면 이들은 교육활동에 따른 산출의 대상이 되기도 한다. 그러나 이들은 결코 기업의 제품과 같은 통제의 대상이 아니며 프로그램화하거나 조작할 수 없다. 교수-학습의 모든 과정과 방법은 학교와 교사 · 학생에 따라 각양각색으로 다르고 그 결과를 예측할 수 없으며, 다양한 양상으로 나타난다. 교사의 역할은 학생들을 바람직한 방향으로 성장 · 발달할 수 있도록 조장하고 촉진하는 것일 뿐이며, 일괄적으로 조정하거나 통제하여 의도적인 결과를 만들어 내기는 어렵다.

넷째, 학교조직은 느슨한 결합조직으로서 교사들의 통제가 어렵다. 학교조직에서 교사와 학교관리자 사이, 교사와 교사 사이에 서로 연결은 되어 있으나 그리 긴밀하지 않다는 것이다. 이는 교직이 전문직으로서 교사는 전문성과 독자성을 가지고 교실이라는 독립된 공간에서 독자적으로 활동하며 자율성과 창의성을 발휘하는 직무의 특수성 때문이다. 학교장은 행정적인 업무 외에 수업활동에 관한한 전문가인 교사들에게 일임한다. 따라서 학교경영자의 교사의 학습상황에 대한 통제와 세부적인 평가가 어렵다.

다섯째, 학교조직의 구성원은 유동적이어서 책임한계가 모호하다. 학교조직에서는 행정가와 교사의 전직 · 전보, 학생의 진급과 졸업에 따라 구성원이 해마다 바뀐다. 이로 인하여 학교경영의 일관성과 지속성을 장기간 유지하기가 어려울 뿐만 아니라 교육의 책무성과 책임의 한계라는 측면에서 모호한 면이 있다.

(3) 학교조직의 전문적인 특성

학교조직은 다른 조직과는 달리 교수활동에 대하여 통제가 어렵다. 교육목표를 달성하는 데는 교사 개인의 전문성, 창의성, 자율성이 중요한 요소이기 때문에 이를 관료적인 방식으로 통제할 수 없다. 교과담당교사는 전문가의 위치에서 교과내용을 중심으로 학생을 가르치는데, 전문적인 지식과 기술을 바탕으로 한 전문성과 자율성, 윤리성이 강조된다.

학교의 기본적인 활동인 교수활동은 업무처리에서 구성원들 간의 상호의존성, 직무의 복잡성, 직무수행과 관련한 불확실성의 세 가지 요소에서 모두 높은 특성을 지닌다(Mohrman, Lawler, & Mohrman. 1992).

첫째, 교수활동은 교사들 간의 상호의존성이 매우 높다. 중등학교에서는 교과별로 교수활동이 이루어지기 때문에 개인적인 특성이 있지만, 동일한 집단의 학생들을 여러 사람이 가르치기 때문에 상호의존성이 매우 높다.

둘째, 교수활동은 직무의 복잡성이 매우 높다. 교사는 가르치는 내용에 대해서 뿐만 아니라, 내용을 전달하는 교수방법, 학생들의 다양한 특성, 교수과정, 교실에서의 집단활동 등에 대해서 전문성을 지녀야 한다.

셋째, 교수활동은 직무수행과 관련한 불확실성이 매우 높다. 교육활동은 높은 불확실성의 감소를 필요로 한다. 개별 학생들은 다양한 능력과 인지방식을 가지고 학습활동에 참여한다. 학생에 대한 여러 가지 사항들을 파악하기 위해서는 여러 교사들이 함께 정보를 주고받는 협력이 필수적이다(박병량, 주철안, 2011: 103-104).

(4) 학교조직의 다원적인 구조

우리나라의 초·중등학교는 계선조직에 해당하는 학교행정가와 부장교사 그리고 교사로 이루어진 세 층으로 이루어져 있고, 참모조직의 성격을 가진 각종 위원회와 협의회 등으로 구성되어 있다(김성렬, 1993).

- 교장-교감-학급담임으로 이루어지는 구조는 학교조직의 주된 관리조직으로서 주로 학교의 경영 및 관리기능을 수행한다.
- 교장-교감-교과담임으로 이루어지는 구조는 교수학습활동을 수행하는 교수-학습조직에 해당한다.

- 교장-교감-부장교사-교사로 이어지는 계층적 구조는 학교의 행정기능을 수행하는 교무분장조직으로서 학교를 관리·운영하는 데 필요한 교무기획, 교육연구, 학생생활 등의 각종 업무를 담당하는 구조다.
- 교장의 자문기구 또는 실제적인 학교운영기구로서 교내·외 인사들로 구성된 각종 위원회를 들 수 있다. 이에는 전체교직원회, 기획위원회, 학교운영위원회, 인사위원회, 학업성적관리위원회, 학교폭력대책자치위원회 등이 있다.
- 교직의 전문적인 성격이 강한 각종 협의회가 있다. 대표적으로 각 교과별로 구성되는 교과협의회와 각 학년별로 구성되는 학년협의회가 있다.

이외에 학교조직의 사무행정을 담당하는 행정실이 있다.

2) 학교조직의 이중적 성격

(1) 전문적 관료제로서의 학교

학교조직은 '전문적 관료제 조직(professional bureaucracy organization)'이다. 베버(Weber)에 의해 체계화된 관료제 이론은 조직운영의 합리성을 최고의 가치로 추구하는 이상적인 조직구조다(진동섭 외, 2006: 22). 그런가 하면 교직의 전문직적 특성에 따라 학교조직은 일반조직과 다른 전문적인 특성을 가진다. 이렇게 학교조직은 관료제적인 성격과 전문적인 성격을 함께 가지는데, 교사들은 독립적인 한정된 교실에서 수업을 담당하는 면에 있어서는 상당한 자유재량권을 가지고 전문적인 특성을 발휘한다. 그러나 학교조직도 공식조직으로서 직무의 분화가 이루어져 있고, 직위에 따른 위계를 가지고 있으며, 학칙과 법규를 따르게 된다. 특히 수업시간 운영, 학습집단 구성, 인적·물적 자원의 활용 등에 대한 것은 대체로 엄격한 통제를 하고 있다(윤정일 외, 2016: 165).

(2) 느슨한 결합조직으로서의 학교

학교조직은 와익(Weick)이 말한 '느슨한 결합조직(organized anarchies)'에 속한다. '느슨한 결합'이란 연결된 각 사건이 서로 대응되는 동시에 각각 자체의 정체성을 보존하면서 물리적·논리적 독립성을 갖는 경우에 쓰는 말이다(윤정일 외, 2016: 164).

학교조직에서 각 부서는 독립적으로 움직이며, 수업활동에 관한 동료교사들 간의 수평적 결합은 긴밀하나 행정업무를 중심으로 하는 교장·교감과 교사 간의 수직적 결합은 느슨하다(진동섭 외, 2006: 109). 학교의 중요한 교육활동에는 교사와 학교행정가 간에 느슨하게 결합되어 있지만, 수업을 제외한 많은 학교경영활동, 예컨대 인사관리, 학생관리, 시설관리, 재무관리, 사무관리 등에서는 학교행정가와 교원들 사이에 보다 엄격한 결합을 맺고 있는 고전적인 관료조직의 특징을 보이고 있다(박병량, 주철안, 2011: 93; 윤정일 외, 2016: 165).

(3) 조직화된 무질서조직으로서의 학교

학교조직은 Cohen, March, 그리고 Olsen(1974)이 말한 '조직화된 무질서조직(organized anarchies organization)'의 속성을 지닌다. 이 조직은 ① 불분명한 목표, ② 불확실한 기술, ③ 구성원의 유동적인 참여 등을 특징으로 한다. 이와 관련하여 학교조직은 ① 교육의 목적이 구체적이지 못하고 분명하지 않다. ② 교육목표 달성을 위한 방법이 교육행정가나 교사들마다 다르다. ③ 교육행정가나 교원, 학생들은 한 조직에 오래 머무르지 않고 수시로 이동하거나 졸업한다. 따라서 학교행정가는 학교조직이 가지는 이런 속성을 이해하고 순기능을 최대한 살려 단점을 극복할 수 있는 방향을 찾아가야 할 것이다. 무엇보다 교사들의 자율성과 전문성을 인정하고 구성원들의 신뢰를 바탕으로 효과적인 학교를 만들어 가야 할 것이다.

3) 학교조직의 문화

(1) 교직문화의 기능

교직문화의 기능을 살펴보면 다음과 같다.

첫째, 교사가 어떤 행동을 어떤 이유에서 하는지를 심층적으로 이해하기 위해서는 교사들이 소속된 공동체의 문화를 이해하여야 한다. 교사들이 학교에서 직무를 수행하는 방식은 함께 일하는 동료들의 관점과 공유하는 규범에 큰 영향을 받고 있기 때문이다(이혜영 외, 2001). 교사들은 자신의 환경과 여건에서 형성된 나름대로의 문화를 갖고 있다. 교사들의 실제적인 삶을 심층적으로 이해하기 위해서는 교직문화를 알고 이해해야 한다(김병찬, 2003).

둘째, 교직문화는 학교조직구성원들에게 일체감을 심어 주고 하나로 묶어 주는 역할을 한다. 조직문화는 오랜 기간을 통해서 조직의 대내외적 문제를 해결하는 과정에서 형성된 독특한 사고, 신념, 행동의 체제로서 구성원들에게 질서와 의미를 부여하고 안정감과 확실성을 부여해 준다. 공유된 문화는 조직구성원 간의 의사소통을 활성화하고 협력관계를 형성하며 협동적인 활동을 증가시킨다.

셋째, 교직문화는 교사들이 직면하는 문제에 대응하는 전략을 수립하는 데 도움을 준다. 교사들은 교수과정의 불확실성과 불안정성, 학교 안팎의 구조적 제약조건으로 인해 여러 가지 딜레마와 갈등상황을 겪게 된다. 그러나 이러한 상황은 교사집단 속에 구성되어 있는 행동에 관한 규범과 지식을 통해서 해결할 수 있다. 교사들은 집단적으로 구성하고 공유하는 교직문화를 통해서 자신의 교직활동에 의미를 부여하고, 교직생활에서 야기되는 긴장을 해소한다(이혜영 외, 2001: 송기창 외, 2014, p. 27에서 재인용).

(2) 교사문화의 특징

일반적으로 우리나라의 교사들이 가지고 있는 문화의 특징은 인간관계 지향적, 개인주의적, 보수주의적 그리고 현재주의적 특징을 지니고 있다(박병량, 주철안, 2012; 오영재, 2001; 이혜영 외, 2001; Lortie, 1975: 주철안 외, 2013, pp. 16-18에서 재인용).

① 인간관계 지향적

교사문화는 인간관계 지향적이다. 교사는 학생들과의 관계뿐만 아니라 동료교사들과의 관계에서도 인간관계 지향성을 나타낸다. 교사들은 학생들과의 관계를 유지하며 수업활동을 전개해야 하므로 학생들과의 적절한 관계유지에 늘 관심을 가지게 된다. 또한 동료교사들과의 사이에서도 수직적·수평적 관계를 원만하게 유지하여 일터인 학교생활이 유지되도록 힘쓰며 생활하려고 한다. 교사의 원만한 인간관계는 학교조직의 직무효과성을 높여 주므로 직업인으로서의 교사의 직무만족도와도 직결된다.

② 개인주의적 성향

교사문화는 개인주의적 성향을 띤다. 교사는 일반적으로 자신의 교육활동에 간섭받기를 꺼려 하고, 동료교사의 교육활동에도 관여하려 하지 않는 특성을 지닌다. 즉, 교사는 자신의 교육활동에 대해 타인과의 경계를 분명하게 유지하고 독자적인 길을 가려고 한다. 그래서 교과의 교사들의 협의회에서는 진도 확인이나 시험문제 출제의 범위 논의 같은 활동에 제한되고, 같은 학년의 협의회에서도 행사나 생활지도 등을 위한 협의에 그치는 경우가 많다. 이러한 이유로 교사는 자신의 전문성을 유지하기 위하여 스스로의 힘으로 노력하려는 경향이 강하다. 이러한 교사들의 개인주의적 특성은 경력이 많을수록 강해지는 경향이 있고, 수업전문성 쌓기 등에 대해서도 공식적 · 제도적 협의보다는 동료교사끼리의 비공식적인 조언을 선호한다.

③ 보수주의적 성향

교사문화는 보수주의적 성향을 띤다. 교사는 가르치는 일의 효과를 측정하기 어렵고 가르치는 일의 복잡성, 불안감 등으로 인해 보다 나은 해결방안의 탐색을 포기하고 전통적인 교수방식에 집착하는 경향이 있다. 또한 교직은 오랜 교직경험을 가지고도 완전하게 숙달되었다는 느낌을 갖기가 어렵다. 이러한 현상은 교수활동에 대한 보상의 유인가 부족과 교수활동의 불확실성에 의해 전문적인 기술문화를 형성하기 어려운 데서 기인한다. 이와 함께 교육성과에 대한 산출이 장기적이고 불확실하기 때문에 단기적인 결과를 선호하는 교직의 보수주의적 특성을 강화시킨다.

④ 현재주의적 성향

교사문화는 현재주의적 특징을 지닌다. Lortie(1975)가 지적한 것처럼, 현재주의는 교직의 보상체제가 교사개인의 능력과 노력 정도에 부응하지 못하는 것에서 비롯한 것이다. 교직은 다른 전문직에 비해서 경력에 따른 승진의 기회가 비교적 적은 편으로, 교직경력의 단계가 부족하기 때문에 교사개인이 투입하는 노력과 성취와 보상이 불일치하는 문제가 발생한다. 더욱이 교직의 승진제도는 비교적 소수자에게 기회가 돌아갈 수 있기 때문에 대다수의 교사가 상위직급으로의 승진을 포기하게 된다. 승진을 포기한 교사는 미래보다는 현재에 만족하고 건강한 생활을 영위하는 데 관심을 갖는 풍토를 형성한다.

3. 공문서 작성

1) 공문서의 개념

(1) 공문서의 개념
행정기관에서 공무상 작성하거나 시행하는 문서(도면·사진·디스크·테이프·필름·슬라이드·전자문서 등의 특수매체기록을 포함한다.)와 행정기관이 접수한 모든 문서(「행정 효율과 협업 촉진에 관한 규정」 제3조 제1호)

(2) 문서의 종류
① 내부결재 문서: 행정기관이 내부적으로 계획 수립, 처리 방침 결정, 업무 보고, 소관사항 검토 등을 위해 결재받는 문서
② 유통대상 문서
  • 대내문서: 해당기관 내부에서 보조·보좌 기관 상호 간에 협조하거나 보고 또는 통지를 위해 수·발신하는 문서
  • 대외문서: 해당기관 이외에 다른 행정기관이나 국민·단체 등에 수·발신하는 문서

(3) 문서의 성립과 효력발생
  • 문서는 결재권자가 해당 문서에 대하여 서명의 방식으로 결재함으로써 성립
  • 문서의 효력은 문서가 수신자에게 도달됨으로써 효력 발생(※ 단, 전자문서는 수신자가 관리하거나 지정한 전자적 시스템 등에 입력됨으로써 효력 발생)

2) 공문서의 구성 체계

(1) 두문
① 행정기관명의 표시: 기안 부서가 속한 행정기관 명칭을 표기(※ 다른 행정기관과 동일 명칭인 경우 상급기관 명칭을 함께 표기)

② 수신자의 표시
- 수신자가 없는 내부결재문서는 '내부결재'로 표기
- 수신기관의 장의 직위를 쓰고 이어서 괄호 안에 보조·보좌기관의 직위를 표시(※ 단, 보조·보좌기관의 직위가 분명하지 않은 경우 ○○업무담당과장 등으로 표기 가능)
- 민원회신문서의 경우, 민원인 성명을 먼저 쓰고 이어서 괄호 안에 우편번호와 도로명주소를 표기
- 수신자가 많은 경우, 수신란에 '수신자 참조'로 표기하고, 결문의 발신명의 다음 줄의 왼쪽 기본선에 맞추어 수신자란을 설치하여 '수신자명' 표기

③ 경유의 표시
- 경유기관이 하나인 경우: (경유)란에 "이 문서의 경유기관의 장은 ○○○이고 최종 수신 기관의 장은 ○○○입니다"로 표기
- 경유기관이 둘 이상인 경우: (경유)란에 "이 문서의 제1차 경유기관의 장은 ○○○이고, 제2차 경유기관의 장은 ○○○이며, 최종 수신기관의 장은 ○○○입니다"로 표기

(2) 본문
① 제목: 문서의 내용을 쉽게 알 수 있도록 간단하고 명확하게 기재
② 본문의 작성: 어문규범을 준수하여 한글로 작성하되, 특별한 사유가 없으면 이해하기 쉬운 용어 사용
  - 숫자 등의 표시
  - 숫자: 아라비아 숫자
  - 날짜: 숫자로 표기, 연·월·일 글자를 생략하고 대신 마침표 표기 [예시] 2020년 3월 15일 → 2020. 3. 15.
  - 시간: 24시각제, 시·분 글자를 생략하고 그 사이에 쌍점 표기 [예시] 오후 2시 10분 → 14:10
  - 금액: 아라비아 숫자로 쓰되, 숫자 다음에 괄호를 하고 한글로 기재 [예시] 금123,500원(금일십이만삼천오백원)

- 항목 구분
  - 항목의 표시: 1., 가., 1), 가), (1), (가), ①의 순으로 구분(※ 필요한 경우에는 □, ○, -, · 등 특수기호 사용 가능)
  - 첫째 항목기호는 왼쪽 기본선에서 시작
  - 둘째 항목부터는 위 항목 위치에서 오른쪽으로 2타씩 옮겨 시작
  - 항목이 두 줄 이상인 경우 둘째 줄부터는 항목 내용의 첫 글자에 맞추어 정렬
  - 항목기호와 항목의 내용 사이는 1타 띄움. 항목이 하나만 있는 경우에는 항목기호를 부여하지 않음.
- 하나의 본문 아래 항목 구분
  - 본문은 왼쪽 기본선에서 시작
  - 첫째 항목은 1., 2., 3., 등부터 시작(둘째 항목은 가., 나., 다.,)
  - 첫째 항목도 왼쪽 기본선부터 시작
- 첨부물의 표시
  - 본문이 끝난 줄 다음에 '붙임' 후, 첨부물의 명칭과 수량 표기(※ 기안자가 본문 다음 줄이나 그다음 줄에 조정하여 쓸 수 있음)
  - 둘 이상의 첨부물은 항목 구분하여 표시
- '끝' 표시
  - 본문이 끝났을 경우, 붙임 문 끝에 2타 띄우고 표기
  - 오른쪽 끝에서 끝난 경우 다음 줄 왼쪽에 2타 띄우고 표기
  - 서식 끝 칸까지 작성한 경우 표 밖 다음 줄 왼쪽에 2타 띄우고 표기
  - 서식(표) 중간에 끝나는 경우 서식(표) 다음 줄에 '이하 빈칸' 표기

(3) 결문

① 발신명의의 표기
- 해당 행정기관의 장의 명으로 발신
- 내부결재문서: 발신명의 미표기

② 권한대행 또는 직무대리의 표기
- 행정기관의 장의 권한을 대행하거나 직무를 대리하는 사람이 발신명의와

함께 본인의 성명을 적는 경우에는 그 직위를 적고 '권한대행' 또는 '직무대리'를 표기

③ 기안자, 검토자, 협조자, 결재권자의 직위 또는 직급과 서명

- 기안자, 검토 또는 협조자, 결재권자는 직위 또는 직급을 온전하게 쓰고 서명란에 서명
- 전결 및 서명 표시: 기관장 결재란을 설치하지 않고, 전결자 서명란에 '전결' 표시 후 서명
- 전결 · 대결 및 서명표시
  - 위임전결사항 대결: 행정기관의 장 결재란을 설치하지 않고 전결자 서명란에 '전결' 표시 후, 대결자 서명란에 '대결' 표시하고 서명
  - 위임전결사항이 아닌 대결: 행정기관의 장 결재란을 설치하지 않고 대결자 서명란에 '대결' 표시하고 서명

청렴합니다. 우리는 부산교육人입니다.

 부산광역시교육청

수신 부산광역시○○지원청교육장(○○○과장)

(경유)

제목 행정업무운영 실무담당자 교육 참석 알림

1. 행정안전부 정보공개정책과-1234(2018. 9. 1., 2018년도 행정업무운영 실무담당자교육 참석 알림)호와 관련입니다.

2. 행정안전부에서는 2018년도 하반기 행정업무운영 실무담당자 교육을 다음과 같이 실시한다고 하니, 담당자가 교육에 참석할 수 있도록 조치하여 주시기 바랍니다.

  가. 일시: 2018. 9. 10.(월) 14:00

  나. 장소: 행정안전부 대강당

  다. 내용: 행정 효율과 협업 촉진을 위한 행정업무운영

붙임 1. 행정업무운영 교육 참석자 명단 1부.

    2. 행정업무운영 교육 내용 요약 1부. 끝.

[그림 5-1] 2017.11.1. 문서작성법 개선 시행에 따른 예시

* 출처: 부산광역시 교육연구정보원(2018). 교육실무편람. 부산교육총서 제29집.

④ 공개 구분: 공개, 부분공개, 비공개로 구분하여 표시하되, 부분공개 또는 비공개인 경우에는 「공공기록물 관리에 관한 법률 시행규칙」 제18조 및 「공공기관의 정보공개에 관한 법률」 제9조 제1항에 따라 '부분공개(5)' 또는 '비공개(6)' 등으로 표기

⑤ 관인생략 등 표기: 발신명의의 오른쪽에 관인생략 또는 서명생략 표기

3) 공문 작성의 예

공문 작성 시 6하 원칙(누가, 언제, 어디서, 무엇을, 왜, 어떻게)에 따라 작성한다. 아래 〈표 5-1〉은 내부결재 공문 작성의 경우 예시이며, 〈표 5-2〉는 외부 송부 공문 작성의 예시다. 일반적으로 내부결재의 경우는 교감까지, 외부로 보내는 공문은 학교장까지 승인을 받는다. 단, 내부결재 공문이라도 중요한 사안이나 경비지출이 필요한 경우는 학교장까지 승인받아야 한다.

표 5-1 공문 작성 예시

수신 내부결재

(경유)

제목: 교육실습생 지도 담당자 간담회 개최

2020학년도 교육실습 지도계획에 따라 교육실습 지도 담당자 간담회를 다음과 같이 개최하고자 합니다.

1. 일시: 2020. 5. 29.(금) 16: 00~19: 00
2. 장소: 본교 상담실 및 인근 식당
3. 참석대상: 교장, 교감, 교육연구부장, 교육실습생지도 담당교사 17명, 교육실습생 10명
   (총 30명)
4. 협의사항
   가. 교육실습지도 전반에 걸친 평가
   나. 교육실습의 문제점 및 개선방안
5. 소요 예상 경비: 금삼십만원 (₩300,000)
   • 석식: 10,000원×30명= 300,000원
6. 지출과목: 교수학습활동비

붙임 교육실습생 실습지도 담당자 간담회자료 1부. 끝.

4. 업무관리시스템

업무관리시스템이란「행정효율과 협업촉진에 관한 규정」제21조 제1항에 따라 행정기관이 업무처리의 전 과정을 과제관리카드 및 문서관리카드 등을 이용하여 전자적으로 관리하는 시스템을 말한다.

1) 문서 기안

(1) 본문 작성 및 결재 요청
본문 작성은 [그림 5-2]와 같이 한다.
- 본문 작성
    ⑩ 본문 클릭
    ⑪ 본문 작성

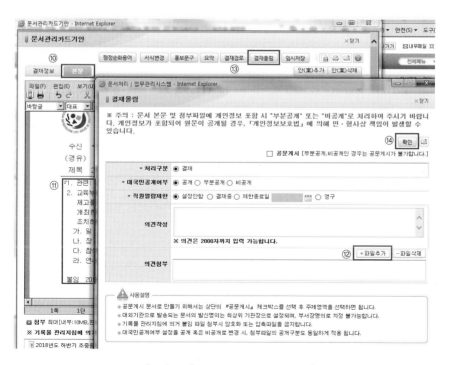

[그림 5-2] 본문 작성 및 결재 요청

- 첨부파일 등록

    ⑫ 파일추가 클릭

- 결재 요청

    ⑬ 결재올림 클릭

    ⑭ 확인 클릭

(2) 공문 게시 결재 요청

공문 게시 결재 요청은 [그림 5-3]과 같이 한다.

- 결재 요청

    ① 결재올림 클릭

    ② 공문게시 선택

    ③ 게시 종료일자, 수신처 산하기관, 주제영역(복수 可) 선택

    ④ 확인 클릭

※ 공문 게시 여부는 결재 진행 중에 검토자 및 결재자가 지정 가능

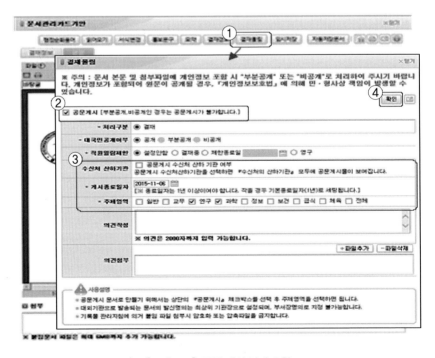

[그림 5-3] 공문 게시 결재 요청

2) 문서 발송

(1) 일반문서 발송 처리

일반문서 발송 처리는 [그림 5-4] 및 [그림 5-5]와 같이 한다.

• 메뉴: 문서관리 → 발송함 → 발송대기

• 발송문서 확인

　① 문서 제목 클릭

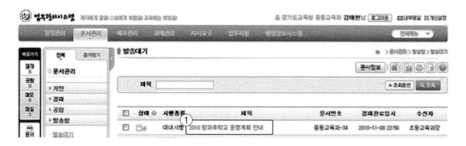

[그림 5-4] 발송 대기 문서 확인

[그림 5-5] 발송 처리

• 발송처리

　② 발송처리 클릭

　③ 처리구분 선택

　④ 서명구분 선택

　⑤ 발송구분 선택

　⑥ 관인 선택

　⑦ 확인 클릭

(2) 공문 게시 발송 처리

공문 게시 발송처리는 [그림 5-6]과 같이 한다.

• 공문 게시 문서 확인

　① 문서 제목 클릭

　② 발송처리 클릭

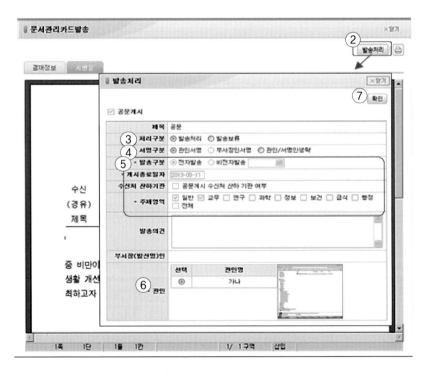

[그림 5-6] 공문 게시

• 공문 게시
  ③ 처리구분 선택
  ④ 서명구분 선택
  ⑤ 발송구분 확인: 게시종료일자, 수신처 산하기관, 주제영역 확인
  ⑥ 관인 선택
  ⑦ 확인 클릭

1. 학교조직이 일반조직과 다른 특징에는 어떤 것이 있으며, 교사문화가 갖는 성
   격에는 어떤 것이 있는가? 또한 바람직한 교직문화를 만들기 위하여 교사로서
   어떤 노력을 해야 할지 논하시오.

1. 학교조직의 특징

2. 교사문화의 성향

3. 바람직한 교직문화 정착 방안

실습문제

2. 학교연간교육계획에 따라 다음과 같은 내용으로 문서를 기안해 보자.

- 수신: 내부결재
- 제목: 20○○학년도 현장체험학습(봄 소풍) 실시
- 일시: 5월 셋째 주 금요일 10:00∼15:00
- 장소: 어린이대공원(1학년), 시립미술관(2학년), 시립박물관(3학년)
- 대상: 전교생
- 인솔책임자: 각 학년부장교사
- 소요경비: 문화상품권(학급당 5만원×24학급=120만원)
- 붙임: 학년별 현장체험학습 일정표 각 1부
- 결재선: 각 학년부장(협조)−교무기획부장−행정실장(협조)−교감−교장

수신

(경유)

제목

제6장

학급경영실습

1. 학급경영의 의미
2. 학급경영의 실제
3. 학급담임의 역할

학습개요

1. 학급경영의 개념과 내용은 어떻게 되어 있으며, 어떤 원리와 원칙에 따라서 수립해야 하는지 알아본다.
2. 학년 초 학급학생들과 친밀해지는 방법과 학급경영의 연간계획을 수립하는 방법을 알아본다.
3. 학급담임의 역할과 업무, 학급학생들과의 바람직한 인간관계 형성에 대해 알아본다.

1. 학급경영의 의미

1) 학급경영의 개념

(1) 학급경영의 개념 정의

학급경영에 대한 개념을 다음과 같이 정의할 수 있다.

학급경영은 교육자원을 획득하고 배분하고 활용하는 활동으로 계획, 조직, 지도 및 통제 등 일련의 활동과정으로 이루어지는 집단적 협동체 활동이다. 따라서 학급 경영이란 학급의 목표를 수립하고, 이를 효율적으로 달성하기 위하여 인적 · 물적 자원을 확보하고 활용하여 학급활동을 계획 · 조직 · 지도 · 조정 · 통제하는 일련의 활동과정이다(박병량, 주철안, 2011: 425).

학급경영은 다음과 같은 특징을 가진다.

- 학급경영활동은 교수-학습활동이 효과적으로 이루어지도록 지원하기 위한 봉사적 활동이다.
- 학급사회는 동일연령, 동일수준의 학생들이 모여서 공동의 목적을 추구하는 동질사회이면서, 개인차와 학급차를 지닌 이질사회다.
- 학급사회는 순수한 우정관계로 결연되어야 할 동지적 사회이면서, 지역사회 안에서 학교와 가정과의 사이를 연결시키는 교량적 사회다.
- 학급경영의 주체는 학급담임교사며, 대상은 학급구성원이다.
- 학급경영은 학교경영의 최하 단위며, 교수-학습활동의 단위조직이 된다.

(2) 학급경영의 목표

학급경영의 목표는 다음과 같이 설정되어야 한다(김희규 외, 2017: 237).

- 학급경영목표는 학교의 교육목표를 구체화하고 학급단위에 주어진 목적을 효율적이고 효과적으로 성취하기 위한 조건의 정비와 실천을 위한 것이 되어야 한다.

- 학급경영목표는 학교경영의 실천단위로서 학교경영목표와 학년경영목표를 고려하여 일련의 연계성을 갖도록 설정하여야 한다.
- 학급경영목표는 학급구성원과 학급환경 등의 실태에 대한 명확한 분석을 기반으로 하여야 하며, 학급경영활동이 합리적으로 운영되는가에 대한 학급경영평가의 측정과 기준이 된다.
- 학급경영목표는 학급구성원들의 지향해야 할 방향을 합목적적으로 유도하기 위한 경영의 기본방향이며, 이 과정에서 학생과의 협의를 거치는 민주적인 과정이나 학급의 목표를 학생에게 이해시키는 것이 매우 중요하다.
- 학급경영목표는 학생들에 관한 여러 정보를 수집·분석하여 실태에 맞으며 특색이 있도록 목표를 세워야 하며, 학생들의 행동이 바람직하게 변화되도록 수립되어야 한다.

2) 학급경영의 내용

학급경영의 내용은 다음과 같다.

- 학급경영계획의 수립: 목표설정, 학생과 학생의 가정환경 및 지역사회 파악 등
- 집단조직과 지도 영역: 규칙수립과 시행, 소집단 편성, 학급분위기 조성 등
- 교과학습 영역: 교수–학습과정안 작성, 성적관리, 가정학습지도, 특수아지도 등
- 창의적 체험활동 영역: 자율활동, 동아리활동, 봉사활동, 진로활동 등
- 생활지도 영역: 인성지도, 건강지도, 진로지도, 여가지도 등
- 환경과 시설관리 영역: 물리적 환경정비, 시설관리, 비품관리, 게시물관리, 청소관리 등
- 사무관리 영역: 학사물 관리, 학습지도에 관한 사무, 학생기록물 관리, 가정통신문 관리, 학적관리, 각종 잡무관리 등
- 지역사회와의 연계 관리 영역: 가정과의 유대 및 연락, 지역사회와의 연계, 교육유관기관과의 유대, 지역사회자원 활용, 봉사활동 등

3) 학급경영의 방법

(1) 학급경영의 원칙

학급경영은 다음과 같은 원칙에 따라 이루어져야 한다.

첫째, 교육적 학급경영이 이루어져야 한다. 이는 모든 학급경영활동이 교육의 본질과 목적에 부합되도록 운영해야 한다는 것이다. 학급경영은 인간이 교육을 통하여 성장·발전한다는 신념 아래 학생 개개인의 흥미, 적성, 능력과 창의성을 최대로 개발하여 그들의 자아실현을 추구하는 데에 목표를 두고 운영되어야 한다.

둘째, 학생이해의 학급경영이 이루어져야 한다. 이는 학급경영의 구상과 운영이 학생의 이해를 바탕으로 이루어져야 한다는 뜻이다. 학생의 심리적 욕구충족, 학습동기의 유발, 부적절한 행동의 수정, 과업수행을 극대화하는 집단운영 등의 경영과업은 학생의 심리적 이해를 통하여 보다 효율적으로 수행될 수 있다.

셋째, 민주적 학급경영이 이루어져야 한다. 이는 인간존중, 자유·평등 및 참여와 합의 등 민주주의 원칙에 입각하여 학급을 경영하는 것을 말한다. 민주적으로 운영되는 학급에서는 학급구성원 개개인의 인격이 존중되고, 자유로운 학급분위기가 조성되며, 학생 스스로 결정할 수 있고, 책임질 수 있는 행동이 길러진다. 또한 평등하고 공정하게 학급이 운영되고, 학급구성원이 학급운영에 참여할 수 있는 절차와 과정이 마련되고 존중된다.

넷째, 효율적 학급경영이 이루어져야 한다. 이는 학급경영이 효과적이고 능률적으로 이루어져야 함을 의미한다. 즉, 학급의 자원을 경제적으로 활용하여 학급의 목표를 달성하여 최대의 효과를 달성함과 아울러 학급구성원의 심리적 만족을 충족시키는 학급운영을 말한다.

다섯째, 일관성 있는 학급경영이 이루어져야 한다. 담임의 학생지도에 있어서 학생들에게 차별을 두거나 편애한다는 느낌을 갖지 않도록 해야 한다. 지도방식에 있어서 이랬다저랬다 한다든지, 적용대상에서 예외를 둔다든지 하는 일이 생기면 학생들은 차별의식을 느끼게 된다. 따라서 학생들을 대할 때 성별이나 학업성적, 임원 여부 등에 따라 다른 적용을 하지 않도록 주의해야 한다.

(2) 학급경영의 원리

학급경영을 구상하고 전개하는 데 있어서 교사가 학급을 어떠한 원칙에 입각하여 어떠한 방향으로 운영하겠다고 하는 학급경영의 방침이나 원리가 필요하다. 많은 학자들은 학급경영을 실천하는 데 지켜야 할 기본원리를 다음과 같이 제시하고 있다 (권기옥, 2003; 김봉수, 1983; 이철웅, 2010; 조동섭, 김도기, 김민조, 김민희, 김병주, 2009).

- 자유의 원리: 학급경영은 현대 민주교육의 기본정신을 바탕으로 함에 따라 학생 개개인의 인격을 존중하고 개성을 발전시키는 데에 중점을 두어야 한다.
- 협동의 원리: 학급경영은 민주생활의 기본원리에 따라 학급집단의 안전과 이익을 위하여 협동생활을 할 수 있도록 조건을 구비하고 지도하는 데에 중점을 두어야 한다.
- 노작의 원리: 학교교육은 교실뿐만 아니라 다양한 교육의 현장에서 체험활동을 통하여 이루어질 수 있다. 정신적 · 신체적 활동을 통하여 유 · 무형의 창작물을 표현하고 실현할 수 있는 기회를 제공해야 한다.
- 창조의 원리: 학급활동에서 자료의 수집과 분석 · 통합 · 정리 · 활용하는 방법을 지도하고, 실생활 속에서 이를 활용하여 실천할 수 있는 기회를 만들어 주어야 한다.
- 흥미의 원리: 흥미는 학습활동의 동기를 제공해 주는 원동력이 된다. 학생들이 학습활동에 흥미를 가질 수 있도록 새로운 주변 환경조성과 자율활동을 통하여 성공감과 자신감을 맛볼 수 있는 조건을 제공해야 한다.
- 요구의 원리: 학교교육은 당면한 사회적 요구와 가정, 학생의 요구를 수용하여 교육적으로 가치 있는 것을 찾아 충족시켜 주어야 한다.
- 접근의 원리: 교육의 성과는 교사와 학생이 거리감 없이 가장 친근했을 때 더욱 효과가 높아진다. 학급은 이러한 점에서 교사와 학생이 상호 접근하는 장(場)이다. 담임교사와 학생, 학생과 학생이 서로 존중하고 인격적으로 대할 때 학급 전체의 발전을 기대할 수 있다.
- 발전의 원리: 학급담임은 평상시 학생들의 실태를 파악하고, 학급의 교육적 환경개선 노력과 함께 꾸준한 자기반성과 평가를 통하여 더 나은 방향으로 변화할 수 있도록 해야 한다.

2. 학급경영의 실제

1) 학급학생들과의 관계

(1) 학생을 파악하는 방법

학생을 파악하는 데에는 학생 자신의 기술에 의한 방법과 면담에 의한 방법이 있는데, 일단 학생으로 하여금 주어진 항목에 대하여 기술하도록 하고, 면담으로 보완하는 것이 좋다. 학생을 파악하는 데 있어서 조사해야 할 항목은, ① 성장과정, ② 가정환경, ③ 취미 · 특기, ④ 신체적 특징(병력 등), ⑤ 인생관, ⑥ 장래희망, ⑦ 성적, ⑧ 교우관계, ⑨ 고민사항, ⑩ 희망사항이나 건의사항 등이다.

특히 자신의 성장과정에 대하여는 일정한 시간을 정해 주고, 자신이 걸어온 길에 대하여 적어 보라고 하는 것이 좋다. 이를 통하여 학생의 감정이나 인생관, 지나온 과거에 대한 생각 등을 알 수 있다. 학생이 숨기고자 하는 사항에 대하여는 비밀을 지켜 주고, 필요하다고 생각할 경우 학부모와의 전화나 전(前) 학년도 지도 교사와의 면담을 통하여 파악할 수 있다.

(2) 학급학생들과 친밀감 쌓기

학급경영을 성공적으로 이끌려면 무엇보다 담임교사는 먼저 학급학생들과 친해져야 한다. 그 방법에 대하여 알아본다.

- 학생들의 말을 귀담아 잘 들어 준다. 학생들은 그들의 말을 잘 들어 주는 선생님을 좋아한다. 학생들의 말은 듣지 않고 권위만 앞세우는 교사는 결코 학생들과 친해질 수 없다. 상대방의 말을 경청한다는 것은 곧 그를 존중해 준다는 의미다. 담임은 평소 늘 학생들의 의견을 경청하고 그들의 눈높이에 맞는 조언을 해 주는 것이 필요하다.
- 지시보다 대화로 이끌어 간다. 교사의 훈화도 같은 내용이 반복되고 길어지면 학생들은 잔소리로 여기게 된다. 학급조회나 종례시간에 일방적인 지시와 전달보다는 미담이나 감동적인 이야기를 들려주고 학생들의 이야기도 들으며 대

화로 이끌어 가게 되면 듣는 이의 거부감이 줄어든다.

- 학생들과의 약속을 지킨다. 학교와 학급생활에서 학생들이 해야 할 것과 하지 않아야 할 것 등에 관한 원칙을 정하고 사소한 것이라도 학생들과 한 약속은 꼭 지킨다.
- 칭찬과 꾸지람을 잘 활용한다. 칭찬이 묘약이라고 하지만 학생들이 잘못한 것까지 교사가 잘했다고 할 수는 없다. 더러는 학생을 꾸짖어야 할 때도 있다. 문제는 시기와 장소를 잘 가려서 해야 하며, 그렇지 않으면 오히려 반발로 인한 교육의 역효과를 나타낼 수 있다. 칭찬은 다른 학생들 앞에서 하고, 꾸중은 혼자 따로 불러서 하는 것이 좋다.
- 항상 사제동행한다. 학교교육활동에 있어서 항상 학생이 있는 곳에 교사가 있고, 교사는 임장(臨場)지도를 해야 한다. 학생들이 학교에 있는 동안 교사는 학생들의 보호자가 된다. 따라서 늘 학생 곁을 떠나지 말고 그들과 함께 있어야 한다.

(3) 급훈 정하기

급훈은 학년 초에 정한다. 담임교사가 직접 정할 수도 있으나 요즘은 학생들의 의견을 반영하여 만들기도 한다. 가장 이상적인 방법은 교사와 학생이 함께 의견을 모아 결정하는 것이다. 급훈을 만들 때 유의할 점은 다음과 같다.

- 급훈의 내용은 학생들의 삶과 밀착된 것이어야 하며, 학급전체를 아우르는 공동의 질서를 고려해야 한다. 막연하고 추상적인 급훈은 설득력을 가지지 못한다.
- 비인간적이고 경쟁심만을 부추기는 자극적인 내용의 급훈은 올바른 인격을 함양하는 교육의 목적에 어긋난다. 급훈을 정할 때에는 실천을 뒷받침할 수 있는 구체성과 올바른 인격체 형성을 위한 공동의 윤리를 먼저 생각해야 한다.
- '성실' '협동' '근면' 등과 같이 추상적이고 다소 딱딱한 내용에서 벗어나는 것은 좋으나, 반드시 학급생활에 지침이 되고 교훈을 주는 내용을 담고 있어야 한다.
- 급훈을 학급담임이 만드는 경우에는 가급적 담임교사의 교육철학과 지도방침이 담겨 있어야 한다. 그래서 학생들이 급훈을 볼 때마다 학급담임이 그들에게 무엇을 강조하고 싶은지 알도록 해야 한다.

- 급훈을 학급학생들이 만드는 경우에 창의적으로 만드는 것은 좋겠지만 교육적이지 않은 장난스런 내용은 급훈으로서의 의미가 없다. 담임교사가 몇 가지의 급훈을 제시하고 학생들이 그중에서 하나를 고르게 하는 방법도 있을 것이다.
- 급훈을 새롭게 만들기 귀찮다는 생각으로 작년에 걸린 급훈을 그대로 재활용하거나, 이웃 교실의 급훈을 그대로 가져와 복제하는 것은 지양해야 한다. 그렇게 되면 급훈은 보여 주기 위한 장식용 외에 교훈으로 주는 아무런 의미가 없다.

급훈의 적절한 경우와 부적절한 경우의 각 예시를 들어보면 〈표 6-1〉과 같다.

표 6-1 급훈의 예시

구분	적절한 급훈	부적절한 급훈
예시	• 서로 이해하고 서로 돕자 • 나에게는 엄격하게, 남에게는 너그럽게 • 생각은 깊게, 행동은 바르게 • 하나는 모두를, 모두는 하나를 • 눈에는 미래, 마음에는 뜨거운 사랑 • 시간에는 성실함, 공부에는 자신감 • 하루하루 열매 맺는 생활을 하자 • 스스로 서고 더불어 살자	• 내가 졸 때 친구는 앞서 간다 • 5분 더 공부하면 미래가 바뀐다 • 노력 성실 근면 • 노력만이 살 길이다 • 정숙한 학생, 조용한 교실 • 아는 것이 힘이다 • 모든 면에서 앞서자 • 엄마가 보고 있다

(4) 학급규칙 만들기

학급규칙은 학급담임교사가 만들어서 제시할 수도 있겠지만, 학년 초 자율활동 시간을 활용하여 학급학생들에게 직접 만들어 보라고 할 수도 있다. 학급규칙을 학생들의 손으로 직접 만드는 경우에 다음과 같은 이점이 있을 수 있다.

- 그들이 스스로 만든 규정이므로 교사가 일방적으로 제시했을 때보다 학생들이 규칙을 더 잘 지킬 수 있게 된다.
- 스스로 만들고 지켜 나가는 학급규칙을 통하여 준법정신을 길러 줄 수 있다.
- 규칙을 만들어 가는 과정을 통하여 서로 배려하는 마음과 협동심을 고취시킬 수 있다.

- 학교의 주인은 학생이라는 의식을 깨달아 학교와 학급활동에서 주인정신을 가지게 해 줄 수 있다.
- 다른 학급보다 더 모범적으로 잘 하려는 선의의 경쟁심을 갖게 하여 학급학생들을 하나로 묶어 주는 일체감과 연대감을 가지게 해 줄 수 있다.

학생들이 학급규칙을 만들 때 담임교사는 다음과 같은 원칙을 제시하는 것이 좋다.

- 학급규칙의 내용은 학급학생들의 교내생활에 해당하는 것이어야 한다.
- 학급규칙은 학급학생들 모두가 함께 지켜 나갈 수 있는 것이어야 한다.
- 학급규칙은 학급학생들의 면학과 생활지도에 도움이 되는 것이어야 한다.
- 학급규칙은 급훈의 내용과 연계하는 것이 좋다. 즉, 급훈이 주제라면 학급규칙은 자연스럽게 급훈의 실천사항이 되도록 함이 좋다.
- 학급규칙은 너무 많고 복잡한 내용으로 거창하게 만들지 말고, 지킬 수 있는 것으로 하여 서너 가지 정도만 하는 것이 좋다.
- 모든 학급학생들이 학급규칙을 잘 지키는지 관리하고, 교칙준수 여부를 기록하는 방법이 제시되어야 한다.
- 학생들이 학급규칙을 지키지 않았을 경우에 어떻게 해야 하는가에 대한 방안이 함께 강구되어야 하며, 그에 대한 학생들의 동의가 따라야 한다.
- 학급규칙을 만들고 나면 급훈처럼 교실의 앞이나 뒤쪽에 게시하여 학생들이 상시 볼 수 있도록 함이 좋다.
- 담임교사는 학급규칙을 잘 지킴으로써 학생들에게 어떤 이점이 있는지 설명해 주는 것이 좋다.

2) 학급경영계획

(1) 효과적인 학급경영 방법

효과적인 학급경영 방법에 대하여 알아본다.

첫째, 학급반장을 적극 활용한다. 학급반장의 역할은 매우 중요하다. 반장의 리더십은 담임의 학급운영에 큰 도움이 될 수 있다. 반장은 학급학생들의 선거에 의해

선출해야 학급학생들의 반발도 없고 그들이 뽑은 반장의 말을 잘 따르게 된다. 학년 초에 반장감이 될 만한 유능한 학생이 보이면 출마를 적극 권유해 보는 방법도 있을 수 있다. 담임교사는 수시로 정·부반장을 통하여 학급분위기는 어떤지, 혹시 따돌림이나 학교폭력의 징후는 없는지 파악해야 한다.

둘째, 모든 학생이 학급을 위해 봉사할 수 있도록 한다. 학급학생 저마다 무슨 일이든지 하나씩 임무를 갖도록 해주는 것이다. 분기별이나 학기별로 임무를 돌아가면서 맡게 하는 방법도 있다. 예를 들면, 게시판이나 선진기자재, 청소도구의 관리, 교무실의 시간표 변경사항 연락, 체육대회 때의 응원담당, 배식 당번 등이다. 학생들로 하여금 가급적 여러 가지 일을 나누어 맡게 함으로써 학생들의 소속감을 높일 수 있다.

셋째, 맡은 일에 자율성과 창의성을 발휘하도록 해 준다. 예를 들어, 학급회의 조직에 각 부장들이 선출되면, 그들로 하여금 어떤 일을 할 것인가에 대한 계획을 세워 보도록 한다. 예컨대, 봉사부는 봉사활동 정보를 제공하고, 실제 봉사활동을 주도하며, 학습부는 각종 학습정보들을 수집하여 학생들에게 제공한다. 이로써 일에 대한 성취감과 배려하는 마음을 가질 수 있다.

넷째, 요 선도학생은 항상 담임 곁에 둔다. 그런 학생에게는 담임과 자주 접할 수 있는 일을 맡김으로써 자주 볼 수 있도록 함이 좋다. 예를 들어, 매일 교무실 칠판에 출석기록을 하거나, 자율학습 때의 인원점검 등을 하게 한다. 담임은 그 학생을 볼 때마다 이름을 부르며 친근하게 말을 건네주어 관심을 가져 준다. 그들은 자신이 소외되거나 무시당할 때 문제를 일으킬 확률이 많다. 학급 일을 결정할 때 가끔씩 그들의 의견을 들어주는 것도 좋은 방법이다.

(2) 학급경영계획 세우기
원만한 학급경영을 위하여 한 학년도가 시작되는 초기인 3월 첫 주에 학급경영에서 다음과 같은 일이 이루어져야 한다.

① 학급경영계획의 방안을 제시한다
학년 초에 학급경영계획의 방안을 소개하고 담임으로서 어떤 기대를 가지고 어떤 학급을 만들어 갈 것인지, 담임과 학생이 각기 어떤 마음의 준비를 해야 하는지,

담임으로서 당부 등을 안내한다.

② 학사일정 및 준비물을 안내한다

연간 학사일정과 학습준비물 등을 안내하여 학교생활에 쉽게 적응해 나갈 수 있도록 한다. 학사일정과 준비물은 교실 게시판에 게시하여 스스로 확인하고 챙기는 습관을 길러 줄 수 있도록 한다. 담임교사의 이메일 주소도 알려 주어 궁금한 것을 묻고 답하는 소통의 공간을 만들어 준다.

③ 학생들의 신상을 파악한다

전학년도 담임으로부터 학교생활기록부자료와 학생정보 인수, 학생조사활동 각종 검사결과, 학생자술서에 의한 기록, 학생상담기록부, 학부모와 전화연락 등의 방법 등으로 학급학생들의 신상에 관련한 정보를 가급적 상세하게 파악한다.

④ 학부모와 네트워크를 구성한다

학부모를 학교교육의 동반자로 인식하고 학부모협의회, 학부모모니터, 학부모고사감독 등으로 학부모가 학교교육에 적극 참여할 수 있도록 유도한다. 또한 정기적으로 학생의 학교생활상황을 알리고 가정생활상황을 들으며 학생 관련 정보를 상호 공유한다. 결석이나 학교생활 부적응과 같은 학생의 이상행동이 감지되면 학부모에게 알려 문제를 파악하고 대책을 함께 논의한다.

⑤ 급훈이나 학급규칙을 자율적으로 만든다

학급생활 중에 지켜야 할 급훈이나 학급규칙을 학생들이 스스로 만들어 지키도록 한다. 학급규칙의 내용은 주로 등·하교, 용의복장, 청소, 급식, 수업태도, 생활지도와 관련한 것이 될 것이다. 학생들이 스스로 만든 규칙은 학교나 교사가 제시했을 때보다 잘 지킬 확률이 높다. 이러한 방법은 학생들에게 협동심과 책임의식을 높이는 데 교육적 의미가 있을 것이다.

⑥ 기본생활습관지도를 강화한다

습관은 사람의 운명까지 바꾼다는 말이 있다. 자신의 몸에 밴 습관은 평소에 잘

알아차리지 못한다. 나쁜 습관을 버리고 좋은 생활습관을 기르도록 담임의 훈화와
유인물 게시, 학급회 주제 제시는 물론 교과학습 중에도 자연스럽게 지도가 되도록
한다.

3) 학급특색사업

다른 학교, 다른 학급에서는 흔히 찾아볼 수 없는 자기 학급만의 색깔 있는 특색
사업을 선정하여 실천하는 것은 학급학생들의 협동심을 자극하고 연대감을 높이는
좋은 방법이다. 그 실천 방안은 다음과 같다.

(1) 학급특색사업 선정 방법
학급특색사업을 선정하는 경우에는 다음과 같은 방법이 있다.

- 학년 초에 학급담임이 미리 계획하여 학생들에게 제시하는 방법이 있다. 담임
  교사가 전학년도 겨울방학기간에 미리 안을 구상해서 설계해 놓았다가 학생들
  에게 제시하여 참여를 유도하는 것이 현실적으로 적합한 방법이다.
- 학생들에게 창의적인 안을 만들게 하여 수립하는 방법이 있다. 좋은 아이디어
  가 나오고 이에 대한 학생들의 반응이 높을 경우에는 좋겠지만, 그렇지 못하면
  이 방안은 실행이 쉽지 않다.
- 이상적인 방법은 담임교사와 학급학생들이 함께 참여하여 만드는 것이다. 학
  급특색사업의 주제는 학교특색사업이나 중점(역점)사업의 하위개념으로 선정
  하는 것이 좋다. 예를 들면, 〈표 6-2〉와 같이 만들 수 있다.
- 학급특색사업을 선정할 때는 상위영역인 학교특색사업과 연관 지어 구상하는
  것이 좋다. 그렇게 하면 학급의 사업추진에 탄력을 받을 수 있고, 여러 방면에
  서 학교 측으로부터 지원을 받기에도 유리하다.

표 6-2 학급특색사업 주제선정 예시

구분	학교특색사업 (상위영역)	학급특색사업(하위영역)
주제 및 내용	독서교육	학급문고 · 학급신문 · 학급문집 만들기, 매일 책읽기, 독서 토론, 시 · 시조쓰기, 일기쓰기, 글짓기활동
	인성교육	생명존중, 협동심 배양, 모둠활동, 예절교육, 질서 지키기, 급우 간 장점 찾아 칭찬해주기, 또래상담, 명상교육, 바른말 고운말 사용
	예능교육	반가 부르기, 1인1악기 연주, 사랑방음악회(학급음악회), 생활 속의 미술, 학급미술관, 민속놀이, 1인1운동
	안전교육	교통안전 표어 · 포스터 만들기, 안전교육 관련 봉사활동, 안전 생활 · 건강생활 실천사례발표
	진로교육	진로설계, 직장탐방, 직업체험, 자성예언, 장래의 꿈 가꾸기
	환경교육	자연보호, 재활용교육, 재활용품을 활용할 작품 만들기, 반려동물 기르기, '아나바다' 실천 알뜰 장
	나라사랑	독도사랑, 내 고장 사랑, 내 고장 역사 · 지리알기, 역사탐방

(2) 학급특색사업 선정의 유의점

학급특색사업을 선정할 때 다음과 같은 점을 유의하여야 한다.

• 학급특색사업은 여러 가지로 거창하게 만드는 것이 아니라 쉽고 단순한 것으로 하여 한두 가지만으로 선정하는 것이 좋다.
• 학급특색사업은 학급학생들의 협동심을 고취하고 연대감을 높일 수 있는 것으로 선정한다.
• 학급특색사업의 실천을 통하여 자연스럽게 학생들의 인성교육이 이루어질 수 있도록 연관하여 만드는 것이 바람직하다.
• 학급특색사업의 실행으로 인하여 학생들의 학업에 부담을 주거나 학사일정에 지장을 초래해서는 안 된다.
• 학급특색사업은 학급의 모든 학생들이 함께 참여하며, 쉽고 재미있게 동참할 수 있는 흥미로운 내용으로 선정한다.

- 학급특색사업은 학생들의 자율성을 바탕으로 하고, 창의성을 발휘하여 점진적으로 발전되어 갈 수 있도록 한다.
- 학급특색사업은 다른 학교, 다른 학급에서도 쉽게 모방하여 실행할 수 있도록 일반화 가능성이 높은 것으로 선정한다.
- 학급특색사업을 선정하고 실행함에 있어서 학부모에게 재정적으로 부담을 주어서는 안 되며, 학교예산의 도움을 받을 수 있으면 좋다.
- 학급특색사업의 내용은 정기적으로 반복해서 말하고, 부르고, 만들고, 익히는 활동으로 생활화하는 것이어야 한다.

(3) 학급특색사업 운영의 기대효과

학급특색사업 운영으로 다음과 같은 효과를 기대할 수 있다.

- 학급특색사업을 실천함으로써 학급학생들이 남을 이해하고 배려하는 마음을 가지고, 협동심을 고취하며, 연대감을 함양할 수 있는 계기가 될 수 있다.
- 책읽기, 글짓기 등을 통하여 문학을 사랑하고, 노래와 연주, 작품활동 등을 통하여 생활 속의 음악, 생활 속의 미술을 실천할 수 있다.
- 여러 가지 체험활동으로 나라사랑, 지역사랑, 이웃사랑을 몸으로 실천할 수 있는 기회를 갖는다.
- 봉사활동이 가지는 본연의 의미를 깨닫고 앞으로도 어떻게 봉사를 실천해야 할지 알고 스스로 실천할 수 있다.
- 학급담임과 학급학생들 간, 그리고 학급학생들 상호 간의 잦은 대화와 상호교류로 거리감을 좁히고 친근감을 높이며 신뢰를 쌓아 가는 좋은 계기가 된다.
- 학생들에게 토의·토론 기회를 제공하고, 지식의 활용능력을 길러 주며 발표력을 향상시키는 좋은 계기가 된다.
- 생활 속의 음악과 미술을 실천하는 기회제공을 통하여 심미적 능력을 길러 주는 계기가 된다.
- 학급학생 모두의 참여를 통하여 따돌림을 비롯한 학교폭력을 예방하고 자연스럽게 인성교육을 실천하는 방안이 된다.

3. 학급담임의 역할

1) 학급담임의 역할

학급경영을 담당하는 교사의 역할은 대체로 학급경영계획수립, 학급 내 각종 학생조직의 구성, 학생관리, 학급사무관리 그리고 학급환경관리 등을 포함한다(진동섭, 2003: 119). 학급경영을 하는 담임교사의 인격과 성실성, 그리고 학급학생과의 상호 인간관계는 모든 학급학생들의 바람직한 인격형성에 큰 영향을 미치게 된다. 학급의 기능은 학급이 하나의 작은 공동체사회로서 모든 학생의 전인격적 자아실현을 위한 인간형성의 장(場)으로서 역할을 하게 되는 것이다.

학급경영과정에서 가장 빈번하고 긴밀한 관계는 학급담임교사와 학생의 관계다. 학급경영에서 이러한 관계는 성공적인 학급경영을 좌우하는 열쇠가 된다. 따라서 학급담임교사의 역할은 학생과의 인간관계가 모든 교육활동 및 학급경영을 효과적으로 이끌어 갈 수 있는 밑거름이 됨을 인식하여 학생과의 대화를 넓히고 공정한 태도로 학생들을 대해 올바른 인간관계를 조성하는 데 있다.

이칭찬, 주상덕(2009)은 담임교사의 역할을, ① 교육과정 계획, ② 교수활동 실천, ③ 생활지도 담당, ④ 교육활동 평가, ⑤ 특수아 지도, ⑥ 학교와 학급의 사무 처리, ⑦ 학교경영 및 학교행정 참여, ⑧ 지역사회와 협조, ⑨ 학급의 환경 정비 등으로 보았다.

학급경영의 성패는 학급담임의 경영 방침, 방법에 따라 결정되며, 이는 또한 학교교육의 성패를 결정짓고, 나아가 국가 전체 교육의 성패를 좌우한다고 볼 수 있다. 따라서 학급경영의 기본방향은 학교나 전체학급의 교육방침과 궤를 같이해야 하며, 학급담임교사의 교육관, 윤리관, 교직관 등의 교육철학에 근거를 두어야 한다. 그러므로 학급담임교사는 효율적인 수업을 위한 학습상황을 조성하고, 학급의 분위기, 학급활동의 계획, 행동기준의 설정 등을 통하여 학생들의 올바른 성장과 발달에 도움이 되도록 학급을 경영해야 한다.

(1) 일상생활에서의 역할

학교에서 교사가 하는 역할 중에서 중요한 것 중의 하나가 학급담임의 역할이라고 할 수 있다.

- 학급담임은 맡은 학급의 학생 개개인의 교육에 심혈을 기울여야 하고, 학생들의 사회화 과정에 있어서 사회의 가치 규범, 생활양식 등을 대표하면서 각종 문화 내용을 대변할 수 있어야 한다.
- 학급담임은 살아 있는 교과서인 동시에 신지식의 창고와 같은 역할을 해야 하며, 지식의 이해와 적용을 도와주고 학습자에게 맞도록 학습과정을 마련해 주어, 학습난관을 극복하도록 도와주는 역할을 해야 한다.
- 학급담임은 학생들 간의 대립과 갈등, 분쟁 등의 중재자로서 권위를 가지고 공정하고 타당하게 처리해야 하며, 학생들의 전인적 성장을 다방면으로 일관성 있게 도와주는 역할을 해야 한다.
- 학급담임은 학생들이 성장과정에서 생기는 여러 가지 불안을 제거해 주어야 한다. 담임교사는 부모대리자로서 학생들이 믿고 의지할 수 있어야 하며, 때로는 친구처럼 대화하고 상호 협력하는 역할을 해야 한다.

(2) 학급운영에서의 역할

효율적인 학급경영은 효율적인 수업의 필수조건이다. 아무리 수업기술이 뛰어나다고 해도 학급경영 기술이 부족하다면 효율적인 수업을 기대할 수 없다.

- 학급담임은 학급의 활동방침을 정하고, 학급의 임원을 비롯한 인적조직을 정비하고 관리하며, 교실환경의 정비와 교구의 제작 및 확보 등 물적자원을 관리한다.
- 학급담임은 학교교육계획에 따른 학급 일과표를 작성하고, 학급회의와 학급문집의 발간 등의 학생활동을 지도하며, 학급의 제반 장부를 정비한다.
- 학급담임은 학생가정환경 조사와 학생생활의 관찰기록 및 실태를 파악하여 학생생활지도에 관한 자료를 수집하고 이를 생활지도에 활용한다.
- 학급담임은 학급운영과정의 효율성을 평가하여 바람직한 상황을 조성하고 유

지하였는지 평가함으로써 계속적인 개선과 발전을 도모해야 한다.

실제로 학교교육의 성공여부는 각 교사들의 학급운영능력과 직접적인 관련이 있다. 열성적이며 연구하는 교사가 운영하는 학급은 그렇지 못한 학급과 판이하게 다른 교육의 결과를 나타내기 때문이다(곽영우 외, 1998: 106-107).

(3) 생활지도에서의 역할

생활지도는 학생들이 겪는 일상생활의 모든 문제, 즉 교육적 · 사회적 · 진로와 직업적 · 가정적 · 신체적 · 정신적 · 도덕적 · 종교적 문제에 폭넓게 관여한다.

- 학급담임은 학급학생들이 학교생활에서 겪을 수 있는 위와 같은 다양한 분야에서의 문제들을 스스로 해결해 나갈 수 있도록 도와주어야 한다.
- 학급담임은 학생들이 지적 성장에만 치우치지 않고 통합된 전인적 존재로서 균형 있고 건전한 삶을 살아갈 수 있도록 도와주어야 한다.
- 학급담임은 학급학생들에 대한 개인적 · 집단적 상담자로서 학생의 신상과 학교 내 · 외에서의 문제 등에 관한 충분한 자료를 파악하여 언제든 학생의 상담 요구에 응할 수 있어야 한다.

(4) 진로지도에서의 역할

진로지도는 학생들에게 직업에 대한 적극적인 이해와 관심을 가지고 스스로 알맞은 직업을 탐색하고 선택할 수 있도록 도움을 줌으로써 복잡한 현대사회에서의 직업생활에 대한 올바른 생각을 갖도록 하는 것이다.

- 학급담임은 학급학생들 각자의 특성을 이해하고 그들의 소질을 계발하며, 잠재가능성을 끌어내어 각자의 진로를 개척하고 자아를 실현할 수 있도록 도와주는 역할을 해야 한다.
- 학급담임은 학생들에게 일과 직업의 가치와 중요함을 깨닫게 해 주고, 평소 직업과 관련한 목표를 세우고 이를 꾸준히 추구해 가는 과정을 알려 주어야 하며, 다양한 직업체험을 통하여 진로를 선택하는 데 도움을 주어야 한다.

- 학급담임은 학생들에게 사회의 필요를 잘 이해하게 하고, 각종 직업에 관한 정
  보를 수집 · 분석하여 제공해 주며, 학생들로 하여금 자기에게 적합한 직업을
  선택할 수 있도록 해야 한다.

2) 학급담임의 업무

학급담임의 업무를 구체적으로 살펴보면 다음과 같다.

- 학급담임은 학교교육목표에 근거하여 학급경영의 목표를 설정한다.
- 학급학생의 문제와 요구에 관한 상황을 파악하고 있어야 한다.
- 학급환경을 정비하고 시설과 비품을 관리하며 청결을 유지해야 한다.
- 학급학생들의 학습지도, 생활지도, 창의적 체험활동지도 상황을 파악하고 있
  어야 한다.
- 학급학생들의 출석상황을 매일 점검하고 결석생에 대한 조치를 해야 한다.
- 학급담임의 훈화를 통하여 남을 배려하고 협동하며, 자연을 보호하고 생명을
  존중을 실천하는 인성지도를 해야 한다.
- 학급 내에 소외되거나 따돌림받는 학생이 없는지 살펴보고 학교폭력의 징후를
  미리 파악하여 예방에 최선을 다해야 한다.
- 학급학생들과 자주 대화와 상담을 통해서 친근감과 신뢰감을 높여야 한다.
- 학급학생들이 건강하고 안전한 생활을 할 수 있도록 지속적인 학교안전교육을
  실시하여야 한다.
- 학급학생들의 출석, 성적, 학교생활기록부 입력 등의 학급사무를 처리하여야
  한다.
- 학급학생들의 학부모와 수시로 연락하여 학교와 학생에 관한 정보를 공유하
  고, 그들의 요구와 실정을 파악하고 있어야 한다.

이처럼 학급담임의 업무는 대부분 학급학생들에 대한 지도활동으로 직결되어 있
다. 따라서 담임교사와 학급학생들은 늘 함께하는 '사제동행'의 관계다. 학생이 있
는 곳에 교사가 있어야 하고, 모든 교육활동의 현장에는 교사가 있어야 한다.

1. 급훈과 학급규칙을 정하려고 한다. 이때 어떤 원칙을 제시해야 하는지, 또한 학급규칙을 만들면 학급경영에 어떤 도움이 되는지 적어 보시오.

급훈	
급훈설정의 이유	
학급규칙 제정의 원칙	
학급규칙이 학급경영과 학급학생들에게 주는 영향	
학급경영 면	
인성지도 면	
학생생활 면	
학업성취 면	

2. 학급담임의 입장에서 담임교사의 교육철학이 담긴 학급특색사업을 선정하려고 한다. 어떤 내용으로 어떻게 만들고 추진해야 할지 설계해 보자.

상위 영역	
특색사업 주제	
주제설정 이유	
월별 추진 내용	
3월	
4월	
5월	
6월	
7월	
9월	
10월	
11월	
12월	
예상되는 결과	

제7장

교과학습지도의 준비

학습개요

1. 수업에 있어서 교사의 역할이 무엇인지 알아보고, 교사의 수업에 있어서 단계별 기술과 교사의 발문, 학습동기 유발, 수업의 효과를 올리기 위한 칭찬과 보상은 어떻게 해야 하는지 알아본다.

2. 교수–학습과정안의 의미와 필요성을 이해하고, 학습목표의 진술 방법, 수업의 단계별 내용을 알아본다.

3. 교수–학습과정안 작성 체제와 내용을 바탕으로 작성요령을 익힌다.

4. 수업모형의 개념과 목적, 분류에 대해 알아보고, 수업모형의 유형을 익혀 교수–학습과정안 작성에 활용한다.

1. 수업과 교사

1) 교사의 역할

수업은 학생과 교사가 함께 만들어 가는 과정이며, 미숙한 학생들을 이끌어서 완숙한 상태로 만들어 가는 것이 교사의 역할이다. 따라서 수업을 하는 데 있어서 무엇보다 중요한 역할을 하는 것은 교사이며, 특히 학생들을 수업으로 끌어들이는 교사의 수업기술이 바탕이 된다고 할 수 있다.

유능한 교사와 그렇지 못한 교사의 구분에 있어서 가장 중요한 것은 교사가 가진 '열정·열의'다. 열정·열의가 있는 교사라면 지금은 수업기술이 다소 부족하다 하더라도 앞으로는 충분히 발전할 가능성이 있다. 교사가 가져야 하는 열정·열의 안에는 수업의 준비성, 학생들을 배려하고 사랑하는 마음가짐, 한 시간의 수업을 위해서 오랜 시간을 투자하는 성실함과 노력 등이 모두 포함된다. 교사가 매사에 노력하는 모습을 보인다면 학생들도 그만큼 의욕을 가지고 수업에 집중할 것이고, 그러면 자연스럽게 수업의 효율성은 높아질 것이다.

2) 교사의 수업기술

(1) 수업 단계별 기술

① 도입 단계
■ 선수학습과 관련짓기
• 선수학습의 결손 발견
  － 전시(또는 선수)학습을 상기시켜 본시학습으로의 전이(轉移)가 이루어지게 하기 위해서 선수학습 요소를 충분히 확인한다.
  － 선수학습 요소 가운데 결손 부분이 발견되면 수업에 들어가기 전 간단한 보충학습을 통하여 결손을 만회할 수 있는 학습기회와 학습자료를 제공한다.
  － 도입 단계에서 본 수업을 성공적으로 학습할 수 있는지를 알아보는 출발점

행동을 진단하여 그 내용을 본시 수업에 적용한다.
- 선수학습의 결손 보충
  - 학습자의 선수학습 요소 결손 내용을 구체적으로 규명하여 거기에 알맞은 처치로 보완한다.
  - 학습결손을 초래하는 기본학습기능을 보완한다.

■ 동기유발
- 본시의 학습과제를 학습해야겠다는 마음이 우러나게 하는 동기유발이 이 단계에서 이루어져야 한다.
- 학습문제와 관련된 생활주변의 일을 자연스럽게 이끌어 내고, 학습목표를 명확하게 이해시킴으로써 학습동기를 촉진시킨다.
- 외재적 동기보다는 내재적 동기의 촉진에 역점을 두어 능동적 학습참여를 꾀한다.
- 학습목표의 달성에 자신감을 가지고 수업에 적극적으로 참여하게 한다.
- 협동과 경쟁을 적절히 적용하고, 보상을 효과적으로 활용한다.

■ 학습목표 제시
- 어떠한 형태의 수업이라도 반드시 학습목표를 제시하여 학생들이 명확하게 인지하도록 한다.

도입 단계에서 준비해야 할 사항은 〈표 7-1〉을 참고한다.

표 7-1 도입 단계의 준비사항

과정	교수-학습활동	학습집단	학습활동	학습자료	수업주도
준비	• 학습분위기 조성 -선수학습 및 과제학습 확인 -학습문제 인식	전체학습	발표와 문답	과제물 교과서 멀티미디어	교사
학습 안내	• 학습문제 파악 • 학습활동순서 안내 • 학습하면서 지킬 일				

② 전개 단계

■ 교사의 행동과 언어

- 전체 학생에게는 경어, 개개인의 학생에게는 경어나 평어를 사용한다.
- 지명 방법: 무작위, 지원자, 교사의 의도(성적별), 출석번호 등을 활용하고, 지명을 할 때에는 이름을 부른다.
- 질문할 기회를 많이 주고, 질문이 없는 경우에는 질문이 나올 수 있도록 유도해야 하며, 학습자가 질문할 때는 즉각 답변하지 않고 전체에게 알려 전원이 생각할 기회를 준 뒤 2~3명의 대답을 통해서 종합하여 결론을 내린다.
- 수업 전 과정을 통하여 학생들과의 상호작용이 활발하게 이루어져야 한다.
- 수업시작과 마침 시각을 정확히 지켜야 한다. 마침 시각 후에도 수업을 계속하는 것은 학습효과에 좋지 않다.

■ 교수매체

단위시간의 수업목표와 학습과제에 맞는 교수매체를 선정·활용하되, 여러 가지 교수매체 사용법을 잘 알고 지도한다.

최근에 그 이용 정도가 높은 ICT 활용의 주의점에 대하여 알아보자.

- 수업에서 ICT 활용은 어디까지나 목적이 아니라 수단이다.
- ICT는 말로써 설명하기 어렵고, 칠판에 그리는 데는 시간이 너무 걸리는 경우와, 구조화된 내용을 제시하고자 할 경우에 사용한다.
- 지나치게 자주 사용하거나, 색채나 글자 크기를 무시하거나, 흥미 위주의 불필요한 자료 제시는 삼간다.
- 글자의 포인트, 색상, 화면의 구조화 등에 신경써서 작성한다.

■ 판서

- 학습내용의 핵심을 계통화, 구조화, 체계화한 내용이어야 한다.
- 필순에 유의해야 하고, 속도는 되도록 빠르게 쓰며, 학습자의 시야를 가리지 않는 위치에서 써 나간다.
- 학급 전체의 학생이 볼 수 있도록 시각화하여 크게, 정성껏 쓴다.

• 파지효과를 높이기 위해 중요한 사항에 밑줄을 긋거나 색분필을 사용한다.

칠판의 활용 방법은 [그림 7-1]을 참고한다.

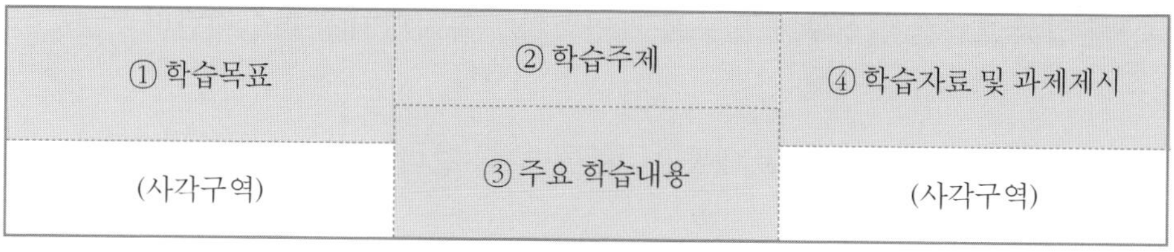

① 학습목표	② 학습주제	④ 학습자료 및 과제제시
(사각구역)	③ 주요 학습내용	(사각구역)

칠판

[그림 7-1] 칠판의 구역에 따른 활용 방법

전개 단계에서 이루어지는 교수-학습활동의 내용은 〈표 7-2〉와 같다.

표 7-2 전개 단계의 활동 내용

과정	교수-학습활동	학습집단	학습활동	학습자료	수업주도
학습 활동	• 기본 필수 학습 • 수행 평가 (교사에 의한 평가 · 자기평가 · 학생 상호 평가) • 심화 · 보충 학습 -개별 선택 학습	전체 개별 소집단협동 개별	탐구 토의 문제풀기	학습지 각종 서적 신문 삽시 능	교사 · 학생/ 학생

③ 정리 단계
■ 본시의 정리
학습목표와 관련된 본시의 핵심을 종합적으로 정리한다.

■ 확인학습
• 수업과정 중의 이해 정도를 여러 가지 방법으로 평가하고 피드백한다.
• 확인학습 결과, 결손이 큰 문항에 대해서는 보충지도가 반드시 필요하다.

■ 과제제시 및 차시안내
- 예습과제는 치밀한 사전계획을 필요로 하며, 차시학습과 결부되고 학습자의 능동적 참여가 기대되는 내용이 좋다.
- 학습과제를 제시할 때는 문제풀이에 필요한 기본적 풀이방법을 미리 지도한다.
- 수업의 흐름을 인식할 수 있도록 자연스럽게 차시의 내용을 안내한다.

정리 단계에서 해야 할 활동 내용은 〈표 7-3〉과 같다.

표 7-3 정리 단계에서의 활동 내용

과정	교수-학습 활동	학습집단	학습활동	학습자료	수업주도
학습 정리	• 발표, 칭찬과 격려, 반성, 정리	전체학습	발표 감상 문답	멀티미디어 실물화상기 빔프로젝트 TV	교사·학생/ 교사
마무리	• 가치 태도 학습 • 과제 제시 및 차시 안내				

(2) 교사의 발문

① 발문의 개념
발문은 교사와 학생들이 학습목표를 달성하기 위하여 학습활동 중에 던지는 질문을 말한다. 발문은 학습자들의 사고활동을 일으켜 주기 위한 문제제기로, 학습자에게 문제의식을 갖게 하고 사고활동과 표현활동을 촉진하기 위함이다.

② 발문의 목적
발문은 학생과 교사 간 의사소통의 한 형식으로, 교사와 학생의 수업활동을 촉진하고 학습자의 확산적 사고를 자극하여 창의적인 학습활동이 가능하도록 하기 위함이며, 결국 학생들의 사고력을 길러 주는 데 있다.

③ 발문의 효과
발문은 수업과정에서 학습자의 학습사고력을 증진시키는 데 중요한 것으로, 좋은 발문을 위해 지도교사는 발문에 대한 사전지식과 발문기술을 익히고, 실제 수업 상황에서의 적용능력을 길러야 한다. 왜냐하면 교사의 다양한 발문 수준의 적용은 학생들의 폭넓은 발표를 유도하게 하여 보다 높은 학습목표 달성으로 이어지기 때문이다.

④ 블로서(Blosser)의 발문 유형

■ 폐쇄적 발문

• 인지 기억적 발문

교사가 인지 기억적 발문을 하게 되면 학습자들은 학습한 내용 중에서 기억에 남아 있는 것을 말하며, 깊은 수준의 사고를 하지 않게 된다. 즉, 인식, 기억, 회상 등으로 사실, 공식과 같은 것들을 단순하게 재생하도록 요구하는 발문이다. 이러한 발문에서는 응답이 이미 보았거나 들은 것을 반복하거나 복제하고, 사실이나 아이디어를 회상하는 것으로 이루어진다. 학생은 회상하고 정의하며 반복하고 인용하며 확인하고 "예" 또는 "아니오"로 대답한다.

• 수렴적 발문

주어지거나 기억된 자료의 분석과 종합을 이루게 하며, 번역, 관련, 설명, 결론, 도출 등과 같은 정신적 활동을 자극하려는 발문이다. 수렴적 발문을 하게 되면 학습자들은 사실을 연상하고, 관계를 지으며, 구분하여 예시하고, 재편성하는 등, 전에 얻은 자료를 활용하여 설명하기 위한 활동에 사용된다.

■ 개방적 발문

• 확산적 발문

상당한 수준의 사고를 요하는 발문이다. 따라서 학습자들은 상상적이고 창의적인 대답을 하게 된다. 자료나 과제 등에서 어떤 방법이나 대답의 형태를 제한시킬 만큼 충분한 정보를 제공하지 않은 상태에서 학생 스스로 자료를 산출하게 되어, 고안하고, 종합하고, 정교하게 하고, 함축된 것을 끄집어 내게 하는 등의 확산적인 정신적 조작을 이끌어 내기 위함이다. 교사가 이 발문을 하게 되면 학습자들이 무슨 대답을 하게 될지 알 수 없다. 이러한 발문은 교사가 학습내용을 충분히 알지 못하면 효과적으로 대처하기 어렵다.

• 평가적 발문

판단을 하는 기준 또는 준거는 과학적 근거, 합의에 의해서 결정된 명시적인 것이거나, 학습자 자신의 사고를 조작하는 내재적 준거와 같은 암시적인 것이다. 실험 설계에서의 방법, 절차의 평가, 가치 판단, 비판하거나 의견을 말하게 하는 것도 평가적 발문이다. 행동의 계획, 입장 선택 및 정당화, 새로운 방법의 설계, 가설의 형성, 가치문제의 판단 등에 관한 답변이 나오도록 한다.

⑤ 교사의 발문 방법

■ 효과적인 발문

• 학생들을 많이 생각하게 만드는 발문

－근거, 이유(왜?)와 사고의 과정(어떻게?)을 잘 조화시켜 묻는다.

－여러 가지 다양한 사태를 대비시켜서 묻는다.

－다양한 사고를 유도하며 묻는다.

－쉬운 문제에 의문을 갖도록 부정적인 문장으로 묻는다.

－문제해결 방법과 표현방법을 요구하여 묻는다.

• 학생들의 흥미유발 효과가 높은 발문

－농담 섞인 유머를 넣어 묻는다.

－학생들의 일상생활 및 경험과 관련되게 묻는다.

－교과서의 사진이나 삽화와 연관된 학습문제에 관하여 묻는다.

－수수께끼, 게임, 놀이형식 등으로 묻는다.

• 학생들의 답변이 쉽게 나오도록 하는 발문

－단계적으로 쉽게 풀어서 묻는다.

－생각나는 대로 답변하게 한 후 다른 학생들이 보충할 수 있도록 한다.

－교사가 질문하는 의도를 설명한다.

－추상적인 설명 대신 실제 예시나 사례를 들도록 한다.

－답을 상기시키는 단서를 제공한다.

－새로운 학습내용은 답변에 앞서 학습자료로 조사할 기회를 준다.

■ 비효과적인 발문

수업효과를 낮추는 것으로, 비효과적인 발문에는 내용상 문제가 있는 경우와 발문 기술상 문제가 있는 경우가 있다.

- 생각할 필요 없이 기계적인 답이 나오도록 묻는다.
- 어떤 답변이 나올지 너무나 분명한 내용을 묻는다.
- 교과서에 다 나와 있는 단순한 내용을 확인하는 수준으로 묻는다.
- 무엇을 요구하는지가 분명하지 않게 막연한 내용을 묻는다.

⑥ 학생의 답변에 대한 교사의 반응 방법

■ 효과적인 반응(학생의 답변이 잘 나오지 않을 때)
- 흥미로운 이야기로 분위기를 풀어 준다.
- 학생의 자존심을 부추겨 주며 답변할 용기를 북돋아 준다.

■ 틀린 답이 나왔을 때
- 간접적으로 말을 돌려 자존심이 상하지 않도록 한다.
- 틀린 이유를 지적하지 말고 틀렸다는 사실과 이유를 스스로 알게 한다.

■ 부적절하거나 모호하고 불충분한 답변일 때
- 교사의 보충적인 질문으로 명확하고 충분한 답변을 유도한다.

■ 맞는 답변일 때
- 답에 대한 이유나 근거를 묻고 다른 학생의 사고력 개발 기회를 준다.
- 학생의 답변을 이용하여 관련된 질문을 더 해 나간다.

(3) 학습동기 유발

① 내적 동기 유발 방법
- 학생들에게 적극적으로 반응할 수 있는 기회를 제공해 주어야 한다.
- 학생들의 반응에 즉각적인 피드백을 제공해 주어야 한다.

• 동료학생들과 상호작용할 수 있는 기회를 제공해 주어야 한다.

② 외적 동기 유발 방법
• 학습과정을 충분히 알게 하여 흥미를 갖고 적극적으로 참여하게 한다.
• 집단 구성원으로서의 소속감을 갖게 한다.
• 다양한 학습자료나 실증적인 예화를 들려준다.
• 학습활동의 중요한 과정에서 주의를 집중시킨다.
• 약간의 경쟁심을 자극한다.
• 보상을 적당히 사용한다.

(4) 칭찬

① 효과적인 칭찬
학교에서 교사들이 학생을 지도하면서 가장 빈번히 사용하는 것이 칭찬과 꾸중이다. 칭찬하는 것은 바람직한 행동을 더욱 강화하려는 의도를 지니고 있고, 꾸중하는 것은 바람직하지 않은 행동을 더 이상 계속하지 않도록 차단하고 방지하려는 데 그 목적이 있다.

② 칭찬의 효과
칭찬은 인간관계의 활력소다. 칭찬을 주고받는 사이에 우호적인 인간관계가 형성된다. 사람을 칭찬한다는 것은 칭찬해 주는 사람의 편에서는 대수로운 일이 아닐 수도 있지만, 그 말을 듣는 사람 쪽에서는 상당한 영향을 받는다. 사람은 누구나 칭찬을 받을 만한 일면이 있고, 훌륭한 일을 해낼 잠재력이 있다. 사람은 칭찬을 받음으로써 이러한 자기의 능력과 자기역할의 중요성을 인식하게 된다. 칭찬은 학생들의 긍정적인 자아개념 형성에 크게 이바지한다.
칭찬할 때는 학생으로 하여금 자신의 특정 행위의 어떤 점이 훌륭한가에 대한 구체적인 정보를 얻을 수 있는 기회를 갖도록 해야 한다. 칭찬의 의도가 왜곡되어 학생들이 어떠한 보상을 받기 위하여 바람직한 행동을 하게 되는 일이 없도록 유의할 필요가 있다.

③ 효과적인 칭찬의 방법

효과적인 칭찬을 위하여 염두에 두어야 할 사항을 정리하면 다음과 같다.

- 칭찬은 자연스럽게 진심에서 우러나와야 한다. 학생이 억지 칭찬이란 느낌을 받지 않도록 한다. 진정 감격스럽고 기뻐하는 마음으로 찬사를 보내야 공감대가 이루어진다.
- 칭찬에는 학생의 행동이나 노력의 가치를 인정하고 존중하는 의미가 담겨 있어야 한다. 칭찬은 바람직한 일을 수행한 데 대한 정신적인 보상이 되었을 때 그 효력이 있다. 칭찬을 통해서 학생은 보람과 성취감을 맛볼 수 있다.
- 칭찬은 칭찬으로 끝낸다. 칭찬하면서 요망사항을 덧붙이게 되면 트집을 잡는 꼴이 되기 쉽다. 공연한 사족(蛇足)을 달아서 칭찬의 효과를 반감시키는 일이 없도록 해야 한다.
- 칭찬은 바람직한 행동을 하고 있는 중이거나 훌륭한 성과가 나타났을 때 즉시 해야 한다. 행동이 끝나고 한참 지난 뒤에 하면 효과가 떨어진다.
- 칭찬의 말은 간결한 것이 좋다. 한 번으로 충분한 칭찬을 몇 차례 반복하게 되면 칭찬의 효과가 줄어든다.
- 칭찬은 누구에게나 공평하고 많이 하는 것이 좋다. 칭찬은 굳이 아낄 필요가 없다. 다만 한 학생에 대한 칭찬이 다른 학생에게는 상처를 주거나 시기심을 불러일으킬 수 있음은 고려할 필요가 있다.
- 학생이 보인 바람직한 행동과 관련된 부분만 칭찬한다. 평가하거나 판단하는 칭찬은 불안감을 조성하고 반발심을 불러일으키기 쉽다. 인간성을 평가하는 칭찬보다는 특정 행위를 칭찬하는 것이 바람직하다.
- 비언어적인 칭찬의 방법을 사용할 필요도 있다. 머리를 쓰다듬어 준다든지 어깨를 두드려 준다든지, 아주 놀랐다는 표정, 감탄 어린 눈빛 등을 곁들이면 칭찬의 효과가 커질 수 있다.

(5) 보상

① 보상의 개념

학생들에게 보상을 줌으로써 행동을 변화시키기 위한 '조작적 조건형성(operant conditioning-특정 대상, 자극, 환경에서 발생한 행동과 그 행동의 결과가 연합되어 추후의 행동을 증가시키거나 감소시키는 원리에 의해 행동이 조절되는 형태)'이며, 보상을 받은 원인이 되는 행동은 더 반복될 가능성이 높다고 한다. 그러나 보상은 사람들이 활동을 수행하도록 하는 데 효과적이지만 보상이 더 이상 제공되지 않으면 활동에 참여하는 사람들의 본질적인 동기가 훼손되기 때문에, 보상은 특정 활동에 참여하는 개인의 내재적 동기를 감소시킬 수 있다.

그리고 보상의 성격(기대 vs 기대 없음, 실체적 vs 언어적), 보상의 제시 방법(정보적 vs 통제적), 보상에 대한 개인의 지각(유능감 vs 통제감) 등에 따라 내재적 동기를 증가 또는 감소시킬 수 있다(하대현, 2003).

② 보상의 효과

- 보상은 무관심한 것에 대한 관심을 불러일으킬 수 있다.
- 보상은 내재적 흥미와 관심을 갖게 되는 기회를 제공할 수 있다.
- 전혀 동기와 흥미가 없는 경우에 보상이 최후의 수단이 될 수도 있다.

③ 내적 보상과 외적 보상

- 내적 보상: 내적 목적 달성에 대한 보상으로, 다른 사람들에게 칭찬을 받거나 목적을 달성했다는 것 자체에 대해 내적인 만족감, 성취감을 가지는 것을 의미한다. 타인에 의해서 통제되는 금전이나 물질, 특권 등이 주어지는 것을 의미하는 외적 보상과 대비되는 개념이다.
- 외적 보상: 학습활동 자체와는 관계없이 타인에 의해서 통제되는 돈이나 음식, 특권 등이 주어지는 것이다. 외적인 보상이 효과적이지만 계속적인 효과는 기대하기 어렵기 때문에 외적 보상을 점진적으로 줄여 내적 보상으로 이어지게 한다.

2. 교재연구

1) 수업목표의 설정

수업의 목표는 교과담당교사가 교과목의 단위시간을 통해 학생들에게 그 내용을 익히게 하여 학업을 성취하게 하는 데 있다. 그렇게 하기 위하여 교육과정의 내용과 학생들의 교과학습능력에 대한 수준을 분석하여 수업의 목표를 설정하게 되는데, 교육과정에 제시된 교과목의 개요를 기반으로 하여 각 주별로 수업의 주제와 내용을 정하게 된다. 교과담당 실습교사가 미리 수립해 놓은 교과진도 계획을 참고로 할 수 있다.

2) 수업내용의 분석

수업목표를 달성하기 위해서는 가르쳐야 할 내용이 무엇인지 분석할 필요가 있다. 교육실습생은 이 과정을 통하여 가르쳐야 할 내용과 그 난이도를 정확히 이해하여야 하고, 가르쳐야 할 내용 사이의 계열도 파악하여야 한다. 어느 단원의 어느 차시 수업을 할 것인지를 정하기 위하여 교육과정을 파악한 후, 교과서의 내용을 먼저 확인해 보아야 한다. 이때 다른 출판사의 교과서를 참고로 하는 것도 좋겠다. 이렇게 내용을 확인하면서 단원의 계열성 파악을 위하여 선수학습과 후속학습의 내용을 알아보고, 더 나아가 다른 관련 교과와의 관계도 고려해 보는 것이 좋다. 아울러 가르쳐야 할 내용을 2~3개 정도 요약한 후 이들 간의 계열과 통합도 파악해 보아야할 것이다.

3) 학습자 분석

학생들의 학습에 대한 능력이나 교과지식에 관한 이해 수준과 성향 등에 대해서 오랜 교수경험을 가진 교사들은 비교적 잘 알고 있음에 비해, 교육실습생은 배경지식이 거의 없어 학습자에 대한 분석이 꼭 필요하다. 학생 개개인의 특성을 파악하여 동기를 유발할 때 참고할 수 있으며, 학습자의 수준에 맞는 학습목표와 수업내용의 수준을 결정하게 되고, 이 수준에 맞추어 교재를 재구성하거나 학습자료를 제작하기도 한다. 이를 위해 대부분 학생들의 기초학력, 신체적·지적 발달 수준, 흥미, 적성, 선수학습의 정도 등을 기본으로 하여, 수업준비 단계에서 설문조사를 통한 실태 파악이 필요하다. 실습지도교사, 교과담당교사를 포함한 동료실습생과의 정보공유가 무엇보다도 중요하다.

4) 학습목표 설정

학습목표는 교육과정을 바탕으로 한 해당 수업에서 학생들이 배워야 할 성취목표다. 학습목표는 학생들에게 가르쳐야 하는 목적과 내용이 반영되어야 하며 학습자의 특성이 고려되어야 한다. 그러므로 학습목표는 구체적인 수준으로 측정과 관찰이 가능하게 진술되어야 하며, 학생들이 학습해야 할 내용과 성취행동을 나타내는 동사로 표현되어야 한다. 예를 들어, "저출산 고령화사회가 개인 및 가족에 미치는 영향을 알고, 이러한 문제해결을 위한 가족친화정책을 제안할 수 있다."에서 학습해야 할 내용은 '저출산·고령화사회가 개인 및 가족에 미치는 영향을 알고'이며, 성취행동은 '저출산·고령화사회의 문제해결을 위한 가족친화정책을 제안할 수 있다.'이다.

혹은 성취행동을 나타낼 수 있는 조건과 상황, 그 행동을 평가하기 위한 기준까지 포함시키기도 한다. 예를 들어, "운동장의 직선 트랙에서 100m를 16초 이내에 달릴 수 있다."에서 '운동장의 직선 트랙'은 조건이 되고, '100m'는 수락기준이 되며, '16초 이내에 달릴 수 있다.'는 성취행동이 된다.

구체적이고 명확하게 진술된 학습목표는 해당수업을 체계적으로 전개하기 위한 지침이 되며, 수업목표 달성도를 평가할 수 있는 기준이 된다.

5) 평가계획 수립

수업활동을 통하여 학생들이 학습목표를 어느 정도 성취하였는지 확인하고 그 결과를 피드백하여 교육실습생 자신의 교수활동을 개선하기 위하여 평가를 실시한다. 평가계획은 평가를 언제, 어떠한 방법으로 실시할 것인가에 대한 결정을 계획하는 과정으로, 평가 시기나 방법, 평가 횟수와 성적 반영비율을 사전에 결정하는 것이다. 이를 위하여 수업을 설계함에 있어서 학생들의 출발점 행동을 미리 파악하기 위한 진단평가와 학습목표 달성도를 점검하기 위한 형성평가 실시계획을 수립한다.

수업시간마다 이루어지는 형성평가는 수업한 내용에 대한 질문이나 수업참여도로 평가할 수 있으며, 과제가 부여되는 경우는 과제해결의 정도로 평가가 가능하다. 수행평가를 실시할 경우는 평가의 영역과 비율은 담당교과목의 평가계획서를 참고로 하며, 반드시 사전에 교과지도 담당교사와 상의해야 한다.

6) 수업내용 조직

학생들이 학습내용을 쉽게 이해할 수 있도록 하기 위해서 교사는 해당 수업에서 가르쳐야 할 내용을 적절하게 구조화·명료화할 필요가 있다. 이 과정에서 수업에서 해결해야 할 과제의 지식·기능·태도면의 요소들을 적절하게 배열하여 그에 적합한 학습활동을 구성하게 되며, 학생들의 학습능력도 고려해야 한다. 수업내용을 조직할 때는 계속성, 계열성, 통합성의 원리를 적용하게 되는데, 이를 좀 더 자세히 살펴보면 다음과 같다.

- 계속성의 원리: 수업내용의 종적인 배열을 감안하여 중요한 경험요인이 계속해서 반복되도록 조직하는 원리로, 학습경험의 누적으로 지적·행동 변화에 영향을 주기 위함이다.
- 계열성의 원리: 학습경험을 양적으로 확대시키고 질적으로 심화시키는 원리로, 학습내용의 수준을 높여 가기 위하여 필요하다.
- 통합성의 원리: 같은 시기에 배우는 여러 영역의 학습내용들이 서로 보강되도록 조직하는 원리로, 학습경험이 서로 연계되도록 하여 행동과 사고에 일관성을 가질 수 있도록 해 주는 역할을 한다.

7) 수업방법 선택

학습목표를 효율적으로 달성하기 위하여 학습내용에 맞는 수업방법을 활용하는 것이 좋다. 수업의 내용, 학생들의 수준과 능력을 고려한 수업방법의 선택은 학습의 효과를 높여 주고 학생들의 학습동기를 지속적으로 유지하게 하는 효과가 있다.

수업방법에는 과목과 내용, 학습활동 등에 따라 여러 가지가 활용되는데, 그중에서도 대표적인 수업방법으로는 프로젝트학습, 협동학습, 문제중심학습, 토의·토론학습, 개념학습, 탐구학습 이외에 최근 들어 주목을 받고 있는 STEAM학습, 거꾸로학습 등이 있다.

수업방법을 선정할 때에는 참고로 다음과 같은 사항들을 고려하여야 한다.

- 교과 및 단원의 성격이 어떤지
- 수업의 중심이 교사인지, 학생인지
- 주된 학습활동의 내용이 무엇인지
- 컴퓨터를 활용하는 수업인지
- 학습활동의 단위가 소집단 편성인지, 개별 또는 전체편성인지

8) 수업매체 선정과 제작

해당 수업의 목표, 성격, 내용, 방법에 맞는 수업매체를 선정하거나 제작하는 과정이다. 수업매체(授業媒體, instructional media)란 수업과정에서 교수자와 학습자 또는 학습자와 학습자 사이에 정보를 전달하여 상호 간에 소통을 가능하게 하는 다양한 형태의 매개수단 또는 제반 체제다. 수업매체의 활용은 수업목적을 효과적이고 효율적으로 달성하는 데 목적이 있다. 따라서 수업매체의 선택·개발·제작을 위해서는 수업매체의 영향 변인으로 볼 수 있는 수업목표 및 내용, 학습자 및 교수자 특성, 수업환경 등을 충분히 분석한 후 최적의 수업전략을 선택하여 이를 통합시켜야 한다. 적절한 수업매체의 선정은 학생들의 동기를 지속시키며 주의를 집중하게 할 뿐만 아니라 수업의 내용을 효율적으로 전달하게 해 준다. 대부분 수업에서 활용되는 수업매체로는 교과서, 참고서를 비롯하여 칠판, 빔 프로젝트와 컴퓨터, 그 외

에 시청각 자료, 모형, 표본 등이 있고, 요즘 수업에 도입되고 있는 전자교재도 그 중 하나다. 수업매체의 일반적인 제작과정은 분석 → 설계 → 제작 → 평가 → 활용의 단계를 거친다(한국교육심리학회, 2000, 내용 추가 재정리).

교육실습생은 자신이 수업에 활용하려는 수업매체의 특성과 활용법을 충분히 이해하고 다룰 줄 알아야 하며, 수업의 과정에서 오류가 발생하지 않도록 사전에 그에 대한 꼼꼼한 확인이 필요하다. 아울러 수업매체는 꼭 필요한 부분에서 활용하여 수업의 핵심을 놓치지 않아야 하고, 실습생이 직접 제작·편집한 창의적인 수업매체는 수업목표 달성에 매우 효과적일 것이므로 다른 교육실습생과 상호 협동하여 제작·공유함으로써 경제적인 활용도를 높이는 것이 좋다.

3. 교수-학습과정안 작성

1) 교수-학습과정안의 이해

(1) 교수-학습과정안의 의미

과거에 흔히 '수업지도안'으로 부르던 것을 수업의 각 과정에서 교사의 교수활동과 학생의 학습활동을 모두 중시한다는 차원에서 오늘날은 '교수-학습과정안'으로 부른다. 교수-학습과정안이란 교수-학습의 목표를 효과적으로 달성하기 위하여 학습의 목표, 내용, 과정, 활동, 자료, 평가 등을 구체적이고 주도면밀하게 조직적으로 구안한 계획서다.

(2) 교수-학습과정안의 필요성
- 학습목표의 효과적인 달성을 위한 전략이다.
- 학습목표를 정선하여 수업의 방향을 분명히 할 수 있다.
- 학습내용을 정확하고 빠짐없이 가르칠 수 있다.
- 수업의 경제성과 일관성을 유지할 수 있다.
- 학생들의 수업 실패나 오류를 차단하기 위한 준비가 이루어진다.
- 수업의 시간 관리를 잘 할 수 있다.

2) 학습목표의 진술

(1) 학습목표 진술의 필요성
- 교사가 학습목표를 분명히 알게 되면 주어진 시간에 무엇을 가르쳐야 하는지 명확해져 수업시간을 낭비하지 않으면서 수업집중도를 높일 수 있다.
- 학습자가 학습목표를 명확하게 알게 되면, 학습자 스스로가 수업계획을 세우게 되어 학습효과가 더욱 높아질 수 있다.
- 구체적이고 세분화된 수업목표는 학습평가의 타당도와 신뢰도를 높일 수 있으며, 평가결과를 수업의 질 향상에 재투입한다는 면에서 효과를 가져올 수 있다.
- 학습목표가 세분화되면 길러야 할 행동이 무엇인지 분명해져, 어떤 수업매체를 선정해야 하는지 명확해진다.

(2) 학습목표 진술의 일반적인 방법
- 학생의 행동적인 용어로 진술해야 한다.
- 학생의 학습 후에 나타날 학습결과로 진술해야 한다.
- 명시적(明示的) 동사로 표현되어야 한다(~을 비교·설명할 수 있다. ~을 찾아낼 수 있다. ~의 차이를 설명할 수 있다 등).
- 두 사람 이상이 보아서 동일한 해석을 내릴 수 있어야 한다.

3) 교수-학습과정안의 구성

일반적으로 교수-학습과정안은 다음 〈표 7-4〉와 같은 체제로 구성한다.

표 7-4 교수-학습과정안의 구성

Ⅰ. 단원명	Ⅳ. 중단원 연구
	1. 단원설정
Ⅱ. 단원연구	2. 지도계획
1. 단원의 개관	3. 지도목표
2. 단원선정의 이유	4. 지도방침
3. 단원의 학습목표	
4. 단원의 구성	Ⅴ. 본시 학습계획
5. 단원의 연계	1. 단원명
6. 단원의 지도계획	2. 수업일시, 차시, 대상, 수업장소, 지도교사
7. 지도상의 유의점	3. 학습목표, 수업모형, 수업매체 및 자료
8. 준비사항	4. 본시 교수-학습과정안
	5. 지도상 유의점
Ⅲ. 학습자 실태조사	
1. 대상	Ⅵ. 평가계획
2. 목적	1. 평가시기
3. 조사 항목	2. 평가내용
4. 설문조사결과 분석	3. 자료 및 유인물
5. 학습 환경	
	Ⅶ. 참고문헌

4) 수업의 단계별 내용

(1) 도입 단계

- 전시학습 상기
- 학습동기 유발
- 학습목표 제시

(2) 전개 단계

- 학습 소주제별 활동 내용 제시
- 학습내용 교수를 지향한 확산적 발문, 평가적 발문 등을 활용한 교사발문
- 학습조직에 따른 전체 활동, 모둠 활동, 개별 활동의 내용 제시

(3) 정리 및 평가 단계

- 학습 내용 정리
- 형성평가
- 과제 제시 및 차시학습 안내

5) 교수-학습과정안의 작성

교수-학습과정안의 형식은 일정하게 정해진 것이 아니라, 교과(제재), 학생의 능력수준, 학습방법 등에 따라 다양한 형태로 구안·적용될 수 있다. 일반적으로 안내되고 있는 내용은 다음과 같다.

- 창의적으로 작성한다.
- 각종 기초자료(학급·학생 실태, 학습자료)를 정확히 분석하여 수록한다.
- 용어와 형식은 간결하게 표현한다.
- 선택될 질문, 토의를 통한 자료 및 설명의 요점을 포함하도록 한다.

(1) 교수-학습과정안의 작성체제와 내용

교수-학습과정안은 수업자에게 수업가설이 되며, 참관자에게는 수업이해의 귀중한 자료가 된다. 따라서 단원 전체의 구성과 지도계획, 본시 학습계획, 평가계획

표 7-5 교수-학습과정안의 작성체제와 내용

단원 계획	제시해야 할 내용
단원명	대단원의 주제(대단원명)를 제시
단원의 개관	교재의 특성, 단원의 성격, 단원의 구성 중심 개념을 제시
교재의 구성	교재 구성의 구조도 제시, 교재의 성격 및 특징 파악
단원의 목표	이해·기능·태도면의 목표 설정, 교사의 지도 의도를 제시
과제 분석	학습요소, 학습순서, 선수학습 능력을 제시
차시별 지도계획	차시별 학습주제, 주요 내용 및 활동, 주요 자료를 결정
지도상의 유의점	단원의 목표 도달을 위한 유의점을 제시
평가계획	단원의 목표에 준거한 평가계획을 제시

등 요건을 필수적으로 갖추도록 한다.

(2) 교수-학습과정안 작성 시 고려사항

- 단원목표에 기반을 두며 성취조건이 제시된 학습목표를 설정하였는가?
- 학생들의 수준을 고려하여 수업내용을 선정하였는가?
- 학생활동과 판서계획 등을 준비하였는가?
- 수업전개 요령과 유의사항을 명시하였는가?
- 이용 가능한 다양한 예시를 준비하였는가?
- 단계별 수업방법과 발문 등을 구상하였는가?
- 수업의 각 단계별 배정 시간을 계획하였는가?
- 수업자료의 사용 시기와 방법을 계획하였는가?
- 형성평가의 방법과 내용을 명시하였는가?
- 명확하고 체계적이며 이해하기 쉽게 기술하였는가?

(3) 교수-학습과정안 작성 요령

① 단원

교과서에 제시된 단원명이나 생활경험에서 선정한 문제를 기록한다.

② 단원의 개관

- 교재 면에서: 단원의 본질 및 성격 규명, 학생의 발달이나 사회에 영향을 주는 가치를 발견하여 간명하게 기술한다.
- 학생의 입장에서: 학생의 발달단계 특징, 과거의 경험과 생활과의 관계, 학생의 개인차와 흥미, 욕구 등을 기술한다.
- 학생의 흥미를 유발하고 그 지속을 보장하는 방법, 구체적인 자료수집과 적극적인 사고활동을 조성하는 방법, 개성을 충분히 살릴 수 있는 방법 등을 구상한다.

③ 단원의 목표

- 교과의 특질에 따라 다르나 목표는 연속적이고 단계적이어야 하며, 그 진술에 있어서도 지식 면, 이해 면, 기능 면, 태도 면으로 구분하여야 한다. 목표진술 문장 내에 둘 이상의 행동요소는 두지 않는 것이 좋다.

④ 단원의 구성

- 단원의 구조: 단원의 중심 가치와 기본 요소를 규명하고 생활경험과 통합하여 논리적인 계열에 따른 학습의 순서와 체계를 세운다.
- 단원의 관련: 본 단원과 관련이 있는 계열 또는 범위를 밝힌다.

⑤ 차시별 학습계획

- 단원발전의 전체계획으로서 대단원을 적절한 시간으로 나눈 내용의 조직을 기술한다.
- 차시: 대단원을 구성하고 있는 기본적인 요소를 그 성격이나 특성에 따라 양적으로 나누어 한 시간(중학교 45분, 고등학교 50분) 단위로 묶어 학습의 순서를 정한다.
- 목표: 학습제재가 지닌 가치를 찾아서 구체적인 목표를 추출하여 기술한다.
- 내용: 해당 수업시간의 중심적인 학습제재이다.
- 시간: 나누어진 내용에 대하여 매 차시별로 소요시간을 예상하여 분 단위로 기록한다.
- 자료: 학습장면에서 필요로 하는 자료, 기구를 기록한다.

⑥ 본시 학습의 실제

- 학습제재: 단원 학습계획의 본시에 해당하는 교수내용을 진술한다.
- 본시학습목표: 행동의 최소 단위로 그 시간 내에 달성 가능한 목표로 진술한다.
- 차시, 쪽수: 차시는 본시/단원의 총 시수로 기술하고, 쪽수는 교과서 또는 지도서의 쪽수를 기록한다.
- 학생 수: 수업에 참여하는 학급의 학생 수를 기록한다.
- 학습단계: 형식적 단계인 도입, 전개, 정리를 기록하거나, 학습모형의 단계를

기술한다.
- 학생의 학습활동: 본시에서 학생들의 학습해야 할 활동내용을 구체적으로 기술한다.
- 교사의 교수활동: 본시 목표달성을 위해 학생들의 학습활동을 도와주고 이끌어 주는 활동을 기술한다.
- 시간 배분: 단계별 활동을 분, 초 단위로 기록한다.
- 자료 및 유의점: 본시에 투입되는 자료명과 그 내용을 간단히 적고, 유의해야 할 내용이 있을 경우 간단히 기록한다.

⑦ 본시 평가계획
- 본시 학습목표 도달도를 측정하기 위한 형성평가 계획을 수립한다. 평가문항을 개괄적으로 교수–학습과정안 말미에 제시하기도 한다.

(4) 교수–학습과정안 작성의 일반적인 오류
- 교수–학습과정안의 단계별 기본 요소가 빠져 있다.
- 지나치게 간략화하여 교수–학습과정안으로서의 의미가 없다.
- 학생활동보다는 교사활동이 주류를 이루고 있다.
- 시간 안배가 적절하지 못하다.
- 교수–학습활동의 순서가 뒤바뀌어 있거나 흐름이 매끄럽지 못하다.

4. 수업모형별 수업전략

1) 수업모형의 이해

(1) 수업모형의 개념

수업모형이란 복잡한 수업현상이나 수업사태를 그 특징적 사태를 중심으로 단순화시킨 형태를 말한다. 특정한 수업목적을 성취하기 위한 처방적 수업전략을 말하며, 수업을 구성하는 다양한 요인들 간의 관계를 보여 준다. 수업설계를 하는 데 필요한 과정이나 절차 또는 과제를 수행하여야 할 순서에 따라 행위별로 묶어 놓은 것이다.

(2) 수업모형의 목적

수업설계를 체계적이며 과학적으로 할 수 있도록 명백한 안내와 지침을 제공하는 것이다. 이 수업모형의 선택으로 수업을 계획, 수행, 평가하는 단계에서의 교사의 역할이 분명해지는데, 최상의 유일한 수업모형은 존재하지 않으며 교사의 특성, 학습자의 유형, 수업의 목적에 따라 교사의 창의성이 포함될 수 있도록 유연한 체제를 유지할 필요가 있다.

(3) 수업모형의 분류

수업현상을 보는 관점에 따라 수업절차 모형, 학습조건 모형, 수업형태 모형의 세 종류로 나눌 수 있다.

- 수업절차 모형은 수업이 전개되는 절차 또는 단계의 특징을 중심으로 수업현상을 설명하는 것이다.
- 학습조건 모형은 학습과제 또는 학습자의 특성에 따라 요구되는 학습조건의 차이로 수업현상을 설명하는 것이다.
- 수업형태 모형은 교사와 학생의 상호작용하는 관계 또는 모양에 따라 수업현상을 설명하는 것이다.

2) 수업모형의 유형

(1) 한국교육개발원의 수업과정 모형

한국교육개발원에서 제시하고 있는 수업과정의 일반모형은 교사에게 과중한 직무부담을 주지 않는 범위 내에서, 교수–학습이 다인수(多人數) 학급에서 이루어지고 있는 우리의 현실을 감안하여 가능한 개인차를 고려한 수업을 진행할 수 있도록 하였으며, 교수–학습자료의 활용과 교육 TV 프로그램과 같은 교육공학의 활용을 전제로 하고 있다. 이 수업과정 모형은 다음과 같은 단계로 구분된다.

I. 계획단계	II. 진단단계	III. 지도단계	IV. 발전단계	V. 평가단계
• 학습문제 분석 • 수업계획 • 활동계획	• 진단평가 • 결손정도 분류 • 보충학습	• 도입 • 전개 • 정리	• 형성평가 • 학습완성도 확인 • 보충·심화 학습	• 종합평가 • 결과검토 • 결과활용

[그림 7-2] 한국교육개발원의 수업과정 모형

(2) 강의법

강의법은 학급구성원 전원에 대하여 동시에 같은 내용을 가르치는 학습지도 방법으로, 강의식 수업, 일제수업, 교사중심수업 등의 용어로 흔히 사용되고 있다.

강의식 수업이란 교사가 일방적으로 학습자에게 정보를 제공하는 교사 중심적 형태의 교육방법이라 할 수 있다. 수업 전의 계획에 따라, 주로 언어를 사용하여 지식을 체계적으로 전달하는 과정으로 이루어지게 된다. 원리나 내용의 의미를 깨닫게 하기보다는 연속적이고 구조화된 학습자료를 명시적이고 반복적으로 제공하여 학생이 자신이 해결하여야 할 과제가 무엇인지 분명히 알게 하는 교사중심의 수업이다. 강의식 수업은 교육현장에서 지금까지도 가장 많이 활용되는 방법이기는 하나, 교사의 학생에 대한 일방적인 의사소통으로 학습자들이 능동적으로 학습활동에 참여하기 어렵고, 상호작용을 통한 환류가 힘들며, 계속적인 주의집중이 힘들다는 점이 제기되기도 한다. 그 외에도 강의를 통해 들은 지식이나 정보의 파지 및 전이율(轉移律)이 낮다는 비판을 받는다. 그러나 강의식 수업은 여타의 교수법 못지않게 효과적일 수 있고 저마다의 특색이 있으며, 교수-학습의 과정과 특성에 맞추어 적절히 활용한다면 얼마든지 효과적이고 효율적인 교수방법이 될 수 있다(박의수, 이득기, 김동기, 김철주, 배장오, 2010).

(3) 프로젝트학습

하나의 문제나 주제에 대하여 학생 스스로 학습내용을 계획·수립하고 정보를 수집하며, 과제를 수행하는 과정을 통해 실생활과 유사한 학습환경 속에서 자연스럽게 학습이 이루어지는 방법이다. 교사는 일정한 방향과 형식을 제시하며 프로젝트의 해결을 지원해야 한다. 교육실습생으로서는 실습기간 동안의 짧은 기간만으로는 이 프로젝트학습을 관리하고 지원하기 쉽지 않겠으나 과정중심의 교육과정의 진행을 위해서는 알아 두어야 하겠다.

① 목적

사회적 관계라는 넓은 체제 안에서 대상을 해석하여, 표현하거나 토론하는 방식으로 수업이 진행되며, 새로운 지식을 구축하는 데 필요한 창의적인 태도를 기르는 데 효과적인 기법이다. 탐구할 가치가 있는지 생각을 평가하고 선택하여 끈질기게 실행하는 태도가 곧 창의적 성향이다. 따라서 프로젝트학습은 창의적 사고를 행동으로 실행하는 데 필요한 탐구심을 신장시킬 수 있다. 프로젝트학습은 한 가지 주제를 일정기간 동안 학습하며 그 주제가 탐구할 가치가 있는지, 또는 학습자가 주제에 대하여 내놓은 생각이 가치가 있는지를 평가하고 적절한 대안을 선택하여 실행에 옮기는 일련의 과정으로 진행된다. 이 과정의 학습을 통해 창의적인 민감성과 탐구력 등이 자연스럽게 신장될 수 있다.

② 프로젝트학습의 과정

프로젝트학습의 과정은 〈표 7-6〉과 같다.

표 7-6   프로젝트학습의 과정

순서	특징
과제 부여	프로젝트 과제명을 정하여 사전에 관련 교과의 내용, 학생실태, 관련 기능 등을 분석하고, 단순한 교과내용이 아닌 현실과 연관이 있는 주제를 찾아 재구성하여 과제를 만든다.
계획 수립	어떻게 과제를 수행할지, 각자 맡은 역할은 무엇인지, 도구나 장비는 어떤 것을 사용할지 계획을 수립한다.
계획 확정	과제수행 계획을 검토하여 계획을 확정한다.
수행	계획된 단계대로 실제로 이루어지는 본격적인 활동이다.
수정과 검토	완성된 작품이나 원고를 수정하거나 검토하고 발표자료를 만든다.
발표와 평가	학생들의 자신감을 증진시킬 수 있는 모둠별 발표로 진행하며, 자기평가, 동료평가, 교사평가가 필요하다.

* 출처: 부산광역시교육연구정보원(2018). 교육실무편람. 부산교육총서 제29집. p. 76.

③ 평가

■ 교사의 기록

- 수업활동 중에 교사가 확인한 학생들의 반응 등
- 수업활동 중에 기록한 계획, 토론 내용, 사진, 동영상 등

■ 학습자의 기록

- 결과물 자료, 포트폴리오 등

(4) 협동학습

① 협동학습의 개념

- 공동의 목표를 달성하기 위해 학습자들이 상호작용하고 협력하는 학습 방법
- 단순히 지식을 습득하고 과제를 완성하는 것을 넘어 서로의 지식을 공유하고, 조율하면서 협력적 지식을 구축해 가는 발달과정

② 협동학습의 단계와 내용

표 7-7 협동학습 예시

단계	내용
집단(모둠) 구성	이질적인 학생들끼리 소집단 구성
수업안내와 집단별 학습과제 부여	수업안내 후 모둠별 학습과제 배부
집단 학습	각 모둠별 학습과제로 모둠원끼리 자료를 검색하거나 의견을 발표하여 과제해결
학습과제 해결 및 내용 확인	학습과제 해결 내용을 정리, 확인한 후 발표 준비
개별평가 및 집단 보상	개인별 형성평가, 향상 점수로 모둠에 보상

③ 협동학습 수업모형 예시

• 학교폭력 예방 교육 교수−학습과정안

학습 주제	생각과 발견		차시	1/4
관련 교과	도덕(3학년 1학기−타인 존중의 태도) 사회(1학년 2학기−사회집단과 차별문제) 가정(1학년 1학기−청소년의 우정 만들기) 창의적 체험활동		교과 연계 단원	2학년 1학기−효과적인 표현 3학년 2학기−문학과 삶
학습 형태	협동학습		인성요소	존중, 배려, 소통(공감)
학습 목표	다양한 활동(갈등 상황과 관련된 영상 연계 활동 및 표현 활동)을 통해 상징의 표현 효과와 전달 의미를 파악할 수 있다.			
성취기준	[9국05−02] 비유와 상징의 표현 효과를 바탕으로 작품을 수용하고 생산한다. [9국05−03] 갈등의 진행과 해결 과정에 유의하며 작품을 감상한다.			
수업자료	교사: 교과서, 지도안, CD 및 PPT 자료, 모둠활동지, 타이머			
	학생: 교과서, 필기구, 모둠풋말, 4절지, 사인펜			

학습 단계	학습 내용	교수−학습활동	재구성(자료) 및 지도상의 유의점
도입 (10′)	전시 학습 확인	• 지난 시간 배운 비유의 표현 효과를 바탕으로 작품을 수용하고 생산했던 경험을 떠올려 본다. • 윤동주의 '햇비' 주제 및 비유를 활용하여 표현한 경험 되새기기	• 지난 시간 배운 비유의 효과를 되새기며, 이번 시간에 배울 상징과도 연계시켜 효과적인 표현을 할 수 있도록 배경지식을 확장
	동기 유발	• 교육부에서 제작한 학교폭력 예방 YouTube, '개콘 해피콘서트−폭력서클 편'을 제시하고 이를 공유하는 시간을 가진다.	
	학습 목표 제시	• 본시의 학습목표를 학생들에게 제시한다. • 다양한 활동을 통해 상징의 표현 효과와 전달의미를 파악할 수 있다.	• 학습목표를 인지하며, 다양한 갈등상황과 연계하여 더욱 의미 있는 내용을 상징 표현으로 드러낼 수 있도록 안내
	학습 과정 안내	• 활동 1과 2, 정리활동까지의 전체 학습 과정을 안내한다.	

전개 (30′)	활동 1	'공익광고를 통해 상징의 표현 효과 느끼기' • 다양한 공익광고를 제시한다. • 공익광고의 상징적인 의미에 대해 모둠별로 토의·토론해 보는 시간을 가진다. • 모둠별 토의·토론 후 교사의 관련 훈화와 함께 같은 영상 및 사진 자료를 통해서도 친구들끼리 다양한 의미로 해석할 수 있으며, 이것이 각자에게 깨닫는 바가 다를 수 있음을 인식하는 시간을 가진다.	• 상징은 구체적인 사물만 제시되고, 표현하려는 대상이 겉으로 드러나지 않는다는 것을 충분히 느낄 수 있도록 교사의 설명은 자제

전개	활동 2	'학교폭력 예방 관련 표어 만들기'
		• 3월 초 시행한 학생들의 학급내규 만들기 관련 자료를 제시하면서 두 번째 모둠활동을 안내한다.
		• 학교폭력 예방과 관련하여 모둠별로 상징적인 표현을 활용하여 표어를 만들어 본다.
		  －지난 자치활동행사 때 학급내규에서 직접적인 표현을 활용했다면, 이번 모둠활동은 독창적인 상징의 표현을 활용하여 학교폭력예방 메시지를 담을 수 있도록 마인드맵 활동을 연계하여 상세하게 안내한다.
		
		  －모둠별로 4절지를 가로로 놓고, 학교폭력 예방 관련 핵심 키워드를 기록한다.
		  －핵심 키워드를 중심으로 맵을 그려 가되, 단계별로 사인펜 색깔을 다르게 하여 기록하도록 한다.
		    ① 1단계: 핵심 키워드 관련 상징 표현 쓰기
		    ② 2단계: 해당 표현을 쓴 이유 간단하게 쓰기
		    ③ 3단계: 해당 표현의 효과 쓰기
		    ④ 4단계: 다른 표현도 떠올려 써 보기
		  －마인드맵에 기록된 내용을 바탕으로 모둠활동지에 모둠 구성원의 생각을 정리하여 모둠 표어를 완성하고, 4절지 아랫부분에도 크게 적는다.
		• 모둠활동 정리 내용을 각 모둠의 이끔이가 발표하게 하여 모두 공유한다.
			• 모둠별로 배부한 4절지를 활용하여 글, 그림 등 다양한 상징 표현을 만들되, 일반적인 내용이 아닌 각 모둠의 특징이 잘 드러나는 창의적인 표현으로 전하고자 하는 메시지가 잘 드러나도록 학생들을 적극적으로 독려한다.

되새기기	• 각 모둠의 표어(4절지)는 교실 벽에 부착하도록 안내하고, 이를 통해 우리 주변의 다양한 폭력 상황의 심각성을 다시 한 번 느껴 본다. • 상징 표현이 주제 형성에 중요한 역할을 하고 사물을 통해 간접적으로 전달되어 다른 사람들에게 다양한 의미로 해석될 수 있어 전하고자 하는 바가 더욱 풍부하게 전해질 수 있음을 되새긴다. • 우리 주변의 문제 상황을 다양한 상징 표현을 통해 강력하고도 감동적으로 전달할 수 있음을 깨닫고, 적극적인 문제해결 의지를 가질 수 있도록 한다.	• 모둠 활동 중 한 번 더 되새길 수 있는 부분을 함께 공유할 수 있도록 격려하며 마무리한다.
정리 (5′)	더 생각 하기	 • 1차시 모둠활동 외에 개별적으로 다른 갈등 상황도 상징 표현을 활용해 볼 수 있도록 실생활 적용하기를 안내한다. • 반 전체 학생들에게 젠가 피스를 하나씩 나눠 주고 교탁 위에 모두의 관계가 세워지는 탑을 세울 것이라고 안내한다. 학생들이 다양한 방법으로 자유롭게 젠가 피스를 연결하되, 관계의 탑을 쌓아 올리면서 '우리 반에 바라는 점, 희망, 기대감' 중에서 간단하게 한 가지씩을 말하며 쌓게 한다. • 학생들이 완성한 관계의 탑을 보며, 학급의 관계, 어우러지는 모습 등에 대해 이야기 나누고, 서로를 돌아보는 계기를 마련한다. • 자극적인 매체에 많이 노출된 오늘날 다양한 공익광고나 따뜻한 영상 자료 등 유의미한 자료들에도 관심과 흥미를 가질 수 있도록 다양한 자료 출처를 안내하며 독려하고, 앞으로도 학생들이 공익적인 광고나 자료 제작에 대해서 적극적으로 참여할 수 있는 계기를 마련하도록 훈화하고 마무리한다.

④ 협동학습에서 교사의 역할
- 학생중심의 학습으로 교사는 학습자의 상호작용을 돕는 조력자
- 학생의 자율성을 강조하여 조 편성부터 과제수행과정에 학생들이 스스로 참여할 수 있게 지원
- 학습수행과 관련한 제반 활동의 과정을 평가
- 개별적인 학습과정의 진행에서 학습자들 간의 상호작용을 통하여 피드백을 교환함으로써 공동의 학습목표를 달성할 수 있도록 지원
- 학습목표의 상세화, 수업 전 의사결정, 과제제시와 과제구조 전달, 협동과제 설정, 협동학습 수행 팀 모니터 및 팀 상호작용 평가

(5) 문제중심학습(Problem Based Learning)

① 문제중심학습의 개념
실제생활에서 일어나는 비 구조화된 문제로 학습을 시작하여 문제를 해결하는

[그림 7-3] 문제중심학습의 단계

* 출처: 부산광역시교육연구정보원(2018). 교육실무편람. 부산교육총서 제29집. p. 76.

과정을 통해 필요한 지식을 학생이 스스로 배울 수 있도록 하는 학습방법이다. 문제
중심학습의 단계는 [그림 7-3]과 같다.

② 문제중심학습 수업모형 예시
　• 기술 · 가정과 교수–학습과정안

◎ 융합중심　　◎ 인성중심　　◎ 진로연계

수업일시	20　.　.(　) 6교시	수업대상	2-1	수업장소	가정교과실
수업단원	III-01. 저출산 · 고령사회와 일 · 가정 양립 1. 저출산 · 고령사회			지도교사	
인성요소	자주, 존중, 배려	교수–학습방법	문제해결학습, 토의 · 토론학습, 협동학습		
성취기준	[9기가 03-06] 저출산 · 고령사회가 개인 및 가정생활에 미치는 영향을 인식하고, 가족 친화 문화의 필요성을 인식한다.				
핵심역량	(자기관리, 지식정보처리, 창의적 사고, 심미적 감성, 의사소통) 역량				
학습목표	저출산 · 고령사회가 개인 및 가족에 미치는 영향을 알 수 있다. 저출산 · 고령사회 해결을 위한 가족 친화 정책을 제안할 수 있다.				
학습자료	시대별 출산 표어, 황금 인터뷰 활동지, 정책 제안 포스터, 개인 이름표, YES or NO스티커, 스마트폰, 칠드런 오브 맨 영화 포스터, PPT				

단계	교수–학습내용	학습자료 및 유의점
도입 (5′)	▶ [전시학습 확인] 5문제 ○×퀴즈를 이용하여 전시학습 내용을 확인한다. ▶ [학습동기 유발] 시대별 출산 표어를 보고 오늘의 배움 주제에 대하여 생각해 본다. ▶ [학습목표 확인] 성취기준 달성을 위한 오늘의 학습목표를 확인한다.	• 시대별 출산 표어

전개 (36′)	▶ [배움활동 1]★황금 인터뷰★ ⇨ 개인과 가족의 문제이기도 한 저출산 · 고령화 저출산 · 고령사회가 국가적 문제이기도 하지만 개인을 비롯한 가족의 문제이기도 하다는 것을 이해한다. 이를 위하여 부모님을 대상으로 한 사전 인터뷰 결과를 패들렛을 통하여 동시 공유함으로써 다양한 생각을 수용하고 정리한다. ※ 인터뷰 질문 　　1. 자녀를 낳아 기를 때 가장 부담되었던 점은? 　　2. 출산, 육아의 부담을 덜기 위해 국가에 바라는 점은? 　　3. 노후 생활에서 가장 걱정되는 점은? 　　4. 노후의 부담을 덜기 위해 국가에 바라는 점은? ▶ [배움활동 2]★정당정책토론회★ ⇨ 저출산 · 고령화를 해결하기 위한 가족친화정책 제안 정당별로 마련한 가족친화정책에 대해 각 정당의 대선후보가 브리핑을 하고, 이와 관련하여 다른 정당들과의 질의 응답시간을 가지면서 다양한 관점의 가족친화정책을 생각해 본다. ※ 브리핑: 정당별 대선 후보 ※ 다른 정당의 질의에 대한 응답: 소속 당원(질의를 한 모둠에게 점수 부여) ▶ [배움활동 3]★팩트체크 YES or NO!★ ⇨ 제안한 정책의 실존 · 시행 여부 체크 정당별로 제안한 정책이 실제 존재하는지, 혹은 시행 중인지를 검색하여 실존 · 시행 여부에 따라 YES or NO 스티커를 골라 정책제안 포스터에 붙이다 ※ 활동 결과를 정리한 후 정책을 제안할 수 있는 다양한 방법(국민 생각함 등)을 소개하고, NO 스티커가 붙은 모둠이 있을 경우, 해당 정책을 모두 다함께 보완하여 실제로 정책 제안 활동을 실시할 것임을 안내한다.	• 황금 인터뷰지 • 스마트폰 • 정책제안포스터 • 개인 이름표 • 모둠 점수판 • 스마트폰 • YES or NO 스티커
정리 (4′)	▶ [정리 및 내면화] 영화 「칠드런 오브 맨」 소개를 통해 저출산 · 고령사회에 대해 한 번 더 생각해 보는 기회를 가진다. ▶ [자기평가] 본시 학습에 대한 자기 성찰을 평가한다. ▶ [차시예고] 다음 시간에는 일 · 가정 양립의 의미와 중요성에 대해 학습할 것임을 안내한다.	• 영화 포스터 • 교과서, 공책

(6) 토의 · 토론학습

상호 의견교환을 통한 집단사고의 과정을 거쳐 문제를 해결하고 수업목표를 달성하며, 학습 성과를 학생 스스로 발견하게 하는 협력수업의 한 방법이다.

- 토의 · 토론학습은 학생들이 스스로 배우는 수업, 즉 교사의 보조자 역할 아래 그들 스스로 찾아가고 이해하며 깨닫도록 하는 수업이다.
- 토의 · 토론학습은 과정을 중시하는 수업이고, 그 일을 통하여 학생의 의식을 변화시키는 수업이다.
- 토의 · 토론학습은 민주주의를 배우는 수업이다. 토의 · 토론 수업은 학생으로 하여금 끊임없이 자기를 되돌아보며 상대가 보는 나의 모습을 확인케 함으로써, 생각과 행동 등 무엇인가를 함께 하는 과정이다. 학생을 '과정 속에 서게 하는 일'이 토의 · 토론 수업이다.
- 토의 · 토론학습은 학생들의 열등감이나 우월감을 제거시키는 수업이다. 토의 · 토론 수업은 근본적으로 학생들의 의식 속에 '객관적 사실'을 중심으로 하는 것이 아니고, 학생들의 '내면이나 의식 속에 있는 내용' '느끼는 내용'을 가지고 전개하는 수업이므로 모둠원 모두에게 우월감이나 열등감을 주지 않는다.
- 토의 · 토론학습은 공동체 의식을 높이는 수업이다. 토의 · 토론학습과정을 통하여 참여와 공감, 역할 나누기, 협동의 의미와 그 필요성을 알게 하는 중요한 요소가 된다.
- 토의 · 토론학습은 학습 능력과 수학 능력을 키우는 수업이다. 자루의 크기가 고정되어 있는 상태에서 물건을 끊임없이 집어넣는 것이 암기식 수업이라면, 토의 · 토론 수업은 자루의 크기를 넓히는 수업이다.

토의 · 토론학습의 단계는 [그림 7-4]와 같다.

[그림 7-4] 토의·토론학습의 단계

* 출처: 부산광역시교육연구정보원(2018). 교육실무편람. 부산교육총서 제29집. p. 75.

(7) 개념학습

우리가 경험하는 대상이나 현상을 어떤 속성에 따라 분류하고 범주화하여 추상적인 대상이나 현상들을 효율적으로 이해할 수 있게 하는 학습방법이다. 개념학습의 예시는 〈표 7-8〉 및 〈표 7-9〉를 참고한다.

표 7-8 개념학습 예시

단계	내용
문제 제기	개념에 대한 소개
속성 제시와 정의	개념의 속성과 정의 제시
속성 검토	결정적 속성과 비결정적 속성 검토
사례 검토	사례에 따른 결정·비결정적 속성 분석
가설 검증	새로운 대상 제시
개념 분석	관련 개념 분석
관련 문제 검토	관련 현실 문제 검토
평가	개념이 제대로 형성되었는지 평가

표 7-9 개념학습 수업모형 예시

교과	과학	대상	1-6	지도교사		장소	스마트실
단원	VI. 빛과 파동 1. 빛 (2) 빛의 합성			차시	3/15	교과서	미래엔 210-211쪽
학습주제	삼색 빛의 연금술사			수업모형	구성주의 개념 변화 수업모형		
핵심개념	빛의 합성, 빛의 삼원색, 영상 장치의 색 표현 원리						
성취기준	[9과06-02] 물체의 색이 빛의 삼원색으로 합성됨을 관찰하고, 영상 장치에서 색이 표현되는 원리를 설명할 수 있다.						
성취수준	상	물체의 색이 빛의 삼원색으로 합성됨을 관찰하고, 이 원리를 영상 장치에 적용하여 설명할 수 있다.	중	빛의 삼원색을 합성하여 여러 가지 색이 표현됨을 설명할 수 있다.	하	빛의 삼원색을 말할 수 있다.	
학습목표	1. 물체의 색이 빛의 삼원색으로 합성됨을 관찰할 수 있다. 2. 영상 장치에서 색이 표현되는 원리를 설명할 수 있다.						
지도중점	빛의 삼원색을 합성하여 모니터에서 빛의 삼원색 관찰하기 활동을 통해 핵심 개념을 이해하고, 블록코딩을 이용하여 실제로 LED 센서에서 다양한 빛을 구현해 봄으로써 영상 장치의 색 표현 원리를 과학적으로 설명할 수 있도록 설계하였다. 학생 진단을 통해 예상되는 오개념과 난개념에 대한 다양한 교수 처방을 제시하여 학생 배움이 성공적으로 일어나도록 지도한다.						
핵심역량	☑ 과학적 탐구능력 ☑ 과학적 문제해결력 ☑ 과학적 의사소통능력						
학습자료	교과서, 활동지, PPT 자료, 포스트잇, PC, AR실험용 마커, 노트북, 루페, 센서보드 등						

단계	수업 과정	학습 모형	교수-학습활동		학습 자료
			T 교사 활동	S 학생 활동	
도입 (8′)			■ 학습 준비 T 적극적인 분위기 속에서 학습할 수 있도록 유도	S 인사하며 수업 시작	
	전시 학습 확인		■ 전시학습 주요 내용 떠올리기		
			T 전시학습 핵심 개념을 확인하기 위해 간단한 질문을 한다.	S 퀴즈에 답하며 전시학습 핵심 개념을 떠올린다.	
	동기 유발		■ 동기유발 자료 제시하기 T 파란색 LED를 개발하여 노벨상을 받은 일본 과학자들을 소개, "이 과학자들에게 노벨상을 수여한 이유는?"	S 본시 학습에 대한 기대감과 호기심을 불러일으킨다. 자신이 알고 있는 개념을 이용하여 질문에 답해 본다.	
	학습 목표 제시		■ 학습목표 확인하기 T 핵심개념을 선택하여 학습목표를 완성하도록 한다.	S 주어진 단어들 중에서 본시 학습의 핵심개념을 찾아 학습목표를 완성시킨다.	

> 1. 물체의 색이 빛의 삼원색으로 합성됨을 관찰할 수 있다.
> 2. 영상 장치에서 색이 표현되는 원리를 설명할 수 있다.

	오개념 확인 하기	생각의 표현	담벼락 가리기 교사가 학생들의 오개념을 확인할 수 있는 질문들을 제시하면 학생들은 질문에 대한 답을 포스트잇에 작성한다. 작성이 끝난 포스트잇을 칠판에 부착된 담벼락 종이 위에 붙여 학생들의 생각을 모은다. T 학생이 틀린 답을 쓰는 것을 주저하지 않도록 허용적인 분위기를 조성한다. S 포스트잇에 답을 작성하면서 자신이 가지고 있는 개념을 충분히 인식할 수 있도록 한다.		
	학습 안내		■ 학습활동 안내하기 및 안전교육 AR 빛 실험실에서 빛 합성하기 ▶ 모니터 속 빛의 삼원색 관찰하기 ▶ 블록코딩을 이용하여 LED 센서 밝히기		

전개 (30′)	탐구 활동	생각의 재구성	AR 빛 실험실에서 빛 합성하기 사이언스 레벨업에서 제공하는 「AR 빛 실험실 앱」을 이용하여 암실에서 여러 가지 색의 빛을 합성해 보는 가상실험을 진행한다.   ★ 학생 배움: 이 활동을 통해 여러 가지 색의 빛을 합성시켰을 때 나타나는 특징들을 스스로 학습할 수 있다. ★ 과정중심평가 + 피드백 계획 [T] 학생들의 수행을 관찰하며 교사관찰평가를 진행한다. 학습활동을 점검하면서 지도 · 조언한다. [S] 모둠원과 협력하여 탐구활동을 수행한다. 탐구활동이 끝나면 모둠장은 「네이버 폼」에 접속하여 탐구결과를 입력한다. [T], [S] 탐구결과를 함께 보는 과정에서 피드백을 제공한다. 빛의 합성, 빛의 삼원색에 대한 핵심지식을 이끌어 내면서 활동을 마무리한다. ☑ 과학적 탐구 능력 ☑ 과학적 의사소통 능력 모니터 속 빛의 삼원색 관찰하기 노트북 모니터에 여러 가지 색 사각형 그림을 띄우고 루페나 확대경 앱 등을 이용하여 화소를 확대하여 관찰한다. ★ 학생 배움: 이 활동을 통해 스마트 기기의 영상 장치에서 다양한 색의 빛을 구현하기 위해 빛의 삼원색을 합성하여 사용하고 있음을 확인할 수 있다. ★ 과정중심평가 + 피드백 계획 [T] 학생들의 수행을 관찰하며 교사관찰평가를 진행한다. 학습활동을 점검하면서 지도 · 조언한다. [S] 모둠원과 협력하여 탐구 활동을 수행한다. 탐구활동이 끝나면 모둠장은 「네이버 폼」에 접속하여 탐구결과를 입력한다. [T], [S] 탐구결과를 함께 보는 과정에서 피드백을 제공한다. 영상 장치에서 빛을 색이 표현되는 원리를 이끌어 내면서 활동을 마무리한다. ☑ 과학적 탐구 능력 ☑ 과학적 의사소통 능력	 

전개	탐구 활동	생각의 재구성	🌳창의융합활동　　**블록코딩을 이용하여 LED 센서 밝히기** 노트북과 LED 센서를 연결한 후 mBlock(블록코딩 프로그램)을 이용하여 LED 센서를 제어할 수 있다. LED 센서의 RGB값을 바꾸는 등의 과제를 제시하면 학생들은 모둠원과 토의한 후 블록코딩을 이용하여 과제를 수행한다. ★ 학생 배움: 코딩을 통해 LED센서의 RGB값을 제어하여 원하는 색을 직접 구현해 봄으로써 본시학습과 관련된 난개념을 해결하고 성공적 포섭이 일어날 수 있다. 과제를 수행하기 위해 모둠원과 소통하는 과정에서 과학적 의사소통 능력을 신장시키고, 블록코딩과 센서보드를 사용함으로써 도구 활용 능력, 과학적 문제해결력의 향상을 기대할 수 있다. ★ 과정중심평가 + 피드백 계획 Ⓣ 학생들의 수행을 관찰하며 교사관찰평가를 진행한다. 학습 활동을 점검하면서 지도 · 조언한다. 코딩이 어려운 모둠은 「엿보기 찬스」를 활용하여 다른 모둠의 수행을 참고하여 볼 수 있도록 한다. Ⓢ 모둠원과 협력하여 과제를 수행하고, LED 센서를 제어하여 사용할 수 있는 창의적 아이디어를 구상해 본다. Ⓣ,Ⓢ 탐구결과를 함께 보는 과정에서 피드백을 제공하면서 활동을 마무리한다. ☑ 과학적 문제해결력　　☑ 과학적 의사소통 능력	📄 💻 💡 📱
정리 (7′)	학습 정리	생각의 응용	■ 동기유발 문제 다시 보기 "파란색 LED를 개발한 과학자들에게 노벨상을 수여한 이유가 뭘까? Ⓣ 도입부에 제시했던 질문을 다시 제시하고, 본시핵심개념을 토대로 답해 보게 한다. ★ 과학적 참여와 평생학습 능력의 필요성에 대한 인식 제고	Ⓢ 동기유발 문제를 빛의 합성과 빛의 합성 원리를 접목하여 의견을 제시한다.	🅟
		생각의 변화 검토	■ 담벼락 다시 보기 Ⓣ 담벼락 가리기 단계에서 학생들이 가졌던 개념과 수업을 통해 학습한 핵심개념을 비교하게 한다.	Ⓢ 수업을 통해 배운 핵심개념과 처음 생각을 비교하여 자신의 생각이 어느 정도 변화되었는지 검토한다.	

정리 (7′)	평가	■ 형성평가 T 학습 내용과 관련된 문제를 제시한다. 학생들이 난이도를 선택할 수 있도록 한다. ■ 자기평가, 동료평가 T 학생들이 진지하게 평가에 임하도록 지도한다.	S 「네이버 폼」에 접속하여 형성평가문제를 선택하여 푼다. 학습의 정도를 스스로 점검한다. S 자기평가, 동료평가를 진행하며 오늘 수업을 반성해 본다.	
	차시 예고	■ 차시 학습내용 알기 T 차시 수업예고 및 수업 마무리	S 차시 확인 및 인사	

(8) 탐구학습

지금까지 모르고 있던 새로운 지식을 획득하는 과정 혹은 그러한 과정을 재현해 보는 학습활동이다. 탐구학습 적용이 가능한 주제는 법칙성이 강한 이론, 일반화를 도출할 수 있는 주제가 적합하다. 학년에 따라 학습자의 인지발달 수준이 다르기 때문에 그 적용수준을 적절하게 조절하여야 한다. 탐구학습의 단계별 내용은 다음 〈표 7-10〉과 같다.

표 7-10 탐구학습의 단계별 내용

단계	내용
탐구문제 파악	상황 제시 및 학습 문제 설정
가설 설정	원인과 결과를 생각하며 가설 제시
탐색	적절한 자료의 종류 및 자료수집 방법 탐색
증거 제시	자료수집, 평가, 분석
일반화	결과 요약, 증거를 통해 내린 결론으로 일반화된 지식 습득

(9) STEAM학습

STEAM이란 Science(과학), Technology(기술), Engineering(공학), Arts(예술) 및 Mathematics(수학)에서 두 개 이상의 교과 내용을 융합하여 논리적 사고력을 키워 주고, 과학과 수학에 대한 흥미와 이해를 높이고, 창의적으로 문제를 해결할 수 있는 융합적 사고력을 기르기 위한 교육방법으로, 궁극적으로는 실생활에서의 문제

해결력을 배양하는 교육을 의미한다. 미국, 영국, 호주 등의 과학기술분야의 우수 인재 확보를 위한 STEM교육에 A(Art−인문 · 예술) 요소를 더해 과학기술 교육 및 창의성을 기르는 STEAM교육을 실시하고 있다.

STEAM교육과 기존의 교육의 가장 큰 차이는 '융합'이다. 4차 산업혁명 시대에 접어들면서 더 이상 단순지식만으로는 개인의 경쟁력을 가지기 어렵게 되었기 때문에 국가적인 차원에서 STEAM형 인재를 키우고자 도입된 것이다.

STEAM교육은 상황제시, 창의적 설계, 감성적 체험의 세 단계의 학습준거로 구성된다.

▷ 상황제시로 학생이 문제해결의 필요성을 구체적으로 느낄 수 있도록 하며,

▷ 창의적 설계로 학생이 스스로 문제해결 방법을 찾음으로써 문제해결력을 배양하고,

▷ 학생이 문제를 해결함으로써 성공의 경험을 느끼고 감성적 체험을 통해 새로운 문제에 도전하는 것이다.

STEAM교육이 성과를 거두기 위해서는 다음과 같은 능력을 키우는 단계가 요구된다.

• 사고력을 키우기−생각을 자극하는 질문을 계속하기
• 몰입능력을 키우기−스스로 목표를 설정하여 약간의 난이도가 있는 도전적인 과제를 찾기
• 정서조절능력 키우기−자신의 감정 이해하기
• 자율성 키우기−작은 일부터 스스로 선택하여 실행하기
• 표현능력 키우기−자신의 감정, 생각, 의견 말하기

① 학문분야 주제별 융합형(예시)
■ 중학교

학습주제	오토마타와 책의 만남을 준비하다.	차시	1/4

학습목표	• 다양한 독서법을 설명할 수 있다. • 다양한 독후 활동을 이해할 수 있다. • 독서 습관의 중요성을 인식할 수 있다. • 자신에게 맞는 독서법이나 독후 활동을 선정할 수 있다. • 제시된 상황을 공감할 수 있다. • 문제 상황을 정확하게 이해하여 해결해야 할 문제가 무엇인지 인식할 수 있다. • 선정된 책을 읽고 내용을 이해하고 정리할 수 있다.(1차시 과제)
융합 준거	상황제시	• 책 속의 이야기를 오토마타의 움직임으로 표현하는 활동 이해하기 • 제시된 문제 상황에서 모둠별로 해결해야 할 공통의 문제 인식하기
교수학습자료	학습 동영상, 활동지, 자석 화이트보드, 포스트잇, 필기구 등

흐름	교수–학습활동	학습자료(가) 및 유의사항(나)
도입 (5′)	Ⓐ 독서의 중요성을 강조하기 전 학생들이 자신의 독서 습관을 되돌아볼 수 있도록 안내하고 솔직하게 적어 보도록 한다. 책을 자주 읽는다고 생각하는 학생들은 A 타입)에 답을 적도록 하고, 스스로 책을 자주 읽지 않는다고 생각하는 친구들은 B 타입)에 기록하도록 안내한다. Ⓐ 위의 질문에 대부분 시간이 없다고 대답할 것이다. 이는 나의 의지와는 상관없는 외부적인 요인이라고 생각하는 것이다. 따라서 다음 영상을 보면서 학생들이 독서를 하지 못한다고 생각하는 것이 의지 때문은 아닌지 생각해 보도록 한다. 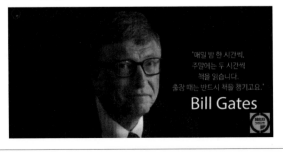	가) 자신의 타입을 선택하여 기록하도록 안내한다. 나) 독서 습관은 의지에 달려 있다는 것을 알려주는 영상

도입 활동지 표:

A타입) 나는 책을 자주 읽는다.		B타입) 나는 책을 자주 읽지 않는다.	
얼마나 자주 책을 읽나요?	2018년에 읽은 책은 몇 권이고, 어떤 책이었나요?	2018년에 읽은 책은 몇 권이고 어떤 책이었나요?	자주 읽지 못하는 이유는?
일주일에 한 권 정도로 한 달에 네 권은 읽으려고 한다.	30권이 넘는 것 같다.	한 권	시간이 없다.
혹시 더 자주 책을 읽지 못하는 이유는? 시간 때문인 것 같다.			

Ⓐ 다양한 독서법에 대해 설명한다. 국어 시간에 대체적으로 배운 내용이므로 국어시간에 배운 내용을 다시 한 번 복습한다는 느낌으로 가볍게 지도한다. 그림에 나타난 것 이외에도 자신만의 독서법이 있는지 생각하고 정리하여 친구들과 이야기하도록 한다.

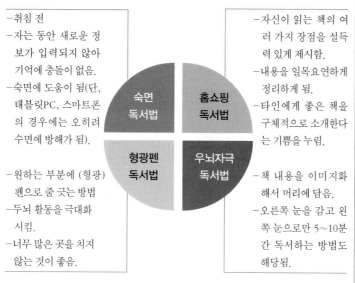

-취침 전
-자는 동안 새로운 정보가 입력되지 않아 기억에 충돌이 없음.
-숙면에 도움이 됨(단, 태블릿PC, 스마트폰의 경우에는 오히려 수면에 방해가 됨).
-원하는 부분에 (형광)펜으로 줄 긋는 방법
-두뇌 활동을 극대화 시킴.
-너무 많은 곳을 치지 않는 것이 좋음.

-자신이 읽는 책의 여러 가지 장점을 설득력 있게 제시함.
-내용을 일목요연하게 정리하게 됨.
-타인에게 좋은 책을 구체적으로 소개한다는 기쁨을 누림.
-책 내용을 이미지화해서 머리에 담음.
-오른쪽 눈을 감고 왼쪽 눈으로만 5~10분간 독서하는 방법도 해당됨.

전개 (35′)

Ⓐ 독서법만큼 중요한 것이 독서를 한 후의 활동인 독후 활동이다. 그러나 자칫 독서감상문을 쓰는 것만이 독후 활동을 인식하여 책을 읽기도 전에 독후 활동 때문에 스트레스를 받는 학생들도 많다고 한다. 따라서 다음 페이지의 읽을거리까지 참고하여 다양한 독후 활동을 소개하고 나만의 방법을 찾아보도록 지도한다.

국어책 독후 활동
-책 소개하는 추천사 써 보기 -책 속 이야기의 사건 평가하기(마치 판사처럼) -책 속 배경으로 여행하기 -책 내용을 새로운 내용으로 창작하기

영어책 독후 활동
-책 내용을 바탕으로 책 표지 그리기 -읽은 책에 노출된 단어로 그림 사전 만들기 -이야기와 관련된 간단한 게임하기 -독서 후 느낀 점이나 생각을 편지로 쓰기

나) 독서법을 설명하는 주된 이유는 자신에게 적합한 방법을 찾을 수 있도록 가이드라인을 제시하는 것이니 학생들에게도 이를 강조한다.

나) 독후 활동에 대한 설명 또한 국어 시간에 다루어진 내용이므로 리뷰한다는 생각으로 지도하는 것이 좋다.

| 전개 | ⑤⑤⑤⑥⑩ 다음과 같이 상황을 제시하고 학생들이 제시된 상황을 정확하게 인식할 수 있도록 지도한다. 또한 제시된 상황(독서의 날을 맞이하여 반별 독후 활동 대회를 하는 것)이 실제 상황인 것처럼 학생들이 받아들이도록 유도하는 것도 중요하다. | 나) 학생들이 문제 상황에 대해 감정이입을 할 수 있도록 유도한다. 실제로 독서의 날을 맞이하여 국어 선생님과 의논하여 실제로 대회를 운영해 보는 것도 좋은 방법이 될 것이다. |

<table>
<tr><td rowspan="1">전개</td><td>

우리 학교에서는 독서의 날을 맞이하여 반별로 독후 활동 대회를 실시하기로 했다. 어제 종례 시간에 담임선생님께서 반별 독후 활동 대회에 대해 설명해 주셨는데, 이 대회에서는 학급 학생 모두가 책을 읽어서 독후 활동에 참여하는 것이 가장 중요하고 국어뿐 아니라 다른 과목과 융합된 독후 활동이라면 가산점이 있다고 하셨다. 그래서 오늘 학급 회의 시간에 우리는 우리 반만의 특별한 독후 활동을 결정했다. 일단 우리 반은 책을 결정했는데 그것은 누구나 아는 내용인 '⬚⬚⬚⬚⬚'이다. 또한 우리 반만의 독후 활동 제목은 '⬚⬚⬚⬚⬚, 오토마타를 만나다!'이다. 이것은 우리 반이 ⬚⬚⬚⬚⬚를 그림책으로 재탄생시키는 것인데… 우리는 먼저 책 전체를 읽고, 책을 우리 반 인원수만큼 분량을 나눠서 책 내용을 맡기로 했다. 그리고 자신이 맡은 책 내용을 그림으로 그리되, 책 내용 속의 등장인물의 움직임은 기술 시간에 배운 오토마타 메커니즘을 활용하여 나타내기로 했다.

자~ 이제 새로운 방법으로 책을 만나 볼까? 우리 부스가 제일 멋질 것 같은 예감은 나만의 착각인 걸까?

<ul>
<li>책을 선정하기 위해 실제 회의를 진행하도록 해 본다. 책을 선정할 때에는 다양한 감정이 표현되어 있는 책(다양한 감성을 느낄 수 있는 책), 이미 내용을 알고 있거나 누구나 잘 알고 있는 내용의 책, 그림으로 표현하기 위해 참고 자료가 될 만한 그림이 존재하는 책 등으로 기준을 삼는 것이 좋다.</li>
<li>책이 결정되면 교사는 인터넷을 검색하여 책의 전체 페이지를 체크하고 인원수 혹은 모둠 수만큼 나누어 각각 다음 시간까지 읽어야 할 분량을 안내해 준다. 모둠을 나누는 경우와 나누지 않는 경우에 따라 지도한다.</li>
</ul>
</td><td>

나) 학생들이 무엇을 해결해야 하는지 정확하게 파악하기 위해 활동지에 정리할 수 있도록 한다.

나) 답의 예시로서는 감정이 다양하게 나타나고 누구나 아는 것으로서 『오즈의 마법사』를 선정
</td></tr>
</table>

모둠을 나누는 경우	모둠을 나누지 않는 경우
1. 모둠별로 책의 분량을 나눈다. 2. 모둠별로 할당된 분량을 모둠원끼리 나누도록 한다. (반드시 회의를 통해 정하도록 한다.)	1. 반의 인원수에 맞춰 전체 책 분량을 나눈다. 2. 분량 나누는 방법을 구성원들과 논의하여 결정한다. (예: 번호순, 제비뽑기 등)

| 정리
(5′) | • 독서법과 독후 활동을 정리한다.
• 선정한 책에서 자신이 맡은 책의 분량을 다시 확인해 보도록 한다.
• 책을 읽은 후 줄거리를 저마다의 방법으로 활동지 과제 페이지에 작성하도록 안내한다. 과제를 해 오지 않을 경우, 2차시의 활동에 지장이 있다는 것을 설명한다. | 나) 교사의 일방적인 정리가 아닌 간단한 퀴즈를 내어 푸는 등 학생 참여가 이루어지도록 한다.
가) 학생 활동지 |

* 출처: 한국과학창의재단(2018). 2018 융합인재교육프로그램, '교사용' 오토마타 업(up)고 가기. 삼양미디어.

② 과학 · 예술 융합형

■ 고등학교

과목		미술, 과학, 기술 · 가정, 과학탐구실험(1학년) 생활미술, 물리 I(2학년)	총차시	3시간
교과 (단원)	2015 개정 교육 과정 연계	 [미술] 미술창작 > 표현계획, 표현과 확장 [과학] Ⅰ. 물질의 규칙성과 결합 > 주기율표, 결합 　　　　Ⅱ. 자연의 구성물질 > 신소재 [기술 · 가정] 공학의 세계 > 정보와 자동화 [기술 · 가정] 문제해결과 프로그래밍 > 프로그래밍 [과학탐구실험] 멘델레예프의 주기율표 만들기 　　　　　　　 지속 가능한 친환경 에너지 도시 설계하기 [물리 I] 반도체, 다이오드 [생활미술] 미술창작 > 표현계획, 표현과 확장		
학습목표		−모두가 행복한 사회로 나아가기 위한 가치, 감정, 감각에 대한 논의에 의사소통방법을 사용할 수 있고, 과학적 의사결정을 할 수 있다. −다이오드의 원리를 통해 LED Matrix의 기술적 맥락을 파악하고, LED Matrix를 사용할 수 있는 회로, 제어하기 위한 코딩을 구성할 수 있다. −과학적 원리와 공학적 기술을 이용하여 서양미술사에 나타난 미디어아트, 팝아트의 역사적 의미와 표현기법을 이해하고, 빛과 색의 조화로움을 LED Matrix 팝아트 작품으로 완성할 수 있다. −팝아트를 통해 표현하고자 하였던 가치, 감정, 감각이 전달되는 감동을 느낄 수 있다. −빛이 인간의 감정에 미치는 영향을 알 수 있고, 빛을 통해 인간에게 메시지를 전달하는 과정을 경험할 수 있다.		

흐름	문제제시 & 제작활동	학습자료(▶) 및 유의점(※)

모둠구성 및
역할 분담
 	
〈상황 제시〉
다양한 사회문제를
인식하고 사회문제를
해결하기 위한 가치,
감정, 감각을
결정하자.
(50′) (1/3차시)
	ⒺⒶ 모둠 구성하기: 욕구에 따른 성향 파악 및 역할 분담
	  −욕구성향 테스트지 작성
	    본인의 욕구지향성 발견
	    욕구에 따른 모둠을 구성한 후 역할을 분담하기
	
	ⓈⓉⒶⒺ 사회의 다양한 문제에 대한 인식
	  −다양한 사회 문제를 담은 영상을 시청한다.
	  −미래사회에 직면하게 될 문제를 담은 영상을 시청한다.
	  −제시한 사회적 문제 외에 문제를 토의해 본다.
	  −사회적 문제가 발생하는 원인을 토의해 본다.
	  −토의하는 과정에서 나온 의견들을 주어진 틀에 정리한다.
	
	ⓈⓉⒺⒶ 모두가 행복한 사회로 나아가기 위한 가치, 감정, 감각 결정하기
	  −설득해야 할 가치
	  −느껴야 할 감정
	  −되살리고, 키워야 하는 감각
	ⓈⒶ 미디어아트, 팝아트를 감상하며 역사적 맥락, 구성요소, 표현법을 등을 경험하기
	  −다양한 미디어아트 작품을 통해 표현법을 설명하고 작품이 전달하고자 하는 바를 팀원들의 생각과 비교하면서 감상한다.
	ⓈⓉⒺ 미디어아트에 적용된 과학, 공학기술 파악하기
	  −미디어아트에 사용된 과학, 공학기술을 파악하고 자유롭게 표현한다.
		
		▶ 미술, 과학, 기술 · 가정, 과학탐구실험 교과의 해당 차시 대체 가능함.
		
		▶ 교사는 다양한 사회문제를 찾아낼 수 있도록 유도하며 원인을 찾기 위해 창의적인 사고가 진행될 수 있도록 조언자의 역할을 수행함.
		
		▶ 틀에 정리하는 과정을 통해 문제의 원인을 논리적이면서도 창의적으로 찾아낼 수 있도록 지도함.
		
		▶ 미디어아트가 전하는 메시지를 자유롭게 표현하도록 하며 경험에 대한 개방성을 확대할 수 있도록 지도함.

	ⓈⓉⒺ 아두이노 제어하기 　-아두이노란? 　-스케치 설치 및 실행하기 　-스케치 구성 및 인터페이스 체험하기 ⓈⓉⒺ LED Matrix 제어하기 　-8×8 LED Matrix 회로 구성하기 　-행렬사용하기 　-코드생성기 사용하여 제어하기	▶ LED Matrix를 사용하되 행렬은 사용하지 않아도 무방함. 코드생성기를 이용한 구현에 중점을 두고 운영이 좋음. 시간 부족을 겪지 않도록 운영함. ▶ 학생의 수준에 따라 여러 개의 LED Matrix를 사용하는 것도 가능함.
〈창의적 설계〉 모두가 행복한 사회로 나아가기 위한 가치, 감정, 감각을 LED Matrix를 이용하여 미디어아트 (팝아트)로 구성하기 (70′) (2/3차시)	Ⓔ 미디어아트(팝아트) 설계하기 　-가치, 감정, 감각을 전달하기 위한 미디어아트 설계하기 　-가장 기본이 되는 빛이 인간의 감정에 미치는 영향을 우선 고려하여 설계하기 　-청각(음악), 촉각(질감) 등의 요소를 고려하여 감동을 주기 위한 다양한 요소가 결합된 예술 작품 설계하기 　-LED Matrix를 주로 활용하되, 가능한 모든 자원을 사용하여 구성하기 　-LED Matrix를 활용한 팝아트 이미지 설계하기 ⓈⓉⒺⒶⓂ 미디어아트(팝아트) 구현하기(시제품) 　-설계한 미디어아트를 구현하기(회로, 코딩, 디자인 등) 　-학생들이 자유롭게 배경음악, 혹은 효과음 등을 결정하고 미디어아트의 시연순서를 시나리오로 작성하여 구현하기 　-전체 기능 중 구현하기 쉽지 않은 부분을 만드는 과정은 전문가의 도움을 받고, 일부 팀원들은 계속 제작해 나가면서 시간 안에 작품이 완성될 수 있도록 제작하기 　-공학적 경험이 부족한 경우나 시간이 충분하지 않은 경우 팝아트 이미지 만들기 수행하기	GUIDE ▶ 학생들이 아두이노를 다뤄 본 경험에 비춰 시각적인 팝아트를 만들 것인지 청각과 촉각적인 감각이 추가된 미디어아트를 만들 것인지 결정하는 것이 필요함. 경험이 많다면 미디어아트를 꾸미면 팝아트 이미지를 적용하는 것이 좋음. ▶ 제작 시에 처음부터 완벽한 작품을 만드는 것보다 팀원 간의 피드백을 통해 발전시켜 나가는 것이 중요함을 주지시킴.

| 〈감성적 체험〉
작품 시연 및 평가
(30′)
(3/3차시) | ⑤①④Ⓜ 모둠별 작품 발표
　－각 모둠별로 미디어아트를 시연함.
　－시연 후 간단한 제작 의도를 설명함.

⑤①④Ⓜ 전체 학급 발표
　－모든 작품을 하나의 틀(행복을 형상화한 틀)에 연결
　　함. (혹은 LED Matrix를 한 자리에 모아 놓고 동시에
　　작동시킴.)
　－하나가 된 작품을 전시하고 감상함.

⑤①④ 평가하기
　－모둠별 평가(작품에 대한)
　－모둠 내 평가(협업에 대한) | GUIDE

▶ 시나리오를 바탕으로 다양한 자원이 시연될 수 있도록 환경을 미리 세팅해야 함.
▶ 학급 전체가 완성한 작품을 통해 예술이 주는 감동과 느낌을 충분히 가질 수 있도록 시간을 주어 발표가 되도록 함. |

(10) 거꾸로학습(flipped learning)

혼합형 학습의 한 형태로 정보기술을 활용하여 학습을 극대화하고 학생과의 상호작용에 수업시간을 더 할애하는 교수–학습 방식을 말한다. 흔히 적용되는 방식으로는 교사가 준비한 수업영상과 자료를 학생이 수업시간 전에 미리 보고 학습하고, 그 후 수업시간에 교사는 교과내용을 중심으로 가르치기보다는 학생들과 상호작용하거나 심화된 학습활동을 하는 데 중점을 두는 수업방식이다. 따라서 거꾸로학습 방식에는 개별화 수업, 프로젝트 중심학습 등과 같은 학습자 중심활동 시간을 포함시킬 수 있으며, 이때 교사는 학생들이 정보를 이해하고 새로운 아이디어를 만들어 내는 것을 촉진시키는 데 주된 역할을 한다.

거꾸로학습의 특징으로는 다음과 같은 점을 들 수 있다.

• 교사의 역할이 변한다는 것이다. 전통적인 수업에서 교사는 학생들을 통제하고 감독하는 역할 혹은 지식을 일방적으로 전달하기 위해 존재했다면, 거꾸로 교실에서 교사는 학생들의 학습을 도와주는 조력자 혹은 안내자로 역할이 바뀌게 된다.
• 학생들이 교실활동의 주체가 될 수 있다. 학생들은 집에서 수업에 대한 기본적인 지식을 개별적인 학습능력에 따라 이해하고, 교실에서는 자신이 이해한 지

식을 동료들과 나눔으로써 능동적인 학습이 가능하다는 것이다.

- 학생들 간에 Co-teaching을 할 수 있다. 자유로운 지식을 학생들끼리 나누도록 도와주어 학생들은 자신들이 잘하는 분야의 지식, 재능 등을 다른 친구들에게 서로 가르쳐 주는 과정에서 협력과 소통의 가치를 배울 수 있도록 하며, 이 과정에서 Co-teaching을 잘한 학생에게 적절한 보상을 해 주는 선의의 경쟁을 유도할 수 있다.
- 학생들의 개별적인 학습지도가 가능하다. 교실 안의 수업시간에 학생들의 개별적인 학습지도가 가능하게 되어 공평한 교육이 이루어질 수 있게 된다. 학생들은 집에서 수업내용을 미리 학습하면서 자신이 모르는 것을 노트하거나 질문을 적어 오고, 교사는 수업시간에 학생들의 이해정도에 따라 개별적으로 지도하는 것이 가능해짐으로써 수업시간에 소외되거나 시간을 무의미하게 보내는 학생들이 없어지게 된다.
- 창의적이고 탐구적인 수업이 가능하다. 수업 시간을 학생의 이해와 지식의 나눔 혹은 적용으로 이용할 수 있게 된다. 단순히 교과서의 단원목표와 교과내용의 이해를 확인하는 것이 아니라 좀 더 확장된 수업방식으로 프로젝트기반학습(Project Based Learning)이나 문제중심학습(Problem based learning), 토론중심학습, Brainstorming, 발견학습 등이 가능해진다.

거꾸로학습이 방송(한국방송공사, 2014)을 통해 대중에게 알려진 형태를 제시하면 다음과 같다.

- 교사는 수업 전에 동영상을 웹사이트에 올려 공유한다.
- 학생들은 수업시간에 교사로부터 직접 강의를 들었던 방식이 아닌 집에서 강의 동영상을 보는 방식으로 내용적 지식을 배운다.
- 교실에서는 교과내용에 대한 교사의 설명이 줄어든 만큼 실험활동 등의 학생 중심활동에 더 많은 시간을 할애한다.

전통적 수업과 거꾸로 수업의 차이점을 비교하면 〈표 7-11〉과 같다.

표 7-11 전통적 수업과 거꾸로 수업의 비교

수업 방식	전통적 수업	거꾸로 수업
활동 과정	교실 안 수업 ⇒ 교실 밖 과제	교실 밖 예습 ⇒ 교실 안 활동
내용	• 과제 확인(5분) • 수업내용 강의(30~40분) • 수업내용 관련 활동(5~10분) • 과제하기	• 수업내용 공부하기(수업 비디오 시청하기) • 수업내용 관련 질의응답(5~10분) • 활동과제의 수행(50~60분) • 활동의 점검 및 평가(10~15분)
특징	• 교사중심 관점 • 동시적 내용 전달	• 학생중심 관점 • 비동시적 내용 전달

* 출처: 유승오(2019). 교사의 거꾸로 수업 경험에 대한 질적 사례연구. p. 13.

1. 단위수업에서 수행해야 할 교수−학습활동의 내용을 수업의 흐름에 따라 각
   단계별로 나누어 설명해 보자.

단계 (시간)	교수−학습활동	학습자료 및 유의점

2. 자신의 전공교과와 관련된 단원을 선정한 후 이에 적합한 수업모형(수업방법)
   을 선택하여, 한 차시 수업 분량의 교수-학습과정안을 약안으로 작성해 보자
   (부록의 교수-학습과정안 양식 참고).

제8장

교과학습지도의 실제

1. 수업연구의 실제
2. 학습평가

학습개요

1. 실제 수업을 준비함에 있어서 수업연구에 대한 준비와 과정을 이해하고 수업연구 단계별로 교사가 해야 하는 일에 대하여 알아본다.
2. 타 교사의 수업연구 참관할 때의 준비와 참관요령을 익혀서 수업참관에 임하는 교사의 자세를 익힌다.
3. 학습내용에 대한 평가에 있어서 평가도구의 조건, 유형, 제작과정을 알고 평가문항의 제작방법을 익히며, 실제평가 시 유의사항을 알아 둔다.

1. 수업연구의 실제

1) 수업연구의 이해

수업연구란 학습자가 특정한 조건 아래에서 특정한 행동의 변화를 일으키도록 계획적으로 환경을 조작하는 과정이며, 특정 교육목표를 달성하기 위한 계획적·의도적 활동이다. 교과 특성에 따른 수업모형을 연구·적용하여 교수-학습방법의 질적 개선을 꾀한다.

2) 수업연구의 준비

수업연구의 준비는 수업공개를 위한 계획이 아니라, 학생들에게 보다 중요한 학습경험을 제공하기 위한 내용과 방법을 찾고자 하는 노력이다. 자신의 수업개선을 위한 연구가 필요하며, 준비단계에서 다음 〈표 8-1〉과 같은 내용을 검토해야 한다.

표 8-1 수업연구 준비단계의 검토사항

준비단계	내용
수업계획	• 교과 지도교사의 시범수업 참관 후 피드백 내용 활용 • 교육과정(학업성취기준, 학습목표 및 내용, 단위수업배당 기준, 지도상의 유의점 등) 분석 • 수업모형 선정 • 철저한 교재연구 • 학생실태 조사, 선수학습 능력 진단 • 구체적인 학습목표의 설정 • 수준별 학습과제의 분석 • 수업매체의 선정 및 학습자료의 제작 • 수행평가 문항 작성 • 학습환경 파악 및 보완

3) 수업연구의 일반적 과정

글레이저(Glaser)는 효율적인 수업을 진행하기 위하여 다음과 같은 수업절차 모형을 제시하였다. 학습과제 분석을 통한 수업목표 설정, 수업목표의 달성을 위한 학습자의 선수학습 실태의 진단, 수업진행을 위하여 필요한 수업자료의 준비 및 수업방법 설계, 수업과정의 전개, 수업의 효과를 검증 또는 학습 성과를 평가하여 목표 도달여부를 확인하는 것이다. 그 결과를 바탕으로 다음 단계의 수업을 준비하는 이러한 일련의 과정을 반복하는 것으로, 이를 도식화하면 다음과 같다.

[그림 8-1] Glaser의 수업절차

① 학습목표 설정

수업과정에서 의도하는 행동, 그 행동을 수행하게 될 조건, 도달수준을 포함한 행동적 용어로 설정한다.

(예) 운동장의 직선 트랙에서 / 100m를 16초 이내에 / 달릴 수 있다.
(조건)   (수락기준)   (성취행동)

② 출발점 행동의 진단 및 처치

관련 선수학습을 진단하여 보충지도를 실시하고, 정의적 학습특성(동기, 학습속도)을 진단하여 무력감, 열등감을 제거한다.

③ 수업자료 준비 및 수업방법 설계
- 개인차에 맞는 학습자료 선정, 학습조직, 수업 방법과 절차 결정
- 모둠 구성
    - 교사중심 방법: 성적 기준, 의견이나 취향, 동일 집단 등
    - 학생중심 방법: 학생 선호 우선
- 모둠 구성 시 유의사항
    - 가능하면 4~6인 1모둠으로 함을 원칙으로 한다.
    - 이질 집단으로 구성함을 원칙으로 한다.
    - 성적에 따라 고루 배치: 1번(상), 2번(하), 3번(중상), 4번(중하)
    - 특수한 학생들에 대한 배려: 집단의 이해도에 따른 구성이나 별도의 특수 모둠 구성 등

④ 수업활동 전개
목표에 주안점을 두고 사태변화에 따른 창의적 수정을 가하면서 학습효과 극대화에 주력하여 교수 공학적 기술, 집단역학, 수업과정 인간화, 예리한 통찰력, 임기응변능력 등이 종합적으로 요구된다.

⑤ 수업효과의 평가
수업전개의 모든 과정을 통하여 학생의 반응 등을 관찰하고 만족하지 못한 반응이 나타나는 경우, 교수행동을 수정하며 평가결과는 순환과정에 따라 모든 단계에 수정·활용되어야 한다.

4) 학생 실태 조사

수업자는 본시의 수업목표를 달성하기 위한 여러 가지의 학습방법을 시도함에 있어 이것을 받아들일 학생들의 준비상태를 점검하는 것은 매우 중요한 일이다. 이 단계가 소홀히 되었을 때는 아무리 잘 계획되고 준비된 수업도 소기의 목적을 거두지 못하기 때문이다. 이 단계에서 해야 할 일은 다음 세 가지를 들 수 있다.

① 학습 훈련 상태 파악

본시 학습문제를 해결하기 위한 전 단계의 지식은 갖고 있다고 하여도 본시에서 시도하려고 하는 학습형태나 학습방법에 대하여 학생들이 전혀 훈련되어 있지 않다면 많은 시간의 낭비는 물론, 수업의 전개 자체가 거의 불가능해지는 경우도 많다. 그러므로 본시의 학습방법을 학생들이 저항 없이 받아들일 수 있는가를 파악하고 이에 대한 훈련을 해야 한다. 수업연구를 직접 해 보는 것이 아니라 거수 방법, 소집단 토의방법, 제1가설의 수정방법 등의 학습훈련 문제들을 파악하고 지도하여야 한다.

② 지적 능력 파악 및 보충 지도

본시 학습문제를 해결하기 위한 지적인 능력을 파악하고 모자라는 부분에 대한 보충·교정지도를 해야 한다.

③ 학생의 흥미도 파악

선정된 연구문제와 학습제재에 대한 학생들의 흥미도를 미리 알아 두고 여기에 대처하는 수업계획을 세우는 일은 대단히 중요하다. 요리를 준비하기 전에 먹을 사람의 식성을 알아 두어야 하는 것과 마찬가지다.

5) 학습자료 준비

- 학습목표 도달을 위한 꼭 필요하고 효과적인 자료이어야 한다.
- 자료의 점검과 사전실험을 철저히 하여야 한다.
- 자료의 활용시간, 위치, 방법 등을 연구하고, 여유분의 예비 자료까지 확보하여야 한다.

6) 수업연구 실시

(1) 수업 직전에 할 일
- 교사와 학생 모두 긴장을 풀고, 평소와 다름없는 분위기를 갖는다.

- 학생들의 학습준비물이 사용 가능한지 확인해 둔다.
- 생리적인 장애로 경직되는 학생이 없도록 평소대로 휴식시간을 활용한다.

(2) 수업 시 각 단계별 지도 요점
- 도입: 흥미 관심 유발, 학습목표 파악
- 전개: 학생 중심의 활동, 사고력과 가치 판단을 높이는 발문 활용, 모든 학생이 참여하는 수업, 판서의 간결한 도식화, 목표도달, 임기응변의 태세
- 정리: 학생들과 함께 수업 정리, 정해진 시각에 마치기

(3) 수업 실시에 유의할 점
수업은 학생들과 교사의 상호작용이므로 교사가 세운 계획대로 되지 않을 경우가 있다. 이럴 때는 원래의 계획대로 실행하는 것이 좋다. 왜냐하면 교수-학습과정안이란 일종의 수업가설이기 때문에 가설에 따라 약간의 문제에 부딪혔더라도 그대로 실시해 봄으로써 수업계획 자체의 잘못인지 수업 과정에서 야기된 어떤 원인 때문인지 알 수 있고, 여기에서 수업개선이 이루어질 수 있기 때문이다. 다음과 같은 몇 가지 점은 주의하도록 하자.

- 안 하던 것을 너무 많이 하는 수업
- 학습자료에 얽매인 수업
- 발표 후에 정리가 안 되는 수업
- 판서를 하지 않는 수업
- 학생들만 활동하는 수업
- 중심 개념이 없는 수업
- 학생과 교사의 역할이 뒤바뀐 수업
- 유머와 웃음이 실종된 경직된 수업

(4) 수업이 끝난 직후의 할 일
- 수업 반성(잘된 점 칭찬, 부족한 점 보충해 주기)
- 자료 정리하여 재활용 준비

7) 수업연구 협의회

① 협의회 순서
수업담당자의 수업에 대한 자기평가 → 질의 · 응답 → 협의 주제에 대한 협의 → 교과 지도교사의 지도 조언 및 지원

② 유의점
참관자는 수업계획, 수업 진행 상황, 학생과의 소통 등 수업활동 전반에 관한 내용을 분석적 차원에서 참관하여야 하며, 이를 공동협의 과정을 통하여 수업자와 참관자 모두의 수업개선에 도움이 될 방안을 얻을 수 있도록 해야 한다. 특히 추상적인 원리나 이론에 매달리지 말고 수업연구의 실제적 문제를 구체적으로 논하되, 자신의 경험이나 견해를 바탕으로 건전한 비평을 하는 것이 좋겠다.

2. 학습평가

1) 평가도구의 조건

(1) 타당도
타당도는 검사도구가 측정하고자 하는 것을 얼마나 충실히 측정하였는가를 의미하는 것으로, 평가자가 의도한 목표와 내용을 측정하는 정도가 높을수록 타당한 검사도구라고 할 수 있다.

(2) 난이도
정답률이라고 하는데 평가도구의 어려운 정도를 의미하며, 문항별로 정답자 수를 응시자 전체 수에 대한 비율로 나타낸 것이다. 예를 들면, 어떤 문항에 대해 100명의 학생들이 답을 했는데 그중에서 80명의 학생들이 맞았다면, 그 문항의 난이도는 80%가 된다. 난이도는 정답률을 표시한 것이므로 정답률이 높을 경우에는 문항이 쉽다는 의미이고, 낮을 경우에는 문항이 어렵다는 의미가 된다.

(3) 변별도

변별도란 우수한 집단과 열등한 집단을 명확히 판별해 낼 수 있는 정도를 가리킨다. 어떤 검사에서 총점이 높은 사람과 낮은 사람 간에 한 문항에 대한 정답률을 비교할 때 총점이 높은 사람의 정답률이 높고 총점이 낮은 사람의 정답률이 낮으면 변별도가 높아지게 된다.

2) 평가의 유형

(1) 진단평가

학습자에게 학습할 내용을 투입하기 전에 학습자의 능력 및 특성을 파악하고자 실시하는 평가다. 수업의 출발점에서 학생을 알맞은 자리에 적절히 배치하기 위한 자료를 수집하고, 수업에 앞서서 학생들의 출발 행동 및 기능의 소유 여부를 평가하며, 수업의 전개과정에서 학생들의 학습에 대한 실패의 근본적 원인을 발견하기 위해 실시한다.

(2) 형성평가

교수—학습이 진행되고 있는 상태에서 학생에게 피드백을 주고 수업방법을 개선하기 위해 실시되는 평가다. 형성평가는 학습이 진행되고 있는 시기에 실시하는 평가이기 때문에 학습 증진의 극대화가 가장 큰 목적이다. 또한 형성평가는 학생들이 자신의 학습을 개별적으로 진행할 수 있도록 도와야 하고, 형성평가 결과를 통해 학생들이 자신의 장점과 단점을 파악할 수 있도록 하고, 학습동기를 유발할 수 있도록 해야 한다.

(3) 총괄평가

교수—학습 효과와 관련해서 학습이 끝난 다음에 학습목표의 달성여부를 종합적으로 판정하는 평가다. 이는 주로 한 학기나 한 과정이 끝났을 때에 성적이나 자격의 인정, 학습 진전도의 확인, 교육과정이나 교수요목의 효율성에 관한 연구 등의 목적으로 실시되는 평가다. 총괄평가는 전체 교과목이나 중요한 부분에 대한 학업성과가 어느 정도 달성되었는지를 총평하는 것이 목적으로, 대개 한 단원이 끝날 때 1회나 2회 정도 실시하며, 일반화될 수 있는 광범위한 성과를 평가하는 것이 목적이다.

(4) 수행평가

다양한 현실 상황 및 장면 속에서 학생 스스로가 자신의 지식이나 기능을 나타내는 활동을 하거나 산출물을 만들어 내고, 평가자는 학생들의 과제수행 과정이나 결과물을 관찰하여 성취수준을 판단하는 평가를 뜻한다. 이러한 수행평가는 다음과 같은 특징을 지닌다.

- 학생이 문제의 정답을 선택하게 하는 것이 아니라, 자기 스스로 정답을 작성(구성)하거나 행동으로 나타내도록 하는 평가 방식이다.
- 추구하고자 하는 교육목표의 달성 여부를 가능한 한 실제 상황에서 파악하고자 한다.
- 교수-학습의 결과뿐만 아니라 교수-학습의 과정도 함께 중시하는 평가방식이다.
- 단편적인 영역에 대해 일회적으로 평가하기보다는 학생 개개인의 변화·발달 과정을 종합적으로 평가하기 위하여 전체적이면서도 지속적으로 이루어지는 것을 강조하는 방식이다.

3) 평가도구의 제작 과정

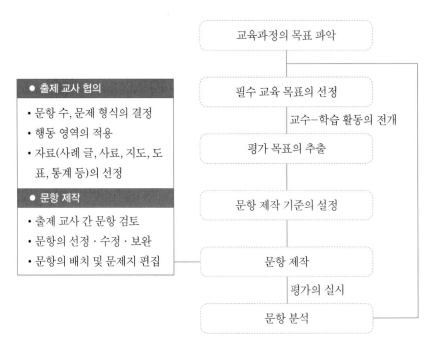

[그림 8-2] 평가도구의 제작 과정

4) 평가문항의 제작

(1) 일반적인 원칙

• 평가문항은 교과협의회를 통하여 교과별 학습목표에 맞는 출제 계획을 수립한 후 출제한다.
• 교사별로 출제 영역이나 문항수를 분담하여 출제하는 일이 없도록 하고, 동 학년 동일교과 담당교사 전원의 협의를 통하여 공동 출제한다.
• 평가문항은 타당도, 신뢰도, 객관도, 변별도가 높은 문항으로 출제하고, 교과협의회의 협의를 거쳐 평가의 영역, 내용, 서술형 문제의 채점기준표(유사답안, 부분점수 및 단계별 점수 등) 등을 포함한 이원목적분류표를 작성한다.
• 이원목적분류표에는 정답, 문항별 배점 및 채점기준, 성취기준이 명시되어야 한다.

(2) 선다형 문항의 제작

■ 선다형 문항의 작성 원칙

- 과목에서 핵심적인 내용이라 생각되는 것들을 선별한다.
- 문제의 수준이나 주제에 적절한 언어로 문제를 작성한다.
- 특정 질문이 다른 질문의 답으로 노출되지 않도록 주의한다.
- 문제의 큰 줄기를 작성한 후, 정답을 쓰고 오답을 구성한다. 이때 다음과 같은 점들에 유의하여야 한다.
  - 정답이 정확히 맞는 것인지 다시 한 번 점검한다.
  - 선택지를 구성할 때 공부한 학생들은 정답을 명확하게 알아차리는 반면, 공부하지 않은 학생들은 오답을 합리적인 것으로 느끼도록 해야 한다.
  - 선택지들은 모두 같은 문법적 구성으로 작성되어야 하는데, 그것은 문장 형태가 오답을 가리키는 신호가 되어서는 안 되기 때문이다.
  - 우연한 단서는 없는지 점검한다. '모든'이나 '절대'와 같은 단어는 확실한 오답으로 생각될 수 있기 때문이다.
  - 논리적인 순서가 있다면 그 순서대로 답지를 배열한다.
  - 변별력을 갖는 의미 있는 선택지만을 쓴다. 답이 아니라고 해서 의미 없는 내용으로 문항을 구성하지 않도록 한다.
- 지시문은 간단하고 명확하게 제시한다.
- 정답이 일정한 번호에 편중되지 않도록 한다.

(3) 서술형 문항의 제작

- 확산적 사고에 부합하는 문항을 개발한다.
- 문제를 푸는 데 걸리는 시간이 적절하도록 출제한다.
- 수준에 맞는 어휘를 사용하고, 질문의 요지를 파악하기 쉽게 표현한다.
- '무엇(평가요소)'에 대해 '어떻게'로 반응할지를 요구한다.
- 응답요소의 종류를 나열해야 할 경우에는 가지 수를 한정해 준다.
- 서술형 평가문항에 대한 채점의 공정성, 객관성, 일관성 확보를 염두에 두되, 단지 채점자의 편의를 우선하여 단순 지식측정 위주의 문항제작은 지양한다.

(4) 평가문항 제작 시 유의사항

- 학생들의 다양한 사고력(추론, 분석, 종합, 비교 능력 등)을 측정해야 한다.
- 핵심적 학습요소를 담고 있어야 한다.
- 출제 범위 안에서 고르게 출제되어야 한다.
- 문제가 무엇을 묻고 있는지 간결 · 명확하게 표현되어야 한다.
- 답지의 내용이 정선되어야 하고, 오답이 매력적이어야 한다.
- 글자의 모양이나 크기, 줄 간격 등이 일정해야 한다.
- 출제 문항 수는 주어진 시간 내에 풀 수 있는 적정 분량이어야 한다.
- 참고서의 문제를 전재하거나 복제하여 출제하는 일이 없도록 한다.
- 출제했던 문제를 다시 내는 일이 없도록 한다.
- 정답에 대한 논란의 소지가 없도록 정확한 내용을 출제한다.
- 출제된 문제를 수업 중에 지도하거나 문제의 정답을 암시하는 일이 없도록 한다.

5) 평가 시 유의사항

(1) 답안 제작 시 주의할 점

- 짧은 문장에서 긴 문장 순으로 배열하는 것이 일반적이다.
- 가급적 답안 길이를 비슷하게 하고, 특히 답안 5개 중 1개만 두 줄인 경우에는 문장을 축약하여 모두 한 줄로 통일하는 것이 바람직하다.
- 보기에서 답을 골라 묶는 경우 'ㄱ → ㄴ → ㄷ → ㄹ' 순으로 한다.

  (옳은 예)   ① ㄱ, ㄴ ② ㄱ, ㄷ ③ ㄱ, ㄹ ④ ㄴ, ㄷ ⑤ ㄷ, ㄹ

  (부적절한 예) ① ㄱ, ㄴ ② ㄴ, ㄷ ③ ㄱ, ㄹ ④ ㄴ, ㄹ ⑤ ㄱ, ㄷ

- 답안 간의 간격이 고르게 배열한다.

  (예) ① ㄱ   ② ㄴ   ③ ㄷ   ④ ㄹ   ⑤ ㅁ

(2) 서술형 평가문항 채점 시 유의사항

선택형 평가와는 달리, 서술형 평가의 성공 여부는 문항 자체의 질뿐만 아니라 채점의 질에 의해서도 결정된다. 아무리 좋은 문항이라 해도 채점이 제대로 이루어지지 않는다면, 그 결과는 신뢰성이 떨어져 활용될 수 없다. 따라서 서술형 평가에서

는 능력 있는 문항 제작자와 함께 우수한 채점자, 그리고 합리적인 채점과정이 더욱
요구된다.

다음은 채점할 때의 유의사항들이다.

- 채점 기준을 사전에 명료히 해야 한다.
- 학생(답안지) 단위가 아닌 문항 단위로 채점이 이루어져야 한다.
- 채점은 충분한 휴식을 취해 가며 맑은 기분으로 차분하게 이루어져야 한다.
- 답안지에 있는 학생의 성명과 번호를 가리고 채점하는 것이 좋다.
- 감점에 대해서 유의사항이나 평가요소와 얼마나 관련이 있느냐에 따라 감점
  수준을 결정하되 맞춤법, 문장형식 등은 가급적 배제하는 노력이 필요하다.

(3) 시험지 관리 시 유의사항
- 학내 전산망의 관리를 소홀히 하여 평가문제가 사전에 유출되는 일이 없도록
  한다(원안, 파일 잘 챙기기, 평가 원안문서에 비밀번호 반드시 부여).
- 출제교사는 인쇄된 시험지를 인쇄실(혹은 문제지 관리실)에서 확인한 후 포장·
  봉인하고, 평가업무 담당교사가 확인한다.

1. 수업연구의 각 단계별로 교사가 해야 하는 일은 어떤 것이 있는지 정리해 보자.

단계	해야 할 일
① 학습목표 설정	
② 출발점행동 진단	
③ 수업방법 설계	
④ 수업과정 전개	
⑤ 수업평가	

2. 평가의 유형(진단평가, 형성평가, 총괄평가, 수행평가)에 맞는 평가의 내용에 대해
　발표해 보자.

단계	해야 할 일
진단평가	
형성평가	
총괄평가	
수행평가	

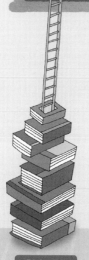

제**9**장

학생생활지도

학습개요

1. 학생생활지도에 관한 개념의 이해를 바탕으로 생활지도의 영역과 내용, 원리를 이해하고, 생활지도의 실제에 있어서 학생의 문제행동, 일상적으로 지도해야 하는 사항과 지도 시 유의사항을 알아본다.
2. 학생상담의 개념과 목표·유형을 익히고, 상담에 임할 때의 자세와 주의해야 할 사항에 대하여 알아본다.
3. 학교안전생활지도를 위한 학교안전사고의 개념과 영역, 내용을 시간대별로 구분하여 알아본다.
4. 학교폭력 예방을 위하여 학교폭력의 개념을 알아보고, 유형과 징후를 이해하여 학교폭력 발생 시 대처 방법을 익힌다.

1. 학생생활지도

1) 생활지도의 이해

생활지도란 학생의 건전한 성장과 발달을 촉진하기 위하여 생활과정에서 나타나는 현실적 문제를 개인의 특성에 알맞게 지도하는 것으로, 개인생활과 사회생활에서의 만족·행복·효능을 증진하고 개인의 자아실현(自我實現)을 도모하는 것이 목적이다(서울대학교 교육연구소, 1995).

학교교육에서 생활지도는 교과지도와 더불어 학생의 건전한 성장과 발달을 돕는 학생지도의 교육영역이다. 생활지도는 '학생들이 일상생활에서 당면하는 여러 가지 문제, 즉 가정적·교육적·정서적·인성적인 문제를 스스로의 힘으로 해결할 수 있도록 지도하기 위한 조직적인 봉사활동'이다.

그러나 생활지도가 단순히 학생들의 잘못된 행동이나 부적응 행동을 적발·지도하고, 처벌하는 식으로 사건을 처리하는 방식이라는 그릇된 개념 때문에 부정적 의미로 받아들여지는 경우도 있다. 생활지도는 문제아의 지도만이 아니라 발달상의 문제를 이해하고 그 문제를 해결하도록 도와주는 모든 과정이기 때문에 단순히 도덕교육 영역으로 이해되거나, 훈육지도, 단체생활의 규율지도, 그리고 교육 외적인 일로 규정되는 것은 바르지 않다.

빠르게 변화하는 사회 속에서 기본과 원칙을 지킬 줄 아는 의식을 갖도록 하기 위해서는 기본생활습관지도가 우선 필요한데, 이때 학생들이 생활주변에서 일상적으로 접하는 기본적인 예절을 습관화하도록 구체적인 요소를 반복하여 지도하여야 한다. 이를 위해서는 교사들도 항상 복장, 언행, 태도, 사고방식 등에서 좋은 본을 보여 학생들이 배우고 따르도록 솔선수범하여야 할 것이다.

2) 생활지도의 기본 방향

생활지도는 다음과 같은 방향으로 이루어져야 한다.

- 생활지도는 모든 학생을 대상으로 한다.
- 생활지도는 처벌보다 선도와 지도를 우선으로 한다.
- 생활지도는 치료나 교정보다 예방에 중점을 둔다.
- 생활지도는 과학적인 근거를 기초로 한다.
- 생활지도는 자율성을 기본원리로 삼는다.
- 생활지도는 인지적 학습보다 정의적 학습에 역점을 둔다.

3) 생활지도의 영역

(1) 학생이해 활동

학생에 관한 자료를 수집하여 기록, 조직, 해석하는 활동으로, 생활지도의 가장 기초가 되며 상담활동의 자료로 활용된다. 학생에 관한 인적사항, 학업성취에 관한 내용, 가정환경, 교우관계, 행동발달 상황, 흥미와 적성, 진로희망 등의 조사 자료를 근거로 한다.

(2) 정보제공 활동

학생들이 장래를 위한 계획을 세울 때나 진로를 선택해야 할 때에는 자신을 둘러싼 다양한 환경에 대한 이해가 필요하다. 이러한 때에 학생 자신을 비롯하여 가정과 학교, 사회, 교육과 직업 등에 관한 자료를 제공하여 장래의 계획이나 진로를 선택하는 데 도움을 주기 위한 활동이다.

(3) 상담 활동

생활지도의 중추적 활동으로, 학생들의 자주적인 문제해결을 돕기 위한 것이다. 전문적인 지식을 가진 상담교사가 합리적이고 효과적인 상담을 하는 것이 이상적이기는 하나, 전문상담교사가 부족한 교육현장에서는 대부분 담임교사나 생활지도 담당교사가 이 역할을 맡고 있다. 상담 활동을 통해 생활지도의 대부분이 이루어지고 있다는 점을 감안한다면, 일반교사도 상담에 관한 일반적인 지식과 이해, 기술, 방법 등을 익혀 두어야 할 것이다.

(4) 자리매김 활동

학생자신에 대한 이해, 정보를 제공받거나 상담받은 결과를 자신의 성장이나 문제해결에 활용하여 앞으로의 생활에 적응하도록 도와주는 활동이다.

(5) 추수 활동

지금까지 생활지도 내용의 지속성을 갖는 활동으로, 상담이나 지도를 받은 후에 잘 적응하고 있는지를 체계적으로 확인하며 학생의 자율적 성장을 계속 보살펴 주는 활동이다.

4) 생활지도의 내용

학교 안팎의 일상생활에서 지켜야 할 일들에 대한 지도내용은 다음과 같다.

- 공공질서 지도: 실내에서의 우측통행 생활화, 공동의 공간 청결유지, 교통질서 지키기 등
- 예절지도: 교무실 출입지도, 선생님에 대한 예절, 인사 잘하기, 식사 예절 등
- 교우관계지도: 건전한 교제, 남을 배려하는 태도 등
- 지각 · 결석생지도: 지각 · 결석생 파악 및 사유 분석, 가정과 연계지도 등
- 학교시설 이용지도: 공공시설 바르게 사용하기, 전기와 물 아껴쓰기 등
- 안전사고 예방지도: 등 · 하교 및 현장체험학습, 교내 · 외 학습 시의 안전 등
- 실내정숙지도: 복도에서 뛰지 않기, 괴성 지르지 않기, 교실에서의 정숙 등
- 바른말 고운말 사용지도: 욕설하지 않기, 상대가 싫어하는 표현하지 않기 등
- 인터넷 사용지도: 유해사이트 접속하지 않기, 인터넷 예절, 사이버관련 범죄 예방 등
- 유해업소 출입금지 지도: 유해업소의 종류, 위치 파악, 출입을 금해야 하는 이유 등
- 학교규정 지키기 지도: 학교의 주인의식을 갖기, 학교규정 확인하기 등
- 학교폭력 예방지도: 불량서클 가입 파악, 따돌림 예방 등
- 흡연과 약물 오 · 남용 예방지도: 흡연의 폐해, 약물의 종류, 신체에 미치는 해 등

- 성희롱과 성폭력예방지도: 성(性)에 관한 올바른 의식 갖기 등
- 자살 · 가출예방지도: 생명존중의식, 부모의 은혜에 감사하는 마음 갖기 등

5) 생활지도의 원리

① 모든 학생을 대상으로 한다

생활지도는 교육적인 활동의 일부로, 요 선도학생, 부적응학생, 일탈행위를 하는 학생 등을 포함하여 모든 학생이 그 대상이 되어야 한다. 교우관계, 가정문제, 교사와의 관계, 종교문제, 진로문제 등을 교육과정의 한 부분으로 다루어 학생들의 필요와 요구를 충족시킬 수 있어야 하며, 개인의 인격과 인권이 존중되어야 한다.

② 기본생활습관을 중요시한다

문제행동이나 부적응, 일탈행동이 생기지 않도록 평소의 **기본생활습관** 정착이 무엇보다도 중요하며, 치료나 교정보다는 예방적인 차원에서 세심한 지도와 관리가 필요하다. 바람직한 민주시민의 한 사람으로 성장시키기 위한 평소의 건강관리, 수업에 임하는 태도, 배려하는 자세, 교통안전 지키기, 경제관념, 여가활용에 관한 지도 등이 지속적으로 이루어져야 한다.

③ 학생들과의 효과적인 의사소통 능력을 활용한다

교사와 학생 간의 관계는 학급 내 여러 가지 문제의 발생과 해결, 학급분위기 형성에 상당한 영향을 주게 된다. 교사는 학생을 직접 지도하는 입장에 있으며, 학생들에게 모방의 대상이 된다는 점에서 그 영향력을 충분히 이해하고 바람직한 관계 형성을 통하여 교육적인 효과를 내야 할 것이다. 그러므로 교사와 학생 간에는 개방적인 관계의 유지와 인권존중이 전제가 되어야 한다.

이렇게 학생들과 교사 사이에는 원만한 인간관계가 유지되어야 상담 등의 촉진 활동이 가능하게 된다. 이를 위해서 교사는 **효과적인 의사소통** 능력을 갖추고 있어야 하며, 여러 전문서적이나 연수를 통하여 이러한 능력을 키워 나가야 한다. 적극적인 의미에서 학생들의 옳은 행동이 정착될 수 있도록 격려하고 이끌어 나가는 교사의 노력이 필요하다.

④ 동료교사들과의 네트워크를 활용한다

학교교육 프로그램을 포함하여 학교장을 비롯한 전체교사, 전문상담교사, 학부모 등의 학교공동체로 네트워크를 활용하여 효과적인 생활지도가 이루어져야 한다. 교육경험이 적은 교사들은 선배교사들의 조언을 통해 도움을 받는 것도 좋을 것이다.

⑤ 과학적인 근거에 기초하여 지도한다

학생들에 대한 올바른 이해를 바탕으로 지도가 이루어져야 하므로, 객관적이고 구체적인 자료에 근거한 접근이 필요하다. 표준화된 검사자료를 활용한 지도가 요구된다.

⑥ 체계적이고 지속적으로 지도한다

교사 전원이 협동적인 방향으로 지도에 임하여야 하며, 연간계획에 따른 체계적이고 지속적인 지도가 필요하다. 이를 위해 생활지도의 내용을 누가 기록하여 추후 지도에 활용한다.

6) 생활지도의 실제

(1) 학생의 문제(유형)

① 학생 자신의 문제

청소년기는 신체적·정신적으로 급격한 변화를 겪는 시기다. 이에 따라 신체적인 조건이나 외모에 대한 집착이 커져 상대적인 우월감이나 열등감을 느끼기도 한다. 하지만 신체적인 성장에 비해 정신적 성숙이 따르지 못해 여러 가지 문제를 일으키기도 한다.

② 가정환경의 문제

부모의 통제적인 태도와 지나친 집착, 학업성적으로 인한 부모와의 갈등, 방임과 무관심, 형제자매 간의 비교, 문제를 가진 부모로 인한 안정되지 않은 가정 분위기 등은 학생들로 하여금 학업에 전념할 수 없게 한다. 청소년은 아직 정신적·정서적으로 미숙한 상태로 놓여 있으므로 그들의 이야기를 들어 주며 상담에 임하는 자세가 필요하다.

③ 교우관계의 문제

성적에 대한 지나친 경쟁으로 인한 교우 간의 갈등, 마음이 맞는 친구를 사귀지 못하는 것에서 오는 고민, 지극히 내성적인 성격으로 친구들과 어울리지 못하는 외로움, 이성 친구와의 교제과정에서 생기는 정서적 혼란, 지나친 교우관계에 몰두하여 학업에 지장을 받거나 비행을 저지르게 되는 등 학생들의 주위에는 교우관계로 인한 다양한 문제들이 있을 수 있다. 집단활동을 통한 교우관계의 형성과 유지 등의 합리적인 생활방식을 지도한다.

④ 학교생활의 문제

요즘 일부 학생들의 학교생활 태도에는 자신의 편리함을 위해서 학교규칙이나 질서를 지키지 않는 것을 가볍게 여기며, 학교폭력, 컴퓨터 중독, 거친 말투나 행동 등이 자주 나타나기도 한다. 물론 이러한 학생들의 이기주의적이고 반발적인 성향은 청소년기의 하나의 특징이며 사회의 모습이 반영된 것이라 할 수 있다. 이러한 이유로 생활지도의 중요성은 날이 갈수록 강조되고 있다.

사회적 여건에 따른 학생에 대한 인권존중과 민주적 교육방식 등의 차원에서 체벌과 제재가 금지되어 생활지도는 더욱 어려워진 상황이다. 학생 개개인의 인성과 심리적 문제로 생기게 되는 정서적 불안, 욕구불만, 정신건강 등을 잘 관리하여 학교생활에 잘 적응할 수 있게 도움으로써 앞으로의 사회생활 적응으로 이어질 수 있도록 하는 정서교육이 이루어질 수 있도록 해야 한다.

⑤ 사회·문화적 문제

학교라는 공동체는 학생들의 사회성을 키울 수 있는 문화를 제공한다. 다른 사람들과 어울려 살아가는 데 바탕이 되는 규칙이나 질서, 타인에 대한 배려 등 사회생활의 기본 태도를 키워 나갈 수 있다는 점에서 학교라는 공동체는 무엇보다도 중요하다. 대인관계를 통하여 자신을 성장·성숙시키는 방법을 안내하는 것이 좋다.

⑥ 학업성취와 진로 문제

학생들에게 학업성적은 주위로부터 자신의 존재가치를 인정받는 주요한 근거라 생각되어 정신적으로 부담과 압박감을 가지게 된다. 성적저하로 인한 두려움과 스트레스는 대부분의 학생들이 겪게 되는 정서적인 문제로, 매우 중요한 심리적 바탕이 된다. 그러므로 주의집중의 곤란이나 효율적이지 못한 공부 방법, 공부 자체에 대한 동기의 저하 등의 관점을 분석하여 실습생 나름대로의 경험을 들려주는 것도 좋겠다. 또한 이 시기에는 학업문제와 아울러 진로를 선택하는 과정에 놓이게 되는데, 여기서 부모나 교사들의 기대와 맞지 않을 때에는 목표설정에서 비롯하여 가치관 자체가 다름에서 오는 갈등은 피하기 어렵다.

(2) 일상적인 지도사항

- 수업에 임하는 태도: 수업참석 여부, 수업준비, 수업태도 등
- 규칙지키기: 학교규칙의 이해, 교사의 지도에 응하는 태도, 교통안전, 유해업소 출입 여부, 네티켓(네트워크상의 에티켓) 등
- 출결성향: 지각, 결석, 무단가출, 무단 수업불참이나 외출사항 등의 파악과 사유 분석, 가정과의 연계지도 등
- 교우관계: 친구 간의 배려, 건전한 교제 등
- 예절: 바른 말 사용, 식사예절, 교무실 출입지도, 인사, 실내정숙 등
- 학교폭력: 바람직하지 못한 교우관계에 따르는 따돌림, 언어폭력, 신체폭력, 사이버폭력, 금품갈취, 강요, 성폭력 등
- 학교시설 이용: 안전사고 예방, 특별실 이용, 전기와 물 사용, 화장실 이용, 학교 시설물 이용 등
- 약물흡입: 흡연, 약물 오·남용, 자살시도 및 자해 등

아울러 생활의 문제를 일으키는 근본원인이 되는 지각과 무단결석에 대한 지도는 반드시 이루어지도록 하여 더 심각한 문제로 이어지지 않게 사전에 예방하는 것이 중요하다.

(3) 지각·(무단)결석 예방지도

① 지각

지각을 자주 하는 학생은 교사의 꾸중이나 다른 학생들의 조롱 대상이 되어 좌절 감이나 소외감을 갖기 쉽다. 스스로도 바람직하지 못한 생활습관을 통제하지 못하여 학교생활에 대한 흥미를 잃고 결국 장기결석이나 학업중단 또는 다른 비행에 빠지게 될 수 있다.

■ 지각의 원인
- 습관적으로 늦게 일어나는 생활리듬을 가지고 있는 경우
- 학교에 대한 부정적인 태도가 등교를 지연하도록 작용하는 경우
- 불규칙적인 생활습관이나 책임감이 부족한 경우
- 집단따돌림(괴롭힘)이나 폭력을 당하고 있는 경우

■ 지각생에 대한 지도
- 규칙적인 생활습관을 갖도록 지도하고 원인이 무엇인지 정확하게 파악하여야 한다.
- 정해진 시간에 등교하는 것이 학생의 중요한 의무이고 책임임을 인식시켜 주어야 한다.
- 학교에 대한 불안감이나 공포심과 같은 부정적인 정서를 가지고 있는지 등을 알아본다. 학업에 대한 부적응, 교사와의 부적응, 괴롭히는 친구가 있는지 등을 알아보고 후속 조치를 취해야 한다.
- 교사의 무관심이나 다른 학생들 앞에서의 지나친 꾸중과 관심은 학생의 자아가 심하게 상처를 받아 지각하는 행동을 오히려 강화하는 결과를 가져올 수도 있다.

② (무단)결석

생활지도에서 학급담임이 가장 관심을 갖고 지도해야 할 것이 결석예방지도다. 학생이 결석을 해도 담임의 특별한 지도가 없을 때 점점 더 대담해지고 결석하는 기

간과 횟수가 늘어나면서 친구까지 유인하여 같이 결석하는 경우도 발생한다.

■ 결석생에 대한 지도
• 가장 먼저 학부모에게 전화로 무단결석 사실을 알려 그 사유를 알아본다. 학부모가 모르는 경우가 많고, 간혹 학부모 쪽에서는 학교에서 미리 알려 주지 않았다는 이유로 담임교사를 원망하는 경우도 있다.
• 결석생에 대해서 교사는 물론 학급전체가 관심을 보이는 것이 중요하고 교사와 급우들의 관심을 느끼도록 한다.
• 무단결석이 계속되는 경우에는 학부모에게 연락하여 면담을 통해 원인을 밝히고 적절한 지도를 한다. 학부모와 면담이 이루어지지 않는 경우에는 가정방문을 통해 원인을 알아내고 지도한다.
• 담임교사는 학부모와 학생에게 결석생에 대한 징계규정을 명확하게 설명하고, 그래도 학생의 무단결석이 반복될 경우에는 담임교사가 학부모와 학생에게 설명한 대로 징계하여 잘못된 습관을 고치도록 한다.

■ 지도 후 사후조치
무단결석은 금품갈취, 성폭력 등 청소년 비행으로 이어질 수 있으므로 담임이 취한 모든 지도내용을 지도일지에 기록으로 남겨서 차후 생활지도에 반영하거나 문제가 발생할 경우에 참고한다.

(4) 생활지도 시 유의사항
• 학생들의 세계 속에 들어가 그들의 눈높이로 출발한다.
• 학생이 공유하고 있는 주위 환경이나 문제에서 대화 소재를 찾는다.
• 대화를 기피할 때는 그들에 대한 기본적인 신뢰감과 유대감을 표현하여 대화의 가능성을 열어 놓는다.
• 학생들의 신체리듬이나 정서를 고려하여 대화를 하도록 한다.
• 대화 속에서 학생들의 성숙과 성장을 함께 기쁨으로 표현한다.

문제행동에 대하여 꾸중을 시작하기 전에, 그 행동이 어떻게 나쁜지, 학생 스스로가 그런 행동을 하지 않도록 환경을 조절해 줄 수는 없는지, 그가 어떤 상황 변화를 원하는지를 다시 한 번 신중하게 생각해 볼 필요가 있다.

2. 학생상담

1) 학생상담의 이해

생활지도에서 핵심적인 활동은 상담이다. 학생상담이란 학생자신이 당면하고 있는 현실적인 문제의 해결에 도움이 필요할 때 상담자(교사)가 지원해 주는 과정이며, 이와 같은 상담활동을 통하여 미래에 닥쳐올 다양한 문제를 학생자신이 스스로의 힘으로 해결할 수 있도록 도와주게 된다. 이렇게 볼 때 학생상담이란 '도움을 필요로 하는 내담자(학생)와 도움을 줄 수 있는 상담자(교사) 사이의 개인적 · 집단적 관계를 통한 학생의 문제해결 과정'이라고 할 수 있다.

이 상담과정에 있어서 상담의 성패를 결정짓는 가장 중요한 변인은 상담자의 역할이라고 할 수 있다. 실제 상담에서 상담을 주도하는 사람은 상담자이기 때문에 상담의 효과는 거의 절대적으로 상담자에게 달려 있다고 해도 과언이 아니다. 상담자가 무의식적으로 보이는 태도와 행동 및 내면적으로 가지고 있는 가치관이나 신념 등도 내담자에게 영향을 미치는 요인으로 작용하게 되고, 궁극적으로는 상담의 효과에 영향을 미치게 된다.

2) 학생상담의 목표

학생상담의 목표는 학생으로 하여금 자기 자신과 자신의 문제를 이해하고 그것을 해결할 수 있는 능력을 기르는, 최대한의 자율적 성장을 지원하는 것이다. 이는 생활지도의 목표와 일치하기도 한다.

3) 학생상담의 유형

① 대면상담

대면상담은 상담자와 내담자가 한 자리에 함께 앉아 대화를 통하여 문제를 해결해 나가는 과정을 말한다. 이 방법에는 내담자가 스스로 상담의 도움을 필요로 하여 상담자를 찾는 자진상담과 상담자가 내담자를 불러서 상담을 받도록 하는 호출상담이 있다.

② 비대면상담

비대면상담은 사이버상담, 온라인상담이라고도 한다. 이는 상담자와 내담자가 실제로 자리를 함께 하지 않고 컴퓨터나 휴대전화 등을 매개로 하여 정보교환이나 의사소통으로 내담자의 문제를 해결하고 성장을 촉진하는 과정을 말한다. 이러한 상담방법은 최근 들어 학생들로부터 높은 선호도를 보이고 있는데, 그 이유는 얼굴을 마주 대하지 않아도 되는 데서 오는 적은 부담감, 시간과 공간의 제한을 받지 않는 활용의 편리함, 학생들의 PC나 스마트폰에 대한 친숙함 등의 이유 때문일 것이다.

사이버상담의 특징으로는 편리성, 경제성, 신속성, 시간과 공간의 자유 등을 들 수 있으나, 한계점으로는 관계형성의 한계, 상담 지속성의 한계 등이 있을 수 있다.

4) 상담에 앞서 해야 할 일

- 상담신청을 미리 받는 경우, 간단한 신청서를 받도록 한다.
- 내담자에 대해 필요한 정보(가정환경 조사서, 학생신상카드, 생활기록부, 출석부, 담임교사의 학생지도 누가 기록부, 성적일람표, 생애계획, 각종 심리검사 결과지, 교우관계조사표, 자기소개서 등)를 수집한다.
- 상담하기 좋은 곳(학교 안에서 학생들이 찾아오기에 편리하고, 보다 덜 노출되고 소음·환기·채광·냉난방 등이 상담에 알맞은 분위기가 보장될 수 있는 곳)을 마련하여 상담할 분위기를 조성한다.

5) 상담자의 자세

상담을 진행하는 데 있어서 구체적인 상담기법을 효과적으로 잘 사용하는 것도 중요하지만 상담자가 어떠한 자세로 상담에 임하느냐 하는 것은 상담의 성패를 좌우할 수 있다. 물론 상담자의 자세는 상담자의 인성적 특성과도 연관이 있는 것으로, 어떻게 보면 상담자의 인성적 특성이 상담과정에 구체화되어 노출되는 것이라고도 볼 수 있다. 로저스(Rogers)도 구체적인 상담기법보다는 상담자가 상담 중에 보이는 이러한 자세들을 중시했다. 이러한 자세는 상담의 형태와 상관없이 거의 모든 상담에 해당되는 것으로써 상담을 촉진시키는 기본적 요건이라고 할 수 있다. 상담을 성공시키기 위해 강조되는 대표적인 사항들을 들어보면 다음과 같다.

- 긍정적 존중
- 공감적 이해
- 솔직함(진지함)
- 상호 신뢰감
- 수용과 지지

6) 상담자가 유의해야 할 사항

- 내담자의 상황과 정신적 상태를 있는 그대로 받아들인다.
- 내담자가 최대한 자기감정을 나타낼 수 있도록 허용한다.
- 내담자 위주로 말하도록 하고, 상담자는 경청하고 관찰한다.
- 내담자를 인격체로 존중하고, 개성을 가진 하나의 인간으로 대우한다.
- 내담자가 침묵할 때 다그치지 말고 인내심을 가지고 기다려 준다.
- 상담은 상담자가 내담자의 문제를 해결해 주는 것이 아니라 내담자 스스로 결정하고 문제를 해결하는 것임을 알게 하고, 그렇게 할 수 있도록 도와준다.
- 상담내용에 대해서 절대적으로 비밀을 보장해 주어야 한다.
- 내담자의 행동에 대한 잘잘못을 가려 판결하지 않아야 한다.
- 특정한 상담이론에 너무 얽매이지 않는다.

7) 상담이 마무리된 후에 할 일

① 상담 결과를 꼭 기록하고 평가한다

많은 학생을 상대로 상담하다 보면 혼란을 겪을 때가 많다. 대상과 주제의 구별이 안 되고, 또한 내담자를 여러 번 상담하는 경우에는 지난번 상담의 진행과정을 기억하지 못하여 곤란을 겪는 수가 있을 수 있다. 그러므로 상담을 원만하게 추진하려면 반드시 상담내용을 상담기록부 등에 기록하여 두는 것이 중요하다. 내담자의 가족이나 담임교사가 학생지도에 협조를 요청해 오거나, 반대로 조력을 구해야 할 경우에도 상담기록은 좋은 참고자료가 될 수 있다.

기록하는 내용은 상담내용의 요약, 문제의 구체화, 내담자의 감정흐름, 태도의 변화, 특이한 행동단서, 상담자의 제안 및 조치와 그 이행 여부, 상담자의 소감 등이다.

② 위기 처리 및 처치

상담내용이 자살, 상해, 집단적 과격행동 등 내담자나 타인에게 해로운 일이 일어날 우려가 있다고 판단되면 내담자에게는 비밀로 하는 범위 안에서 신중을 기하여 이를 즉시 가족, 친구 등에게 연락하거나 도움을 청한다. 상담의 비밀이 보장되지 않으면 내담자로부터 저항을 받기 때문이다. 부득이 제한된 사람에게 상담내용이 공개될 수밖에 없을 때는 내담자와 충분히 협의하여야 한다.

③ 추수지도

학교에서는 학생들이 상담자와 자주 만날 수 있으므로 상담자는 그들의 적응상황을 계속 확인할 수 있다. 수업시간 등에 만났을 때 친근감과 격려의 반응을 보여 주고, 가끔 불러서 대화하며 학업이나 진로에 조언하는 등의 지속적인 관심을 보이도록 한다.

8) 요 선도학생을 위한 상담

• 요 선도학생 파악

　　－폭력, 집단따돌림, 가출, 흡연, 음주, 절도 등
　• 요 선도학생 문제행동 분석 및 특별지도
　　－가출학생, 장기결석 학생, 보호관찰 학생을 파악하여 집중 지도
　• 담임교사와 학부모의 수시상담체제 유지
　　－전화, 문자메시지, 이메일 등을 통한 상담 실시
　• 요 선도학생의 학부모와 지속적인 상담활동 전개
　• 학생선도를 위한 교사, 학부모, 유관기관(단체)간의 공조체제 구축

3. 학교안전생활지도

1) 학교안전사고의 개념

　'학교안전사고'라 함은 교육활동 중에 발생한 사고로서 학생·교직원 또는 교육활동참여자의 생명 또는 신체에 피해를 주는 모든 사고 및 학교급식 등 학교장의 관리·감독에 속하는 업무가 직접 원인이 되어 학생, 교직원 또는 교육활동참여자에게 발생하는 질병으로서 대통령령이 정하는 것을 말한다(「학교안전사고 예방 및 보상에 관한 법률」 제2조 제6항: 시행 2019. 6. 1.).

　현재 「제1차 학교안전사고 예방 기본계획(2016~2018)」의 성과와 한계 분석을 토대로 안전사고 예방정책의 기본방향 및 목표, 추진전략을 세워 「제2차 학교안전사고 예방 기본계획(2019~2021)」을 추진 중이다.

2) 학교안전교육의 영역

　학생들의 안전한 학교생활을 위하여 학교 안팎을 둘러싼 안전교육의 영역을 살펴보면 다음 〈표 9-1〉과 같다.

| 표 9-1 | 학교안전교육 영역 |

구분	내용	구분	내용
생활안전	여가활동 안전	교통안전	보행자 안전
	실내 안전		자전거 안전
	학교시설 안전		자동차 안전
	실외 안전		오토바이 안전
	체육활동 안전		대중교통 안전
	총기 안전	약물 오·남용 및 중독	흡연, 음주
	질병		의약품
식품안전	조리 안전		유해위험물질 안전
	음식물 안전		사이버 안전
응급처치	일반적 처치	인적 재난 안전	화재
	유형별 응급처치		가스
	심폐소생술		전기
	기도폐쇄		산업재해
	환자 운반법		붕괴
	지혈법		전쟁 및 테러
폭력 및 신변안전	유괴 및 미아사고	자연재해 안전	승강기
	성폭력		홍수
	언어 및 신체폭력		태풍
	학교폭력		지진 및 해일
	집단따돌림		폭설

* 출처: 학교급별 안전교육 가이드라인 개발연구(2012). 학교폭력 사안처리 가이드북. p. 33-34.

학생들의 안전한 학교생활을 위해서는 이렇게 많은 영역의 안전교육을 행하여야 하나, 여기서는 주로 교내에서 교사가 지도해야 할 안전교육을 알아보고자 한다.

3) 학교안전교육의 내용

서울특별시교육청의 「학생안전지침(2013)」에 따른 학교안전교육의 내용은 다음과 같다.

(1) 수업시간

수업시간 중 발생할 수 있는 안전사고 예방교육을 통해 안전한 학습이 이루어지도록 한다. 이를 위해 교사의 준비 및 지도사항과 학생들이 준수해야 할 안전수칙은 다음과 같다.

① 과학시간

과학수업 담당자는 물질안전보건자료(Material Safety Data Sheet)를 비치하고 실험용기, 시약 등에 대해 사전에 철저히 파악해 둔다. 실험실습 전 충분히 안전교육을 실시하고 안전조치를 갖추어 놓는다. 독성이 있거나 냄새가 좋지 않은 기체가 발생하는 실험은 후드가 있는 곳에서 하도록 하고, 후드가 없을 때는 창문을 열어 놓는다. 실험실 기기의 작업 및 조작은 지정된 순서를 정확히 따르고, 취급할 약품의 사용법과 예방책을 교사가 설명할 때까지 약품에 손대지 않도록 지도한다. 가연성 물질을 다룰 때는 화기를 주변에 놓지 않도록 하며, 지시가 없는 한 약품의 맛을 보거나 코로 직접 냄새를 맡지 않도록 지도한다. 물질이 휘발성일 때는 마개를 단단히 하여 통풍이 잘되는 곳에 놓아둔다.

② 체육시간

체육수업 전에 학생들의 건강상태와 운동기구의 안전성을 미리 파악하고 사전에 조치해야 할 사항을 확인해 둔다. 요 양호자, 신체허약자, 심장질환자 등을 사전에 파악하여 견학할 수 있도록 조치하고, 수업에 참여하는 학생들에 대하여는 수업 전·후에 준비운동과 마무리 운동을 충분히 한다. 정확한 운동방법과 주의사항을 완전히 숙지시킨 후 운동을 실시하고, 단계별·수준별로 기능을 익힐 수 있도록 지도한다. 운동 중에는 운동을 하고 있는 학생뿐 아니라 기다리고 있는 학생들의 행동도 수시로 관찰한다. 경쟁이 과열되면 과도한 신체접촉으로 사고의 위험성이 높아지므로 경쟁이 과열되지 않도록 분위기를 적절하게 통제한다.

③ 미술시간

미술시간 중 안전사고는 미술도구의 안전한 사용 방법을 중심으로 지도한다. 조각칼이나 커터칼, 글루건, 가위, 펜치 등의 도구는 안전한 사용방법에 대한 구체적인 예를 들어 지도하고, 도구의 사용이 서툴거나 실수가 많은 학생을 파악하여 따로 지도한다.

④ 실습시간

가열 또는 전열기구, 칼 또는 날카로운 기구 사용 시 준수하여야 할 사항을 중심으로 지도한다. 안전수칙을 충분히 지도하고 중요한 내용은 기록하여 잘 보이는 위치에 부착해 두며, 준비된 식품재료의 안전성도 확인한다. 가스 불을 켜기 전에 가스가 새는지(냄새) 확인하고 창문을 열어 실내를 환기시킨다. 칼날이 무뎌지면 힘을 주게 되어 다칠 염려가 있으므로 적당하게 갈아졌는지 미리 확인한다. 재료를 썰 때는 재료를 잡고 있는 손을 칼의 뒤쪽에 놓아 베이지 않도록 주의하고, 칼을 바닥에 떨어뜨리지 않도록 하며, 칼을 들고 절대 장난하지 않도록 지도한다.

(2) 휴식시간

쉬는 시간은 교사의 관리와 관심이 소홀해지는 반면, 학생들은 긴장이 완화되면서 신체활동이 왕성해지는 시간대이므로 안전하게 생활할 수 있도록 일상적인 지도가 필요하다. 이를 위해 시설물 점검과 확인 및 학생들의 생활태도 등에 대한 교육방법 등을 익혀 둔다.

① 교실, 복도, 계단, 난간

학교에서 학생들이 가장 많이 이용하는 교실, 복도, 계단, 난간에 대한 시설점검과 이용방법 지도를 통해 학생들이 안전하게 학교생활을 할 수 있도록 한다. 계단, 복도 등 비상구, 비상통로 또는 비상용 기구에 '비상'이라는 안내판을 설치하고 안전하게 이용할 수 있도록 조치한다. 복도와 계단 등 학생들이 자주 이용하는 통로바닥이 물기 등으로 젖어 있지 않은지 수시로 관찰하여 제거한다.

② 유리창

유리창 파손 대비 및 파손 시 조치사항 등에 대한 안전지도를 실시해야 하며, 특히 유리창이 있는 곳 근처에서 물건을 던지거나 장난을 치지 않도록 지도한다. 깨진 유리 교체 및 청소는 학생이 직접 하지 않도록 하고, 깨진 유리조각이나 파편 청소 시 안전장갑을 사용한다.

③ 책 · 걸상

책 · 걸상 사용방법과 파손 시 안전조치에 대해 지도한다. 책상 모서리 부분은 라운딩 또는 충격완화 고무를 부착하는 등 충격으로 인한 타박상을 방지하도록 한다. 책 · 걸상의 정기적 수리 및 교체, 안전도 유지를 위한 지속적 관리를 통해 안전사고를 예방한다.

④ 세면장, 급수대, 화장실

세면장, 급수대, 화장실 이용 방법에 대해 안전지도를 한다. 일반적인 손 세척으로는 쉽게 제거되지 않는 세균도 있기 때문에 위생적인 손 씻기를 위해 올바른 손 씻기 방법을 익히게 지도한다. 매일 시간을 정해서 위생 상태를 점검해야 하고, 화장실의 잠금장치도 확인해야 한다. 세면장, 급수대, 화장실은 물기가 많은 곳이므로 이용에 항상 주의하도록 하고, 수시로 바닥상태를 점검하여 안전하게 이용할 수 있도록 조치한다.

(3) 점심시간

점심식사 준비와 배식, 식사과정에서 발생할 수 있는 위험 또는 사고유형을 파악하고 사전교육이 이루어지도록 한다. 평소에 예절교육과 함께 다른 사람을 배려하는 교육이 충분히 이루어지도록 한다. 배식차를 이용하여야 할 경우에는 운반요령 및 배식차를 여는 방법 등에 대해 지도하고, 지정된 학교식당에서 급식이 이루어질 경우에는 앞 사람과 적정한 거리를 유지하며, 차례를 지키고 장난을 치지 않도록 지도한다. 질병예방을 위하여 식사 전 손 씻기 등 위생지도와 함께, 뜨거운 음식물에 화상을 입지 않도록 안내한다.

(4) 방과 후

방과 후 안전사고 예방을 통해 안전한 방과 후 활동이 이루어지도록 노력한다. 이를 통해 학생의 소질 계발과 취미, 특기신장을 위한 교육 기회를 제공할 수 있다.

① 청소시간

문 열기-털기-닦기-정돈하기-문 닫기와 같은 청소순서에 따른 안전한 청소용구 사용방법을 지도하며, 교실바닥의 물기를 제거하고 청결을 유지한다. 교실 내 액자나 선풍기 등 부착물의 낙하 방지를 점검한다. 책상이나 양동이 운반 등 무거운 물건을 다룰 때에는 가능한 두 명 이상이 함께 할 수 있도록 지도한다.

② 운동기구의 이용

놀이기구 및 체육시설에 대한 안전점검을 실시하고 놀이기구 안전수칙을 지도한다. 철봉, 평행봉 등의 적정 크기, 규격 등 구분 설치 및 용접부위 결함 유무를 확인한다. 운동장 주변 파손된 하수구, 맨홀, 웅덩이 등을 신속하게 개·보수하고 위험표지판 설치 등으로 추락을 방지한다. 나뭇가지가 놀이시설 주변에 나와 있으면 가지치기를 하여 신체, 특히 눈이 다치지 않도록 한다.

③ 방과 후 학교

방과 후 학교는 정규 교육과정 이외의 시간을 이용하여 학생들의 선택에 따라 운영되기 때문에 학생에 대한 관리·감독이 상대적으로 느슨해지므로 학생들의 안전지도에 각별한 주의가 필요하다. 방과 후 학교 교육활동 시 발생한 사고도 학교의 정규 교육과정 운영 중에 일어난 사안과 동일하게 처리한다.

(5) 현장체험학습

수학여행, 야외체험학습, 자유학기제에 따른 활동 등 현장체험학습은 학교 밖에서 실시되기 때문에 학생들의 긴장이 이완되고 교사의 임장(臨場)지도 한계로 인해 안전사고의 위험이 교내활동보다 커지게 된다. 현장체험학습은 학교 교육과정의 일환으로 시행되기 때문에 학교 교육계획에 포함하여 실시되는데, 계획수립 시에는 철저한 사전 안전점검과 교육을 통해 학생안전관리에 만전을 기하도록 하여야 한다.

출발 전 이동 시간 및 경유지 · 목적지 등을 정확하게 숙지하여 행렬에서 이탈하더라도 인솔자의 휴대전화 등을 통하여 경유지 또는 목적지에 도착할 수 있도록 비상연락망을 마련한다. 활동의 모든 과정에서 안전 및 생활지도를 최우선 과제로 추진한다. 학생의 안전사고 발생 시 인솔교사와 담임교사에게 반드시 보고하도록 사전에 교육을 실시한다.

4. 학교폭력예방

1) 학교폭력의 이해

학교폭력의 예방과 대책에 필요한 사항을 규정함으로써 피해학생의 보호, 가해학생의 선도 · 교육 및 피해학생과 가해학생 간의 분쟁조정을 통하여 학생의 인권을 보호하고 학생을 건전한 사회구성원으로 육성함을 목적으로 하는 「학교폭력예방 및 대책에 관한 법률(약칭: 학교폭력예방법)」[2019. 8. 20. 일부 개정, 시행 2019. 9. 1.]이 제정되었다. 이 법률의 제2조에 다음과 같이 정의되어 있다.

- '학교폭력'이란 학교 내외에서 학생을 대상으로 발생한 상해, 폭행, 감금, 협박, 약취 · 유인, 명예훼손 · 모욕, 공갈, 강요 · 강제적인 심부름 및 성폭력, 따돌림, 사이버 따돌림, 정보통신망을 이용한 음란 · 폭력 정보 등에 의하여 신체 · 정신 또는 재산상의 피해를 수반하는 행위를 말한다.
- '따돌림'이란 학교폭력 가운데 가장 많이 나타나는 유형으로, 학교 내외에서 2명 이상의 학생들이 특정인이나 특정집단의 학생들을 대상으로 지속적이거나 반복적으로 신체적 또는 심리적 공격을 가하여 상대방에게 고통을 주는 일체의 행위를 말한다.
- '사이버 따돌림'은 최근 들어 휴대전화의 보급으로 따돌림 가운데 가장 심각하고 빈번하게 나타나고 있는 유형으로, 인터넷, 휴대전화 등 정보통신기기를 이용하여 학생들이 특정 학생들을 대상으로 지속적, 반복적으로 심리적 공격을 가하거나, 특정 학생과 관련된 개인정보 또는 허위사실을 유포하여 상대방에

게 고통을 주는 일체의 행위를 말한다.

　최근 학교폭력은 저연령화, 여성화, 집단화되고 있으며 폭력의 장소는 학교 내는 물론 학원, 등 · 하교 시간대의 골목, 공원, PC방, 코인노래방 등에서 발생하고, 의외로 교내에서 은밀하게 발생하는 건수가 많다. 특히 학교폭력은 상당한 시일이 지날 때까지 알려지지 않는 경우가 많으므로 학급 조 · 종례시간의 관찰 및 상담을 통해 조기에 감지하여야 한다.

　이러한 학교폭력의 내용과 사안은 날이 갈수록 다양하고 심각하게 나타나고 있어 이에 대처하기 위하여 다음과 같은 조사 · 상담을 행할 수 있게 되었다(「학교폭력예방법」 제11조 제2항).

- 학교폭력 피해학생 상담 및 가해학생 조사
- 필요한 경우 가해학생 학부모 조사
- 학교폭력 예방 및 대책에 관한 계획의 이행 지도
- 관할구역 학교폭력서클 단속
- 학교폭력 예방을 위하여 민간기관 및 업소에 대한 출입 · 검사
- 그 밖에 학교폭력 등과 관련하여 필요로 하는 사항

　학교에서는 학교폭력사안이 발생했을 경우 학교단위의 학교폭력대책자치위원회를 열어 해결을 위하여 노력하여야 한다. 학교폭력대책자치위원회를 개최하여야 하는 사안은 다음과 같다.

- 자치위원회 재적위원 4분의 1 이상이 요청하는 경우
- 학교의 장이 요청하는 경우
- 피해학생 또는 그 보호자가 요청하는 경우
- 학교폭력이 발생한 사실을 신고받거나 보고받은 경우
- 가해학생이 협박 또는 보복한 사실을 신고받거나 보고받은 경우
- 그 밖에 위원장이 필요하다고 인정하는 경우

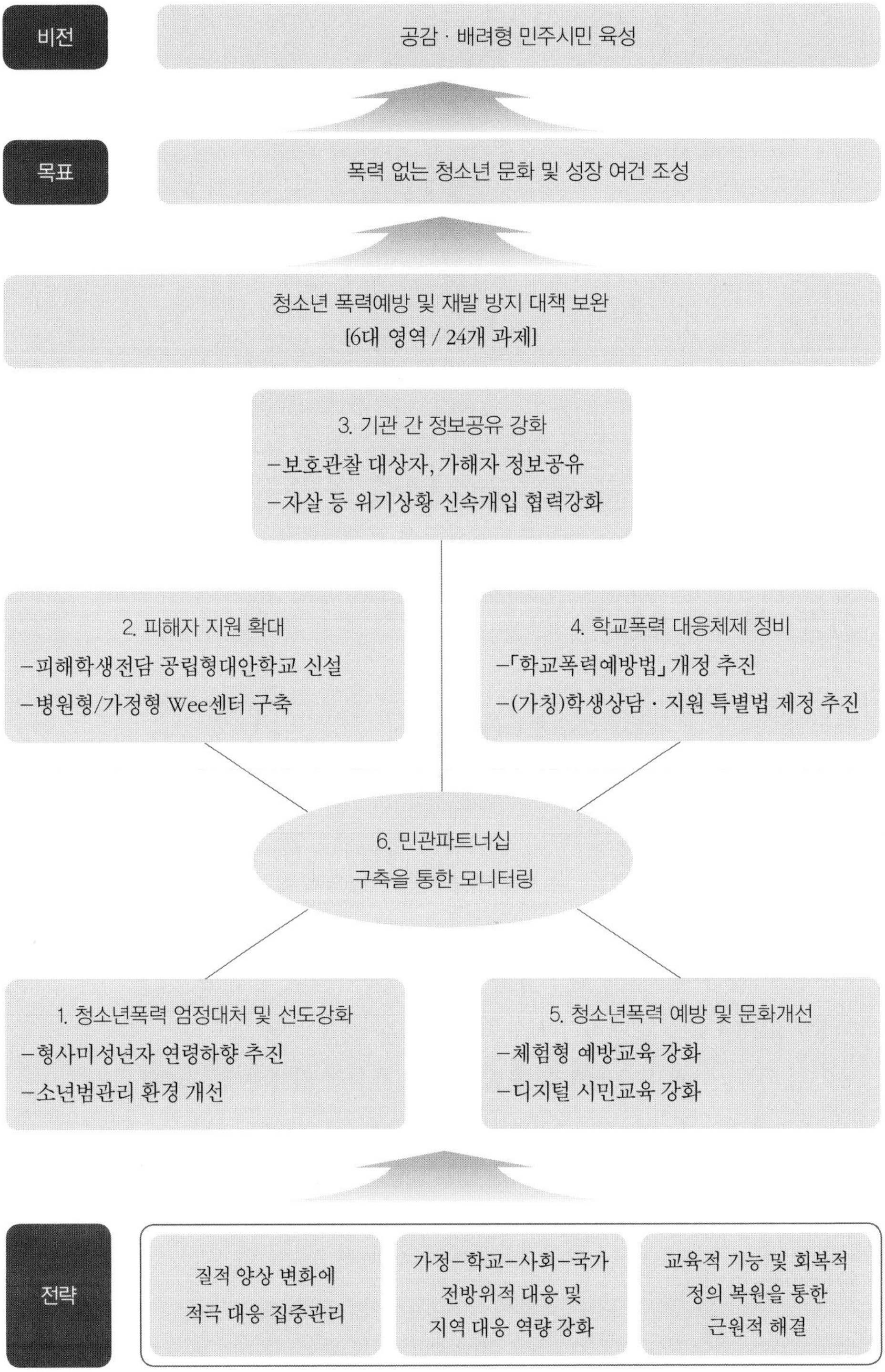

| 비전 | 공감 · 배려형 민주시민 육성 |

| 목표 | 폭력 없는 청소년 문화 및 성장 여건 조성 |

청소년 폭력예방 및 재발 방지 대책 보완
[6대 영역 / 24개 과제]

3. 기관 간 정보공유 강화
−보호관찰 대상자, 가해자 정보공유
−자살 등 위기상황 신속개입 협력강화

2. 피해자 지원 확대
−피해학생전담 공립형대안학교 신설
−병원형/가정형 Wee센터 구축

4. 학교폭력 대응체제 정비
−「학교폭력예방법」 개정 추진
−(가칭)학생상담 · 지원 특별법 제정 추진

6. 민관파트너십
구축을 통한 모니터링

1. 청소년폭력 엄정대처 및 선도강화
−형사미성년자 연령하향 추진
−소년범관리 환경 개선

5. 청소년폭력 예방 및 문화개선
−체험형 예방교육 강화
−디지털 시민교육 강화

| 전략 | 질적 양상 변화에 적극 대응 집중관리 | 가정−학교−사회−국가 전방위적 대응 및 지역 대응 역량 강화 | 교육적 기능 및 회복적 정의 복원을 통한 근원적 해결 |

[그림 9-1] 청소년 폭력예방 및 재발방지 대책

그러나 피해학생 및 그 보호자가 학교자체로 문제를 해결하기를 원하고 교육지원청 단위의 심의위원회의 개최를 원하지 않을 경우는 자체해결이 가능한데, 이는 다음과 같은 경우에 해당할 때다.

- 2주 이상의 신체적·정신적 치료를 요하는 진단서를 발급받지 않은 경우
- 재산상 피해가 없거나 피해가 즉각 복구된 경우
- 학교폭력이 지속적이지 않은 경우
- 학교폭력에 대한 신고, 진술, 자료제공 등에 대한 보복행위가 없는 경우

그러나 이러한 경우에도 학교의 장은 지체 없이 이를 교육지원청의 심의위원회에 보고하여야 한다.

2) 학교폭력의 유형

학교현장에서 나타나고 있는 **학교폭력의 유형**에는 여러 가지가 있을 수 있겠으나, 교육부에서는 다음과 같은 7가지 유형을 들어 설명하고 있다(학교폭력 사안처리 가이드북, 2014: 김희규 외, 2017 재인용).

(1) 신체폭력
- 감금: 일정한 장소에서 나오지 못하도록 가두어 두는 행위 등
- 상해, 폭행: 신체를 때리거나 서로 때리게 하는 등 고통을 가하는 행위 등
- 약취(略取): 폭행이나 협박을 통해 강제로 자신의 지배하에 두는 행위 등
- 유인: 상대방을 속이거나 유혹해서 일정한 장소로 데리고 가는 행위 등

그 외에 장난을 빙자한 꼬집기, 때리기, 힘껏 밀치기 등 상대학생이 폭력으로 인식하는 행위 등이 있다.

(2) 언어폭력
- 명예훼손: 여러 사람 앞에서 상대방의 명예를 훼손하는 구체적인 말(성격, 능

력, 배경 등)을 하거나, 그런 내용의 말과 글을 통신수단을 활용하여 퍼뜨리는 행위 등

- 모욕: 여러 사람 앞에서 모욕적인 용어(생김새에 대한 놀림, 상대방을 비하하는 내용)를 지속적으로 말하거나, 그런 내용의 말과 글을 통신수단을 활용하여 퍼뜨리는 행위 등
- 협박: 신체에 해를 가할 듯이 언행과 문자메시지 등으로 겁을 주는 행위 등

(3) 사이버폭력

- 특정인에 대한 허위 글이나 개인의 사생활에 관한 사실을 인터넷, 문자메시지 등을 통해 불특정 다수에게 공개하는 행위
- 성적 수치심을 주거나 위협하는 내용, 조롱하는 글·그림·사진·동영상 등을 정보통신망을 통해 유포하는 행위
- 공포심이나 불안감을 유발하는 문자·음향·영상 등을 휴대전화 등 정보통신망을 통해 반복적으로 보내는 행위 등

(4) 금품갈취

- 돌려줄 생각이 없으면서 돈을 빌려 달라고 요구하는 행위
- 옷, 소지품, 문구류 등을 빌리고 되돌려 주지 않는 행위
- 일부러 상대방의 물품을 망가뜨리는 행위
- 금품을 걷어 오라고 시키는 행위 등

(5) 따돌림

- 집단적으로 상대방을 의도적이고 반복적으로 피하는 행위
- 싫어하는 말로 놀리기, 빈정거리기, 면박주기, 겁주기, 골탕 먹이기, 비웃기
- 다른 학생들과 어울리지 못하도록 막기
- 존재하지 않는 사람처럼 무시하여 투명인간 취급하기 등

(6) 성폭력

- 폭행이나 협박으로 성행위나 유사 성행위를 강제로 요구하는 행위

- 폭행이나 협박으로 성적 모멸감을 느끼도록 신체적 접촉을 하는 행위
- 성적인 말과 행동을 함으로써 상대방이 성적 굴욕감·수치감을 느끼도록 하는 행위
- 음란전화, 인터넷 등을 통해 접하게 되는 불쾌한 언어와 추근거림 등
- 성폭력에 대한 막연한 불안감이나 공포, 그리고 그것으로 인한 행동 제약도 간접적인 성폭력에 해당

(7) 강요

- 강제적 심부름: 속칭 빵 셔틀, 와이파이 셔틀, 과제 대행, 게임 대행, 심부름 강요 등 의사에 반하는 행동을 강요하는 행위
- 강요: 폭행이나 협박으로 상대방의 권리행사를 방해하거나 해야 할 의무가 없는 일을 억지로 하게 하는 행위 등

3) 학교폭력의 징후

(1) 학급분위기

- 수업시간에 특정학생에게 야유나 험담이 많이 나돈다.
- 학급집단 속에 몇 개의 폐쇄적인 소집단이 생긴다.
- 체육시간이나 점심시간, 야외활동 시간에 집단에서 떨어져 따로 행동하는 학생들이 눈이 띈다.
- 교사가 교실에 들어서면 갑자기 학급분위기가 바뀐다.

(2) 피해학생

- 평소보다 표정이 어둡고 기가 죽어 있으며, 주위를 살피고 두려워하는 기색을 보인다.
- 수업 중 멍하니 창밖을 자주 쳐다보고, 쉬는 시간 점심시간에 친구들과 어울리지 못하고 혼자 있는다.
- 늦게 등교하거나 혼자 늦게 교실에 들어오는 경우가 많고, 놀림을 당해도 반항하지 않거나 아부하듯 행동한다.

- 단체활동 시 혼자인 경우가 많고, 노트에 죽고 싶다거나 폭력적인 그림, 낙서 등이 발견된다.
- 잠이 모자라는지 수업시간에 자주 졸거나 지쳐 잔다.
- 혼자서 행동하는 경우가 많고, 조퇴·지각·결석이 잦다.
- 청소당번을 돌아가면서 하지 않고 항상 동일 학생이 한다.
- 친구가 시키는 대로 따르거나 자주 심부름을 한다.
- 상담실이나 교무실 앞을 서성이거나, 남의 시선을 피해 울고 있는 경우가 있다.
- 자신의 외모나 청결 등 몸치장에 관심이 없고 전학을 요구하거나 전학 방법에 대하여 물어본다.
- 최근 들어 신체적 외상이 있는데 그 이유에 대해서는 설명을 피한다.

(3) 방관하는 학생
- 학교폭력을 재미있어 하거나 때에 따라서는 부추기기도 한다.
- 가끔은 가해자 쪽에 가담하여 학교폭력을 함께할 가능성이 높다.
- 자칫 잘못 끼어들었다가 자신도 학교폭력의 대상이 될까 봐 모르는 척한다.
- 피해자를 도와주지 못하는 죄책감에 힘들어하며, 교사에게 말하기를 망설이기도 한다.

(4) 가해학생
- 남을 괴롭히고 괴롭히는 수단에 대하여 별로 개의치 않는다.
- 죄책감이나 수치심, 피해학생에 대한 동정심이 없다.
- 교사가 보는 앞에서는 모범적인 태도를 보이는 경우도 있다.
- 교사의 지도에 반항하거나 종종 교사의 권위에 도전하는 행동을 한다.
- 자기과시욕이 강하거나 자신의 약점을 숨기기 위하여 과장된 허세를 부리기도 한다.

4) 학교폭력 근절을 위한 중점과제

표 9-2 학교폭력 근절 5대 영역 20대 중점과제

5대 영역	중점 과제
1. 학교현장의 다양한 자율적 예방활동 지원 강화	① '어울림 프로그램' 개발·보급 등 예방교육 강화 ② 학교의 자율적인 예방활동 활성화 ③ 학교의 자율적인 예방활동 적극 지원 및 유도 ④ 꿈과 끼를 살리는 교육과정 운영 및 대안교육 활성화
2. 폭력 유형별·지역별·학교 급별 맞춤형 대응 강화	⑤ 언어문화 개선을 통한 언어폭력 예방 ⑥ 사이버폭력 신고 및 예방교육 활성화 ⑦ 처벌보다는 관계 회복에 역점을 둔 집단따돌림 해소 ⑧ 성폭력 예방 및 피해학생 치유·보호 강화 ⑨ 유관기관 협력을 통한 폭력서클 대응 강화 ⑩ 지역별·학교 급별 맞춤형 대책 수립·추진
3. 피해학생 보호 및 가해학생 선도 강화	⑪ 학교폭력 조기 진단 및 관리 강화 ⑫ 피해학생 보호 및 치유 지원 강화 ⑬ 가해학생 선도 및 조치 강화 ⑭ 학생생활지도 및 상담 여건 조성
4. 학교역량 제고 및 은폐·축소에 대한 관리·감독강화	⑮ 학교역량 강화 및 지원 확대 ⑯ 은폐·축소 및 부적절 대처 관리·감독 강화
5. 안전한 학교환경 및 전 사회적 대응 강화	⑰ 학교폭력 신고 시스템 개선 ⑱ 학교안전 인프라 확충 및 운영 내실화 ⑲ 지역사회의 예방 및 근절 활동 확산 ⑳ 학교폭력 대책 추진체계 재정비

* 출처: 관계부처합동(2013). 현장중심 학교폭력 대책.

5) 학교폭력 발생 시 대처 방법
(「학교폭력예방 및 대책에 관한 법률」 제16호, 제17호)

교사의 조그마한 관심과 주의가 학교폭력을 예방할 수 있으며, 학교폭력 상황을 감지·인지했을 때, 신속하고 적극적으로 개입하여야 한다. 그리고 학교폭력이 감지된 경우, 학교장에 보고하여야 하며(「학교폭력예방 및 대책에 관한 법률」 제20조 제4항),

학교장은 지체 없이 전담기구 또는 소속교원으로 하여금 사실 여부를 확인(동 법률 제14조 제3항)하여야 한다.

(1) 피해학생의 보호

학교폭력대책자치위원회는 **피해학생**(학교폭력으로 인하여 피해를 입은 학생을 말한다.)의 보호를 위하여 필요하다고 인정될 때에는 피해학생에 대하여 교내·외 전문가에 의한 심리상담 및 조언, 일시보호, 치료 및 치료를 위한 요양, 학급 교체 중 어느 하나에 해당하는 조치(여러 개의 조치를 함께하는 경우를 포함)를 할 것을 학교의 장에게 요청할 수 있다. 다만, 학교의 장은 피해학생의 보호를 위하여 긴급하다고 인정하거나 피해학생이 긴급보호의 요청을 하는 경우에는 자치위원회의 요청 전에 교내·외 전문가에 의한 심리상담 및 조언, 일시보호 및 그밖에 피해학생의 보호를 위하여 필요한 조치를 할 수 있다. 이 경우 자치위원회에 즉시 보고하여야 한다〈개정 2017. 4. 18.〉. 또한 보호가 필요한 학생에 대하여 학교의 장이 인정하는 경우 그 조치에 필요한 결석을 출석일수에 산입할 수 있다〈개정 2012. 3. 21.〉.

(2) 장애학생의 보호

누구든지 장애 등을 이유로 **장애학생**(신체적·정신적·지적 장애 등으로 「장애인 등에 대한 특수교육법」 제15조에서 규정하는 특수교육을 필요로 하는 학생을 말한다.)에게 학교폭력을 행사하여서는 아니 된다. 그러나 장애학생에 대한 학교폭력사안이 발생했을 경우, 심의위원회는 학교폭력으로 피해를 입은 장애학생의 보호를 위하여 장애인 전문상담가의 상담 또는 장애인전문 치료기관의 요양 조치를 학교의 장에게 요청할 수 있다〈개정 2019. 8. 20.〉.

(3) 가해학생에 대한 법적 조치(법률 제17조)

심의위원회는 피해학생의 보호와 **가해학생**(학교폭력을 행사하거나 그 행위에 가담한 학생을 말한다.)의 선도·교육을 위하여 가해학생에 대하여 다음의 어느 하나에 해당하는 조치(여러 개의 조치를 동시에 시행하는 경우를 포함)를 할 것을 교육장에게 요청하여야 한다. 다만, 퇴학처분은 의무교육과정에 있는 가해학생에 대하여는 적용하지 아니한다〈개정 2019. 8. 20.〉.

- 피해학생에 대한 서면 사과
- 피해학생 및 신고 · 고발 학생에 대한 접촉, 협박 및 보복행위의 금지
- 학교에서의 봉사
- 사회봉사
- 교내외 전문가에 의한 특별 교육이수 또는 심리치료
- 출석 정지
- 학급 교체
- 전학
- 퇴학 처분(의무교육과정에 있는 가해학생은 제외)

또한 누구라도 학교폭력의 예비 · 음모 등을 알게 된 경우에는 이를 학교장 또는 심의위원회에 고발할 수 있다. 다만, 교원이 이를 알게 되었을 경우에는 학교의 장에게 보고하고 해당 학부모에게 알려야 한다〈개정 2019. 8. 20.〉. 그리고 누구든지 학교

표 9-3 폭력대처 관련 사이트 및 연락처

구분	관련 사이트 및 연락처
학교폭력	학교폭력 예방 종합 포털(www.dorandoran.go.kr) 청소년폭력예방재단(www.jikim.net/sos) 안전Dream 아동 · 여성 · 장애인 경찰지원센터(www.safe182.go.kr) 117
성폭력	원스톱지원센터 · 해바라기여성아동센터(1899-3075) 여성 긴급전화(1366)
아동학대	아동보호전문기관(www.korea1391.org) 112, 129(보건복지콜센터)
유괴	안전Dream 아동 · 여성 · 장애인 경찰지원센터(www.safe182.go.kr) 112
집단따돌림	학교폭력 예방 종합 포털(www.dorandoran.go.kr) 청소년폭력예방재단(www.jikim.net/sos) 안전Dream 아동 · 여성 · 장애인 경찰지원센터(www.safe182.go.kr)
자살징후/흉기 위협/ 학교 외부인 침입	112

* 출처: 교육부(2015). 학교생활 안전 매뉴얼(2015 개정판).

폭력을 신고한 사람에게 그 신고행위를 이유로 불이익을 주어서는 아니 된다〈신설 2012. 3. 21.〉.

학교폭력의 예방 및 대책과 관련된 업무를 수행하거나 수행한 경우 그 직무로 인하여 알게 된 비밀 또는 가해학생, 피해학생 및 신고자, 고발자와 관련된 자료를 누설하여서는 아니 된다(「학교폭력예방법」 제21조)〈개정 2012. 1. 26.〉.

(4) 가해학생에 대한 지도

■ 일반적인 경우

- 학생들을 이해하는 데 노력해야 한다. 학생들은 자신이 가족과 교사, 친구들에게 인정받고 도움이 되는 존재라고 의식하면 존재가치를 느낄 수 있을 것이다. 이를 위해서 학생들 개개인의 장점과 가능성을 찾아내려는 관심을 가져야 한다.
- 발생 초기에 단호한 태도를 취해야 하고, 처벌보다는 선도하려는 자세로 지도한다.
- '이유 없이 남을 괴롭히는 것'은 인간으로서 절대로 용서될 수 없다는 것을 항상 염두에 두고 지도하는 것이 중요하다.
- 자신의 행위가 상대방에게 얼마나 고통과 상처를 주고 있는지를 구체적으로 알게 한다.
- '학교폭력은 결코 해서는 안 되는 행동'임을 지도한다.
- 학교폭력에 이른 원인을 사실에 기초해 확실히 밝혀낸다.
- 피해학생의 마음에 대해 충분히 생각할 수 있도록 한다.
- 학생이 열중할 수 있을 만한 것을 권하고, 격려하여 성취감을 느끼게 한다.
- 개별적으로 대응하고 불만 해소에 노력하며, 마음의 안정을 가질 수 있도록 한다.

(5) 교사의 노력

- 학생의 안전을 위해 관심을 가지고 보살핀다.
- 학생들의 행동을 세심하게 관찰한다.
- 일상적인 학교생활에서 학생들의 말에 귀를 기울인다.
- 학교규칙 지키기에 대하여 교사의 일관되고 공정한 자세로 임한다.

• 교직원, 학생, 학부모의 학교공동체 참여 활동을 연계하며 정보를 공유한다.

• 평소에 원만한 인간관계 기술에 대한 기본 교육을 실시한다.

5. 학교폭력 관련 민원 사례

1) 학부모 민원 사례와 대처 방법

(1) 교권침해 발생의 원인

요즘은 대부분 핵가족이며 부모들의 바쁜 직장생활로 인하여 학생들이 제대로 된 예절교육을 받기가 어렵고, 학교교육도 지식 위주로 흘러가다 보니 예절교육이나 인성교육이 제대로 이루어지지 않고 있다. 이로 인하여 학생들이 교사나 웃어른들에 대한 기본예절을 제대로 갖추지 못하는 경우가 많다. 게다가 요즘 학부모들은 학력이 높아지고 경제적으로 여유가 생겨서 자녀에 대한 애착이 강해지고, 교사에 대한 존경심과 신뢰도는 떨어지는 경향이 있다. 그래서 사안이 발생했을 경우 자녀의 말만 듣고 모든 것을 판단하는 경향이 강하다.

(2) 교권침해의 예방방안

① 교사와 학생 간의 교권침해 예방 방안

• 학생을 학교규칙에 따라 지도한다. 학생에 대한 체벌이 정당하다고 여겨지더라도 학교규칙에서 체벌을 금지하고 있다면 결코 해서는 안 되며, 만약 체벌을 하게 되면 교사가 오히려 법적인 불이익을 받을 수 있다.

• 인격적이고 민주적인 생활지도를 한다. 학생에 대한 물리적·언어적 제재는 학생의 반발을 살 수 있다.

• 훈계, 훈육의 목적과 불가피성을 학생에게 이해시켜 공감대를 형성하도록 한다.

② 교사와 학부모 간의 교권침해 예방 방안

• 문제를 제기하는 학부모를 친절하게 맞이하고 그들의 주장을 경청한다. 이러

한 교사의 친절과 경청은 큰 공감대를 만들어 준다.

- 학부모 교육을 통해서 학부모에게 교권이 보장되어야 한다는 것을 이해시킴으로써 교권존중의 중요성을 인식시킨다.
- 모든 갈등은 교사와 학부모 간 소통의 부재에서 온다. 그러므로 상담, 가정통신문 발송, 문자메시지, 학급 홈페이지를 통한 활발한 교류로 학부모와 평소에 신뢰관계를 구축해 간다.

③ 교권침해 예방을 위한 교육청의 지원

- 학생들과 학부모, 일반인들을 대상으로 교권보호 교육 및 교권침해 방지를 위한 홍보활동을 강화하도록 한다.
- '교권법률지원자문단' '교권보호도우미 119' '교권보호 사이버상담센터' 운영 등 교권보호를 위한 구체적인 지원체계를 마련하여 운영한다.

(3) 교권침해 및 학생생활지도 관련 민원 사례

■ 사례 1. 다른 학부모의 개인정보를 알려 주어도 될까?

Q 직장생활을 하는 한 학부모에게서 다른 학부모의 전화번호를 알려 달라는 연락을 받았다. 직장생활을 하다 보니 늦은 시각에 퇴근하는 경우가 많은데 딸의 친구 하나가 유독 자기 집에 자주 와서 식사나 간식을 거의 싹쓸이하다시피 하고, 나쁜 게임이나 영상을 보는 것을 알게 되었다고 한다. 딸에게 여러 번 주의를 주었지만 친구가 막무가내로 찾아온다는 것이다. 참다못한 이 학부모가 그 친구의 부모와 통화를 해서 의논을 하고 싶다면서 담임교사에게 상대방 학부모의 전화번호를 알려 달라고 한다. 딸에게 그 친구 부모의 전화번호를 알아보라고 해도 가르쳐 주지 않고 피하기만 한다는 것이다. 이럴 때 교사는 어떻게 대처하여야 할까?

A 이럴 때에는 상대방 학부모에게 전화번호를 알려 줘도 괜찮은지 물어본 후 허락을 받고 알려 주어야 하며, 알려 주기를 꺼려 하는 경우에는 이러한 사정을 이야기하며 직접 조심시켜 달라고 부탁하여야 한다. 또 다른 방법으로는 민

원을 제기하는 학부모에게, 상대방의 학부모에게 전화번호를 알려 주어 그쪽에서 전화를 하도록 해도 무관한지 물어본 후 수락하면 해당 친구의 부모에게 전달하는 방법이 있다. 덧붙여서 감정적인 문제로 확산될 우려가 있다고 판단될 경우 가능하면 교사가 설득하여 해결하는 것이 좋다.

■ 사례 2. 수업을 방해하는 학생을 어떻게 지도할까?

Q 수업시간 내내 잡담을 하며 교사가 주의를 주어도 변화가 없고, 규칙을 무시하고 멋대로 행동한다. 교사로서는 수업시간 내내 이런 학생에 대한 지도를 해야 하고, 그렇게 수업을 진행하다 보면 자연히 큰 소리를 내게 되고 학생은 이에 대해 거칠고 무례한 태도로 대응하는 상황이 반복된다. 학생인권법으로 체벌은 금지되었고 제지할 수 있는 방법은 학칙위반의 벌점제와 반성문 쓰기 정도다. 게다가 다른 학생들의 학습권을 심각하게 침해하고 있으며, 교사의 교육권을 무시하고 무례한 발언과 행동으로 교권을 침해하기까지 한다. 그런데 오히려 이런 학생의 학부모가 민원을 제기하는 경우가 많다. 교사의 지도를 받는 과정에서 학생이 받은 스트레스나 불만을 자신이 유리한 쪽으로 해석하여 부모에게 전달하게 되고, 이를 들은 보호자는 민원을 제기하게 되는 것이다. 이런 경우 교사는 어떻게 해야 할까?

A 학교란 법률에서 정해진 대로 다수의 학생들을 위하여 공교육활동을 하는 곳이며 다른 학생들이 수업받을 권리를 무시하면 안 된다는 것을 이해시킴과 동시에, 교사의 교육권을 방해할 경우 법적 조치도 피할 수 없음을 알려 주어야 한다. 또한 해당 학생이 학교교육활동에 적응하지 못하는 이유를 보호자와 함께 찾아내어 상담이나 치료를 받도록 하여야 한다. 지도교사와의 상담을 통해 수업실태를 확인시켜서 제기한 민원의 내용이 사실이 아님을 이해시키도록 한다.

■ 사례 3. 휴대전화 사용 규정을 위반하였을 때 압수해도 될까?

Q 수업 중 학생의 잦은 휴대전화 사용으로 담당교사에게 적발되어 주의를 받았으나 말을 듣지 않아 결국 압수당하였다. 학생이 돌려 달라고 하지만 돌려주

면 또 다시 수업시간에 사용할 것이 뻔하다. 이럴 경우 압수한 휴대전화를 한동안 돌려주지 않아도 될까?

A 대부분의 학교에서 교내생활수칙상 수업시간의 학생 휴대전화 사용을 허용하지 않고 있다. 그러나 수업시간의 휴대전화 사용금지 규칙은 간간이 이를 위반하는 학생들의 문제행동으로 나타난다. 이를 위반하여 휴대전화를 압수하였더라도 학생의 등·하교 시 안전문제나 부모와의 연락 등의 필요에 따라 하교 시에는 학생에게 돌려주는 것이 바람직하다. 다만 학생생활지도와 관련하여 휴대전화 사용규정 위반에 따른 적절한 지도와 제재는 필요할 것이다.(2019년 8월 30일 교육부는 학칙 기재사항을 명시한 「초중등교육법 시행령」에서 '두발·복장 등 용모, 교육목적상 필요한 소지품 검사, 휴대전화 등 전자기기의 사용'을 삭제하는 내용의 개정안을 입법 예고했다.)

■ 사례 4. 학생소지품 불시 검사를 해도 될까?

Q 학생들의 음주, 흡연, 금지약물, 위험물 등의 소지 여부의 확인과 관련하여 학교에서 불시에 학생들의 사물함이나 책상서랍, 책가방, 신주머니 등에 대한 소지품 검사를 하는 경우가 있다. 이에 대하여 일부 학생들이나 학부모들은 사생활 침해라며 불쾌감을 드러내는 경우가 있다. 학교에서 학생생활지도의 명목으로 이러한 불시 검사를 계속해도 문제가 없을까?

A 소지품 검사에 관한 사항은 「초·중등교육법」 제8조 및 동법 시행령 제9조 제1항의 7에 의거하여 학교장에게 위임되어 있다. 그러나 학생의 동의 없는 소지품 검사의 경우, 학생의 인격과 사생활의 자유를 침해할 소지가 있다. 학교 규칙이나 법을 위반하였음을 보여 주는 증거를 찾게 되리라는 합리적인 근거나 적정한 절차와 방법을 통해 실시할 수 있다. 또한 방법은 검사의 목적과 합리적으로 연관되어야 하며, 검사받는 학생의 나이, 성별, 규칙위반의 정도 등을 고려하여 과도한 방법이 되어서는 안 된다.

2) 학교폭력 관련 질의와 응답

Q 평소 친구 사귀기에 어려움을 겪고 있는 학생 A는 등교하고 난 후부터 하교 시간까지 늘 혼자다. 수업시간의 소집단 활동에서도 협동하는 모습을 보이지 않고, 쉬는 시간에도 화장실을 다녀오는 일 외에는 복도를 어슬렁거리거나 우두커니 창밖을 보는 일이 허다하다. 이렇게 친구 사귀기에 어려움을 겪고 있는 학생에게 교사는 어떻게 다가가면 좋을까?

A 친구관계에 어려움을 겪는 학생들은 대체로 자존감이 낮고, 전반적인 학교생활 적응이 어렵다. 게다가 문제행동에 노출되기 쉽고, 우울증이나 다른 심리적 문제를 경험할 가능성도 높다. 다른 친구들에게 무시당하거나 비난을 받기도 하고 점점 위축되어 간다. 이런 경우 대부분 친구를 사귀는 방법이 서툴거나 또래 친구들과의 공감대 형성에 문제가 있는 경우가 많다. 이때, 교사는 다른 학생과의 사교성을 기르게 하는 경험을 갖는 기회를 제공하는 것이 좋은데, 우선 그 학생의 기본 정보를 바탕으로 친구를 사귀기 어려워진 이유를 이해하려는 노력이 필요하고, 친구 사귀기에 필요한 사회적 공감 기술을 익힐 수 있는 기회를 자주 제공하여 교우관계를 지원해 주어야 한다. 지속적인 또래와의 일상적인 상호작용에 필요한 기술을 활용해 보도록 격려해 줄 필요가 있다.

Q 교사 B씨는 자신의 반 학생 A가 친구들에게 종종 자살 또는 자신을 해치는 행위에 대한 내용의 메시지를 보내거나 이야기하고 있다는 것을 알게 되었다. 이러한 경우 담임교사는 어떻게 대처해야 하는가?

A 우선 우려되는 사안을 학교관리자 또는 전문상담교사에게 보고하여야 한다. 그리고 그 학생에게 다가가 이야기를 들어 주려는 노력을 하며, 늘 곁에 있으며 지원해 줄 준비가 되어 있다는 표현을 해 주어야 한다. 학생이 비밀로 해 달라는 내용은 가능하면 지켜 주도록 노력하며, 위급 사안은 지원을 요청하여 전문적인 도움을 받는 것이 좋겠다.

Q ADHD(Attention Deficit Hyperactivity Disorder, 주의력 결핍 과잉행동장애) 진단을 받은 학생 A는 다른 학생에 비하여 한 가지 대상에 집중하는 시간이 짧고 매우 충동적이며, 산만한 행동과 함께 공격적인 성향이 강해 아주 사소한 이유에도 흥분하고 자주 친구들과 싸움을 벌이는 상황에 놓여 있다. 그렇기 때문에 교우관계도 좋지 못하며 학습부진이 심각해 회복이 어려운 수준이다. 학급에 이런 학생이 있을 경우, 담임교사는 어떻게 대처해야 할까?

A ADHD는 초등학교 때 발견되는 경우가 많다고 한다. 과잉행동문제를 가진 학생들은 한자리에 가만히 있지 못할 때가 많고, 위험한 장난을 자주 하거나 말이 많아 어린 시절부터 눈에 띄며 다루기 어려워 주위로부터 지적을 많이 받으며 자란다. 그렇기 때문에 부모가 전문가의 진단을 받아서 인지하고 있는 경우가 대부분이다. 사춘기 ADHD의 치료도 아동기와 마찬가지로 기본적으로 약물치료와 부모교육이 병행하여 실시된다. 교사로서는 여간 힘든 일이 아니겠지만 부모와 상의하여 교육방법에 일관성을 유지하여야 하며, 긍정적이든, 부정적이든 즉각적인 피드백을 자주 해 주는 것이 중요하다. 학생의 관심분야는 무엇인지 교우관계는 어떤지를 파악하고, 짧게 여러 번 수행할 수 있도록 과제를 나누어 준다. 행동과 규칙을 구체적으로 약속하고 그 보상에 일관성을 유지하며, 가능한 한 많은 격려와 칭찬, 대인관계의 기회를 제공하도록 한다. 부모와 의견을 주고받을 수 있는 네트워크를 만들어 활용하는 것이 효과적이다.

Q 상급생 A가 하급생 B와 C에게 서로 싸우도록 종용하여 B와 C가 서로 폭행을 가했다. 학교에서는 학생 B와 C를 자치위원회를 개최하여 조치하려고 한다. 이 경우 상급생 A는 아무런 폭력행위를 하지 않았는데 어떻게 처리하여야 할까?

A 학생 A는 협박, 학생 B와 C는 폭행에 해당하는 학교폭력 가해학생이 된다. 세 학생 모두 「학교폭력예방 및 대책에 관한 법률」에 근거하여 자치위원회 심의를 거쳐 조치하여야 한다(김종운, 2013). 다만, B와 C 학생이 A의 협박에 못 이겨 어쩔 수 없이 싸우게 되었다면 이러한 상황을 충분히 참작할 필요가 있다.

Q 학교폭력 사안 처리에 있어서 '은폐'와 '축소'의 기준은 무엇일까?

A 공무원의 모든 행정은 문서로 작성되고 결재과정을 거쳐 그 효력이 발생하며 학교폭력 사안 처리 역시 행정의 한 부분이므로 결재된 문서로 그 효력이 발생한다. 학교폭력 사안을 인지한 경우 최초로 작성되는 문서는 사안접수대장이고, 그것을 근거로 전담기구의 활동이 시작되며 보고된다. 따라서 최소한 사안접수대장에 기록이 되어있다면 은폐 의혹은 해소될 수 있을 것이다. 축소란 발생한 학교폭력 사안을 사실대로 보고하지 않거나, 중(重)한 사실을 확인하고도 경미한 사안으로 보고 처리하는 것이다. 따라서 보고가 있어야 축소도 있는 것이다. 보호자들을 만나 화해를 권유했더라도 보고나 사안접수대장 기록 없이 하는 화해 시도는 은폐 의혹을 불러올 수 있다(경상남도교육청, 2019: 71).

Q 피해학생의 보호자가 가해학생을 직접 면담하겠다고 하는데 그렇게 해 주어도 될까?

A 피해학생의 보호는 당연히 중요하나 가해학생 또한 보호할 필요가 있다. 학교폭력 사안에 있어서 사안조사의 주체는 학교(전담기구)이므로 교내에서 피해학생 보호자가 직접 가해학생을 만나 훈계하거나 사실 확인 또는 감정적 대응을 하도록 하는 것은 불가하다. 만약, 그와 같은 상황을 허용한다면 양 보호자 간에 감정 대응을 조장하게 되고, 그것은 학교의 원인 부담으로 작용할 것이다(경상남도교육청, 2019: 73).

Q 여자 친구에게 성적 수치심을 유발하는 문자 메시지를 전송한 경우 어떻게 처리해야 하는가?

A 먼저 남학생과 여학생의 친분의 정도, 구체적인 메시지 전송 의도와 경위 파악이 우선이다. 만약 여학생이 성적 수치심 또는 모멸감을 느꼈다면 성폭력(성희롱)이라 할 수 있다. 「학교폭력예방법」에는 정보통신망을 이용한 폭력,

음란정보 전송 행위를 학교폭력으로 규정하였으나 피해학생이 성적 수치심 또는 모멸감을 느끼지 않았다면 이는 음란정보라고 할 수 없다. 성폭력에 해당하는 경우, 이를 인지한 교사는 수사기관에 신고해야 할 법률상 의무가 있으므로 학생이나 보호자의 의사와 관계없이 신속히 117 또는 112 등 수사기관에 신고하는 한편, 그 사실을 보고하고 자치위원회를 개최하여 조치해야 한다(경상남도교육청, 2019: 77).

Q 학생 A와 B는 친한 친구였으나 사이가 나빠지자 A가 자신의 블로그에 B를 험담하는 글을 올렸고, 그다음 날 이를 알게 된 B가 항의하자 A는 B를 혼내 주자며 채팅방을 개설하여 여러 명의 친구에게 B를 '왕따'해야 한다고 험담하고, 심지어 학생 B의 사진을 탑재하며 사이버따돌림을 하였다. 학생 B의 신고로 자치위원회를 개최하려 하자 B의 친구들은 '자신들은 채팅방에 들어가서 대화만 나누었을 뿐'이라며 항의하였다. 이럴 때 과연 채팅방에 들어와 함께 모의한 친구들도 가해자가 될까?

A 학생 A가 자신의 블로그에 학생 B를 험담하는 글을 올린 행위, 채팅방에서 다른 친구들과 학생 B를 험담하고 사진을 올린 행위, 학생 A의 다른 친구들이 A가 개설한 채팅방에서 A와 함께 B를 험담한 행위는 모두 사이버따돌림으로 학교폭력에 해당된다. 특히 개인정보 또는 허위사실을 유포하여 피해학생이 고통을 느끼게 되었거나, 이미 알려진 사실 또는 듣는 사람이 이미 알고 있는 사실이어서 새로울 것이 없다고 하더라도 사이버따돌림으로 처벌을 받게 된다(김종운, 2013).

Q 학생 A가 같은 반 친구들을 부추겨 학생 B를 따돌린 경우가 여러 차례 있었는데, 학교 측에서는 모르고 있었던 상황에서 B의 부모과 친척들이 학교로 찾아와 담임교사에게 욕설과 협박을 하는 상황이 여러 차례 반복되었다. 이 때문에 담임교사가 정신적으로 고통을 겪게 되었다면 이 사안은 어떻게 처리해야 하는가?

A 학생 A가 학생 B를 따돌린 행위는 「학교폭력예방 및 대책에 관한 법률」에 근거할 때 학교폭력 사안으로 볼 수 있기 때문에, 학교에서는 전담기구에서 구체적인 사안 조사를 거쳐 자치위원회를 개최하여 가해학생과 피해학생에 대해 적절한 조치를 해야 한다. 한편, 학교폭력 피해학생 보호자라고 하더라도 교사에 대한 협박, 모욕, 명예훼손 등은 형법상의 범죄행위가 될 수 있다. 또한 여러 차례 학교에 찾아와 담임교사의 정상적인 업무를 방해하는 경우는 학교에 대한 업무방해도 될 수 있다. 이 경우 담임교사는 욕설과 협박행위를 자제해 줄 것을 경고하고 이에 응하지 않을 경우 형사 고소가 가능하고, 해당 담임교사가 피해학생 보호자들의 위와 같은 행위로 인하여 정신적인 충격에 따른 피해를 당하고 있다면 민사상의 불법행위에 의한 손해배상을 청구할 수도 있다(「민법」 제750조, 제751조, 제760조).

실습문제

1. 학생 A는 중학교 2학년 여학생이며, 매사에 부정적인 성향이 강하고 예민해서 초등학교 6학년 때부터 주위의 친구들과 자주 다투었다고 한다. 평소 A는 자신의 마음에 들지 않거나 사이가 좋지 않은 친구에게 온라인상의 익명성을 이용하여 악성 댓글을 달거나 욕설이 가득한 문자, 혐오 사진이나 동영상 등을 보내어 마음에 상처를 주기도 했다. 이 사실을 알게 된 담임교사는 이러한 사이버 폭력도 위험한 처벌을 받을 수 있음을 알렸으나 A는 반발만 할 뿐 행동의 변화는 보이지 않는다. 이런 경우 교사는 어떻게 대처해야 하는지 생각해 보자.

① 담임교사 차원에서 지도를 하면 되는지?

② 학교관리자(교장ㆍ교감)에게 보고해야 하는지?

③ 학생의 보호자에게 알리고 불러서 부모 상담을 해야 하는지?

④ 전문기관(정신과 등)에서의 치료가 필요한지?

⑤ 학생선도위원회를 열어서 처벌해야 하는지?

⑥ 학교폭력자치위원회를 개최해야 하는지?

⑦ 상급행정기관이나 유관기관(경찰서, 사이버수사대 등)에 보고해야 하는지?

2. 수업이 시작된 줄도 모르고 학생 둘이 멱살을 잡고 싸우고 있는데, 다른 학생
   들은 말리지도 않고 구경만 하고 있다. 수업을 하러 가던 교사가 싸움을 말리
   고 그 이유를 들어 보니, A가 다른 친구들 앞에서 평소 매우 소심하고 외톨이
   로 지내는 B를 '바보, 멍청이'라고 놀리는 것에 화가 난 B가 A에게 주먹을 날리
   며 싸움이 시작된 것이다. 담임교사가 된 입장이라면 어떻게 지도해야 하는지
   생각해 보자.

   ① 담임교사 차원에서 지도를 하면 되는지?
   ② 학교관리자(교장 · 교감)에게 보고해야 하는지?
   ③ 학생의 보호자에게 알리고 불러서 부모 상담을 해야 하는지?
   ④ 전문기관(정신과 등)에서의 치료가 필요한지?
   ⑤ 학생선도위원회를 열어서 처벌해야 하는지?
   ⑥ 학교폭력자치위원회를 개최해야 하는지?
   ⑦ 상급행정기관이나 유관기관(경찰서, 사이버수사대 등)에 보고해야 하는지?

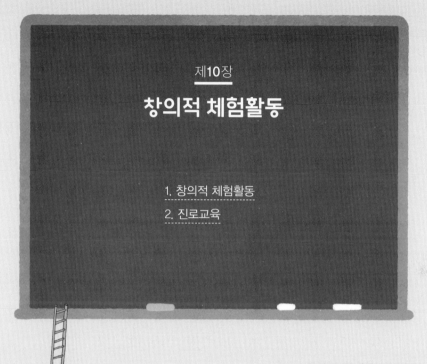

제10장

창의적 체험활동

1. 창의적 체험활동
2. 진로교육

학습개요

1. 창의적 체험활동의 이해를 바탕으로 창의적 체험활동의 영역, 학교 급별 내용, 영역별 교수-학습 방법과 평가에 대하여 알아본다.

2. 교육실습생을 위한 창의적 체험활동의 주제설계 사례를 제시하여 교육현장에서 적용할 수 있는 능력을 기른다.

3. 진로교육의 목적과 내용, 기본 원칙을 이해하여 진로탐색교육에서의 학습유형을 익히고, 진로교육의 단계와 교육방법에 대하여 알아본다.

1. 창의적 체험활동

1) 창의적 체험활동의 이해

창의적 체험활동은 국가수준의 초·중등교육과정에서 교과 이외의 활동을 말한다. 2015 개정교육과정에 따르면, 창의적 체험활동은 자율활동, 동아리활동, 봉사활동, 진로활동의 4개 영역으로 구성되어 있다.

새로운 교육의 패러다임은 창의적 사고력, 서로 다른 지식을 융합할 수 있는 능력을 중시하는 '지능정보사회'로 나아가고 있다. 그러므로 교과 외의 다양한 체험 중심의 활동으로 이를 보완하려는 움직임으로 창의적 체험활동이 이루어지기를 바라고 있다. 교육실습생은 창의적 체험활동이 교과활동, 학교교육과정과 상호보완적으로 이루어질 수 있도록 그 활동내용에 대한 이해가 필요하다.

우리교육의 현실

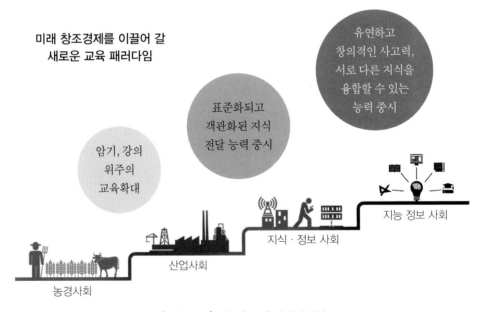

[그림 10-1] 새로운 교육의 패러다임

* 출처: 교육부(2015). 창의적 체험활동 교육과정.

(1) 창의적 체험활동의 기본 방향

- 다양한 경험을 통하여 공동체 의식과 기본예절을 갖춘 민주시민의 자질을 함양한다.
- 자기 주도적이고 창의적인 활동을 통하여 개인의 개성과 소질을 계발·신장시키고 학생의 자주적인 실천능력을 기른다.
- 지역과 학교의 독특한 문화·풍토를 고려하고, 지역사회의 자원을 활용하여 창의적이고 융통성 있게 이루어지도록 한다.
- 바람직한 단체 활동을 통하여 공동체 의식과 봉사정신을 지닌 민주시민의 자질을 함양한다.
- 다양한 의견을 존중하여 참여의식을 높이고 소속감을 가지며, 다양한 자기표현의 기회를 제공하여 개성과 소질을 계발·신장한다.

창의적 체험활동은 기본적으로 다음과 같은 **여섯 가지 역량**을 기르기 위함이며, 그 역량은 다음과 같다.

- 자기관리 역량: 자아정체성과 자신감을 가지고 자신이 삶과 진로에 필요한 기초 능력과 자질을 갖추어 자기 주도적으로 살아가기 위한 역량
- 지식정보처리 역량: 문제를 합리적으로 해결하기 위하여 다양한 영역의 지식과 정보를 처리하고 활용할 수 있는 역량
- 창의적 사고 역량: 폭넓은 기초 지식을 바탕으로 다양한 전문 분야의 지식, 기술, 경험을 융합적으로 활용하여 새로운 것을 창출하는 역량
- 심미적 감성 역량: 인간에 대한 공감적 이해와 문화적 감수성을 바탕으로 삶의 의미와 가치를 발견하고 향유하는 역량
- 의사소통 역량: 다양한 상황에서 자신의 생각과 감정을 효과적으로 표현하고 다른 사람의 의견을 경청하며 존중하는 역량
- 공동체 역량: 지역·국가·세계 공동체의 구성원에게 요구되는 가치와 태도를 가지고 공동체 발전에 적극적으로 참여하는 역량

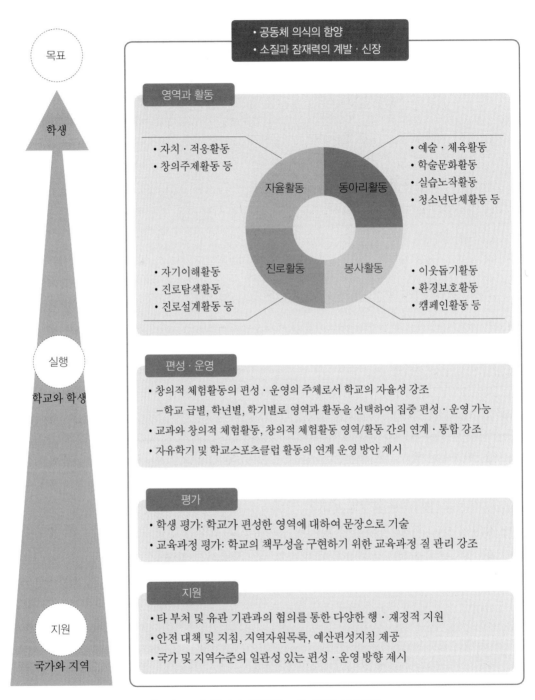

목표

학생

실행

학교와 학생

지원

국가와 지역

• 공동체 의식의 함양
• 소질과 잠재력의 계발 · 신장

영역과 활동

• 자치 · 적응활동
• 창의주제활동 등

자율활동   동아리활동

진로활동   봉사활동

• 예술 · 체육활동
• 학술문화활동
• 실습노작활동
• 청소년단체활동 등

• 자기이해활동
• 진로탐색활동
• 진로설계활동 등

• 이웃돕기활동
• 환경보호활동
• 캠페인활동 등

편성 · 운영

• 창의적 체험활동의 편성 · 운영의 주체로서 학교의 자율성 강조
 –학교 급별, 학년별, 학기별로 영역과 활동을 선택하여 집중 편성 · 운영 가능
• 교과와 창의적 체험활동, 창의적 체험활동 영역/활동 간의 연계 · 통합 강조
• 자유학기 및 학교스포츠클럽 활동의 연계 운영 방안 제시

평가

• 학생 평가: 학교가 편성한 영역에 대하여 문장으로 기술
• 교육과정 평가: 학교의 책무성을 구현하기 위한 교육과정 질 관리 강조

지원

• 타 부처 및 유관 기관과의 협의를 통한 다양한 행 · 재정적 지원
• 안전 대책 및 지침, 지역자원목록, 예산편성지침 제공
• 국가 및 지역수준의 일관성 있는 편성 · 운영 방향 제시

[그림 10-2] 창의적 체험활동 교육과정의 기본 방향

* 출처: 교육부(2015). 창의적 체험활동 교육과정.

(2) 창의적 체험활동의 목표

■ 각종 행사, 창의적 특색활동에 자발적으로 참여하여 변화하는 환경에 적극 대
처하는 능력을 기르고, 공동체 구성원으로서의 역할을 수행한다.

- 동아리 활동에 자율적이고 지속적으로 참여하여 각자의 취미와 특기를 창의
적으로 계발하고, 협동적 학습능력과 창의적 태도를 기른다.
- 이웃과 지역사회를 위한 나눔과 배려의 활동을 실천하고, 자연환경을 보존
하는 생활습관을 형성하여 더불어 사는 삶의 가치를 깨닫는다.
- 흥미와 소질, 적성을 파악하여 자기정체성을 확립하고, 학업과 직업에 대한
다양한 정보를 탐색하여 자신의 진로를 설계하고 준비한다.

2015 개정교육과정의 창의적 체험활동의 핵심역량은 미래를 살아가면서 직면하
게 될 다양한 문제와 상황을 해결할 수 있는 능력을 기르기 위함으로, 자기관리, 지
식정보 처리, 창의적 사고, 심미적 감성, 의사소통, 공동체 역량 함양이 그 목표다
(2015 개정 교육과정 총론: 교육부, 2015).

표 10-1 창의적 체험활동 교육과정

영역	교육의 중점	활동	활동 목표	활동 내용(예시)
자율 활동	• 원만한 교우 관계 형성 • 자주적이고 합리적인 문 제해결능력 함양 • 폭넓은 분야 의 주제 탐구 과정 경험	자치 · 적응 활동	성숙한 민주시민으로 살아갈 수 있는 역량 을 기르고, 신체적· 정신적 변화에 적응 하는 능력을 길러 변 화하는 환경에 적극 적으로 대처한다.	• 기본생활습관 형성 활동, 예절, 준법, 질서 등 • 협의활동-학급회의, 전교회의, 모의회의, 토론회, 자치법정 등 • 역할분담 활동-1인 1역 등 • 친목활동-교우활동, 사제동행 등 • 상담활동-학습, 건강, 성격, 교우관계 상 담, 또래 상담 등
		창의 주제 활동	학교·학급의 특색, 학습자의 발달단계에 맞는 다양하고 창의 적인 주제를 선택하 여 창의적 사고역량 을 기른다.	• 학교·학년·학급특색활동-독서, 줄넘기, 연극, 뮤지컬, 텃밭 가꾸기 등 • 주제선택활동-주제 탐구형 소집단 공동 연구, 자유 연구, 프로젝트 학습(역사탐방, 박물관 견학 등) *자유학기의 '주제선택활 동'으로 활용·편성 운영 가능

동아리 활동	• 예술적 안목의 형성, 건전한 심신 발달, 탐구력과 문제해결력 신장, 다양한 문화 이해 및 탐구, 사회 지도자로서의 소양 함양	예술·체육활동	자신의 삶을 폭넓고 아름답게 가꿀 수 있는 심미적 감성역량을 함양하고, 건전한 정신과 튼튼한 신체를 기른다.	• 음악활동–성악, 합창, 뮤지컬, 오케스트라, 국악, 사물놀이, 밴드, 난타 등 • 미술활동–현대미술, 전통미술, 회화, 조각, 사진, 애니메이션, 공예, 벽화, 디자인, 미술관 탐방 등 • 연극·영화활동–연극, 영화평론, 영화 제작, 방송 등 • 체육활동–씨름, 태권도, 택견, 전통무술, 구기운동, 수영, 요가, 하이킹, 등산, 자전거, 댄스 등 • 놀이활동–보드게임, 공동체놀이, 마술, 민속놀이 등
		학술문화활동	다양한 학술 분야와 문화에 대해 관심을 가지고, 체험 위주의 활동을 통하여 지적 탐구력과 문화적 소양을 기른다.	• 인문소양 활동–문예 창작, 독서, 토론, 우리말 탐구, 외국어 회화, 인문학 연구 등 • 사회과학탐구 활동–답사, 역사탐구, 지리·문화탐구, 다문화탐구, 인권문제탐구 등 • 자연과학탐구 활동–발명, 지속 가능 발전 연구, 적정기술 탐구, 농어촌 발전연구, 생태환경탐구 등 • 정보활동–인터넷, 소프트웨어, 신문활용 등
		실습노작활동	일의 소중함과 즐거움을 깨닫고 필요한 기본 기능을 익혀 일상생활에 적용한다.	• 가사활동–요리, 수예, 재봉, 꽃꽂이, 제과·제빵 등 • 생산활동–재배, 원예, 조경, 반려동물 키우기 등 • 노작활동–목공, 공작, 설계, 제도, 조립, 모형제작, 인테리어, 미용 등 • 창업활동–창업 연구 등
		청소년단체활동	심신단련과 사회 지도자로서의 소양을 함양한다.	• 국가가 공인한 청소년 단체의 활동 등

봉사 활동	• 학생의 취미, 특기를 활용 한 봉사 실천	이웃 돕기 활동	타인을 이해하고 배 려할 수 있는 공동체 역량을 함양한다.	• 친구돕기 활동-학습이 느린 친구 돕기, 장 애 친구 돕기 등 • 지역사회 활동-불우이웃 돕기, 난민 구호 활동, 복지시설 위문, 재능 기부 등
		환경 보호 활동	환경을 보호하는 마 음과 공공시설을 아 끼는 마음을 기른다.	• 환경정화 활동-깨끗한 환경 만들기, 공공 시설물 보호, 문화재 보호, 지역사회 가꾸 기 등 • 자연보호 활동-식목 활동, 자원 재활용, 저 탄소 생활 습관화 내용 찾아 실천하기 등
		캠페인 활동	사회현상에 관심을 가지며, 사회적 역할 과 책임을 알고 사회 발전에 이바지하는 태도를 기른다.	• 공공질서, 환경보전, 헌혈, 각종 편견 극복 캠페인 활동 등 • 학교폭력 예방, 안전사고 예방, 성폭력 예 방 캠페인 활동 등
진로 활동	• 긍정적 자아 개념 강화, 진로 탐색	자기 이해 활동	긍정적 자아개념을 형 성하고 자신의 소질 과 적성을 이해한다.	• 강점 증진활동-자아 정체성 탐구, 자아 존 중감 증진 등 • 자기특성이해 활동-직업 흥미 탐색, 직업 적성 탐색 등
		진로 탐색 활동	일과 직업의 가치, 직 업세계의 특성을 알 고 직업의식을 함양 하며, 자신의 진로와 관련된 교육 및 직업 정보를 탐색하고 체 험한다.	• 일과 직업이해 활동-일과 직업의 역할과 중요성 및 다양성 이해, 직업 세계의 변화 탐구, 직업 가치관 확립 등 • 진로정보탐색 활동-교육정보, 진학정보, 학교정보, 직업정보, 자격 및 면허제도 탐 색 등 • 진로체험 활동-직업인 인터뷰, 직업인 초 청 강연, 산업체 및 직업 체험관 방문, 인턴 직업 체험 등
		진로 설계 활동	자신의 진로를 창의 적으로 계획하고 실 천한다.	• 계획 활동-진로 상담, 진로 의사결정, 학업 및 직업에 대한 진로 설계 등 • 준비 활동-일상생활 관리, 진로목표 설정, 진로실천계획 수립, 학업 관리, 구직활동 등

* 출처: 교육부(2015). 창의적 체험활동 교육과정. 교육부 고시 제2015-74 [별책 42]. 내용 재정리.

2) 창의적 체험활동의 영역

2009 개정교육과정에서부터 학교교육과정의 교과 외 영역인 '특별활동'과 '재량활동'을 통합하여 '창의적 체험활동'으로 편성하여 운영하도록 개정되었는데, 이 변화는 단순히 특별활동과 재량활동이라는 교과 외 영역의 통합적 의미는 물론, 학교교육에서 학생들의 도덕성 함양, 준법정신 및 윤리의식을 강화시키기 위해 기존의

표 10-2 창의적 체험활동 영역별 활동 체계표

영역	활동	관련 역량(예시)	학생부 기록 내용
자율활동	자치·적응활동	자기관리역량 지식정보처리역량 창의적 사고역량 의사소통역량	• 활동결과에 대한 평가보다는 활동과정에서 드러나는 개별적인 행동특성, 참여도, 협력도, 활동실적 등 • 상담기록 등
	창의주제활동		
동아리활동	예술·체육활동	공동체역량 창의적 사고 역량 심미적 감성역량	• 자기평가, 학생 상호평가, 교사관찰, 포트폴리오 등 • 참여도, 협력도, 열성도, 특별한 활동실적 등
	학술문화활동		
	실습노작활동		
	청소년단체활동		
봉사활동	이웃돕기활동	공동체역량 의사소통역량	• 체계적이고 지속적인 봉사활동 등 특기할 만한 사항이 있는 학생에 한한 활동내용 등(구체적인 범위는 학교장이 정함.)
	환경보호활동		
	캠페인활동		
진로활동	자기이해활동	자기관리역량 지식정보처리역량	• 특기·진로희망과 관련된 학생의 자질, 수행한 노력과 활동 내용 • 학생의 특기·진로를 돕기 위해 학교와 학생이 수행한 활동과 결과, 학생·학부모와 진로상담 결과 • 학생의 활동 참여도, 활동 의욕, 태도의 변화 등 진로활동과 관련된 사항 • 학급담임교사, 상담교사, 교과담당교사, 진로담당교사의 상담 및 권고 내용 등
	진로탐색활동		
	진로설계활동		

* 출처: 교육부(2016). 2015 개정 교육과정 내용을 표로 재구성.

교과중심 교육에서 벗어나 체험중심의 교육으로 전환하고자 하는 것이었다.

교육실습생은 〈표 10-2〉에 나타난 창의적 체험활동의 각 영역별 활동내용을 이해하고 지도교사의 협조를 얻어 지도에 임하여야 한다.

3) 학교 급별 창의적 체험활동의 시간 배정

(1) 중학교

창의적 체험활동의 단위학교별 교육과정 편성·운영에서 교과와 창의적 체험활동의 내용 배열은 반드시 학습의 순서를 의미하는 것이 아니므로, 지역의 특수성, 계절 및 학교의 실정과 학생의 요구, 교사의 필요에 따라 각 교과목의 학년(군)별 목표달성을 위한 지도내용의 순서와 비중, 방법 등을 조정하여 운영할 수 있다. 아울러 학교는 창의적 체험활동의 영역을 학생들의 발달수준, 학교의 여건 등을 고려하여 자율적으로 편성·운영한다. 창의적 체험활동은 학교스포츠클럽 활동 및 자유학기에 이루어지는 다양한 활동들과 연계하여 운영할 수 있다.

학교는 교과와 창의적 체험활동의 효율적인 운영을 위하여 지역사회의 인적·물

표 10-3 창의적 체험활동 시간 배정 기준(중학교)

구분		1~3학년
교과(군)	국어	442
	사회(역사 포함)/도덕	510
	수학	374
	과학/기술·가정/정보	680
	체육	272
	예술(음악/미술)	272
	영어	340
	선택	170
교과(군) 총 수업시수		3,060
창의적 체험활동		306
총 수업시간 수		3,366

* 출처: 부산광역시교육연구정보원(2018). 교육실무편람. 부산교육총서 제29집. p. 38.

적 자원을 계획적으로 활용한다. 그리고 학생의 요구, 학교의 실정 및 특색 등을 종합적으로 고려하여 창의적 체험활동의 영역, 활동, 시간 등을 자율적으로 편성 · 운영할 수 있다.

중학교에서의 창의적 체험활동은 〈표 10-3〉과 같은 시간 배정을 기준으로 이루어진다.

(2) 고등학교

창의적 체험활동의 학교별 목표를 살펴보면 다음과 같다.

- 고등학교 공통: 학생들의 발달수준, 학교의 여건 등을 고려하여 창의적 체험활동을 자율적으로 편성 · 운영하고, 학생의 진로와 연계하여 다양한 활동이 이루어질 수 있도록 노력한다.
- 특성화고등학교와 산업수요맞춤형 고등학교: 직업기초능력, 직업윤리, 산업안전보건, 노동관계법 등의 교육은 교과 또는 창의적 체험활동 등과 연계하여 실

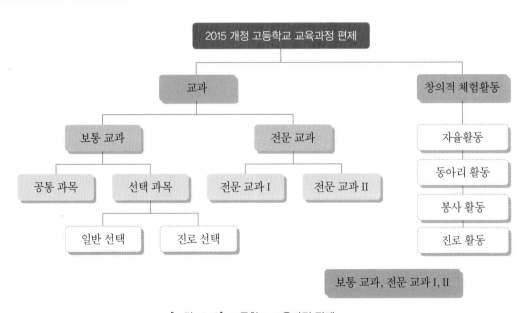

[그림 10-3] 고등학교 교육과정 편제

시할 수 있다. 특히, 실습 관련교과를 지도할 경우에는 사전에 수업내용과 관련된 산업안전보건 등에 대한 교육을 실시하여야 하고, 안전장비를 착용하는 등 안전조치를 취해야 한다. 창의적 체험활동은 학생의 진로 및 경력개발, 인성개발, 취업역량제고 등을 목적으로 차별화된 프로그램을 운영할 수 있다. 2015개정 고등학교 교육과정에서의 편제는 [그림 10-3]과 같다.

고등학교에서의 창의적 체험활동은 다음 〈표 10-4〉와 같은 시간 배정을 기준으로 이루어진다.

표 10-4 **창의적 체험활동 시간 배정 기준(일반고·자율고·특목고)**

교과영역		교과(군)	공통과목(단위)	필수이수 단위	자율편성 단위
교과 (군)	기초	국어	국어(8)	10	학생의 적성과 진로를 고려하여 편성
		수학	수학(8)	10	
		영어	영어(8)	10	
		한국사	한국사(6)	6	
	탐구	사회 (역사/도덕포함)	통합사회(8)	10	
		과학	통합과학(8) 과학탐구실험(2)	12	
	체육예술	체육		10	
		예술		10	
	생활교양	기술·가정/ 제2외국어/ 한문/교양		16	
소계				94	86
창의적 체험활동				24(408)시간	
총 이수 단위				204	

* 출처: 부산광역시교육연구정보원(2018). 교육실무편람. 부산교육총서 제29집. p. 41.

4) 창의적 체험활동의 영역별 지도

(1) 자율활동

• 일상생활에 필요한 질서와 예절을 익혀 기본생활습관을 형성할 수 있도록 지도한다.

• 자치 · 적응활동, 창의주제활동 등으로 구성되어 있으므로, 각 영역의 활동을 담당하고 있는 부서나 담당자가 실시해야 할 내용을 미리 안내한다.

• 공감, 배려, 협력 등을 지속적으로 실천하여 다른 사람과의 관계를 원만하게 형성할 수 있는 능력을 키울 수 있도록 지도한다.

(2) 동아리활동

• 학생의 실질적인 동아리 부서 선택과 자발적 활동이 구현될 수 있는 기회를 제공한다.

• 학생의 흥미와 적성에 맞는 취미생활이나 특기를 기를 수 있도록 체험 중심으로 운영하되, 학생의 개별적 활동보다는 교우들과 협력하여 공동으로 문제를 해결하는 경험을 제공한다.

(3) 봉사활동

• 봉사의 진정한 의미를 인식하고 동아리활동과 연계하거나 일상생활 속에서 스스로 나눔을 지속적으로 실천하는 데 중점을 두어 지도한다.

• 이웃돕기, 환경보호, 캠페인 활동 등을 통한 다양하고 실질적인 활동이 되도록 지도한다.

(4) 진로활동

• 학생들이 자신에 대해 이해할 수 있는 기회와 자신에게 맞는 진로를 찾아가는 과정을 제공하는 데 중점을 두어 지도한다.

• 교육실습생은 실습학교의 진로활동 내용이 학교 급의 교육목적에 맞게 운영되고 있는지 파악하고 연간계획을 확인하여 지도한다.

5) 창의적 체험활동의 영역별 평가

(1) 창의적 체험활동의 영역별 평가 관점(예시)

표 10-5 창의적 체험활동 영역별 평가 관점

영역	평가관점	평가관점 작성 시 유의점
자율활동	• 민주적 의사결정의 원리를 이해하고 실천하여 성숙한 민주시민으로 살아갈 수 있는 역량을 함양하였는가? • 공동체 내에서 자신의 역할을 알고 자신의 역할에 대한 책임을 다하였는가? • 성장 및 환경에 따른 신체적 · 정신적 변화에 대처하는 능력을 갖추었는가? • 학교 · 학년 · 학급 특색활동 및 주제선택활동에 참여하였는가?	• 구체적인 평가관점은 해당 학년에서 편성한 자율활동, 동아리활동, 봉사활동, 진로활동의 활동별 목표와 학교 급별 교육의 중점을 고려하여 상세화한다. • 자율활동, 동아리활동, 봉사활동, 진로활동의 실천과 관련하여 계획, 과정, 결과 등의 전 과정을 평가한다.
동아리활동	• 자신의 소질과 적성에 적합한 동아리를 능동적으로 선택하고 참여하였는가? • 동아리활동을 통하여 지식과 기능을 창의적으로 활용하는 활동에 도전하였는가? • 동아리활동에 기반을 둔 일상의 삶에서도 건전한 취미 생활을 구현하고 있는가?	
봉사활동	• 이웃과 지역사회를 위한 나눔과 배려의 봉사활동을 실천하였는가? • 환경을 보존하는 생활습관을 형성하였는가? • 더불어 사는 삶의 가치를 체득하였는가? • 봉사활동의 실천 시 계획, 과정, 결과에 대해 평가를 실시하였는가?	
진로활동	• 흥미와 소질, 적성 등을 포함하여 자아정체성을 탐색하여 긍정적 자존감을 형성하였는가? • 학업과 직업에 대한 다양한 정보를 탐색하고 직접 체험하는 등 자신의 진로를 설계하고 준비하는 활동에 적극적인가?	

* 출처: 부산광역시교육연구정보원(2018). 교육실무편람. 부산교육총서 제29집. p. 48.

(2) 창의적 체험활동의 평가방법 및 활용

- 창의적 체험활동을 평가할 때에는 활동의 특성과 학생의 특성을 감안하여 평가의 주안점을 작성하여 활용한다.
- 창의적 체험활동의 평가는 활동상황의 누가관찰을 통한 평가, 학생의 활동실적을 통한 평가, 질문지를 활용한 평가, 학생 상호평가, 자기평가 등의 다양한 방법을 활용하되, 각 영역별로 평가의 준거가 될 평정 척도 또는 평가 관점을 작성하여 활용한다.
- 창의적 체험활동은 지식이나 기능뿐만 아니라 참여도, 열성도, 진보의 정도, 행동의 변화, 특별한 활동 실적 등을 반영하여 평가한다.
- 창의적 체험활동에 대한 지속적인 평가를 실시하여 상급학교 진학과 취업을 위한 자료로 활용한다.

6) 창의적 체험활동의 기록 지도

학생 스스로 교육행정정보시스템(NEIS)에 창의적 체험활동의 내용을 기록할 때는 다음과 같은 내용을 참고로 기록할 수 있도록 지도한다.

(1) 자율활동

개인의 기록보다는 학급 전체의 활동이 기록되는 경우가 대부분이다. 전체 속에서 개인으로서의 활동내용을 쓰도록 지도한다. 앞으로의 진로와 관련지어 학교 또는 학급구성원으로서 '내가 맡은 역할'의 수행과정을 통해 본인의 '주도성'이 나타나도록 기록하는 것이 좋다.

(2) 동아리활동

동아리활동은 단순히 동아리의 이름이 아닌 동아리에서의 활동내용과 목적, 그 활동과정을 통한 자신의 역할을 중심으로 한 성장을 구체적으로 기술한다.

(3) 봉사활동

봉사활동 시간을 정량적으로 평가하지 않으므로 단순히 봉사활동 시간이 많다고 좋은 평가를 받을 수 있는 것이 아니다. 양적으로 시간을 늘리는 것보다는 봉사의 내용과 진정성이 나타나도록 하여야 하며, 이 활동이 본인에게 어떤 의미가 있는지 그리고 어떻게 나눔을 실천하고자 했는지가 중요하다. 구체적인 경험을 통하여 나타난 봉사의 지속성 여부도 고려하여야 한다. 봉사활동을 통하여 학생 자신이 스스로 느꼈을 의미와 과정이 중요하며, 이 활동을 하게 된 동기, 활동을 한 장소 및 시간, 이 활동을 통하여 나눔과 배려를 실천한 과정, 그 경험을 통하여 본인이 깨달은 점 등을 기록하도록 한다.

봉사 기간, 횟수, 본인이 맡은 역할 등의 세부사항과 봉사를 시작하게 된 계기, 힘들었던 점, 그것을 극복하기 위하여 기울였던 노력, 활동 전과 후에 달라진 심경의 변화를 정리하여 누가 기록한다.

(4) 진로활동

학생들이 자신의 진로를 위하여 얼마나 자기 주도적으로 꾸준히 노력하였는지를 총체적으로 기록하며, 학교생활을 통하여 체험할 수 있는 여러 가지 진로활동에서 희망진로와 꿈을 찾아가는 과정을 기록한다. 진로희망사항, 수상경력, 동아리활동, 세부능력 및 특기사항, 행동특성 등을 기록하여 진로계획에 대한 타당성을 입증할 수 있도록 한다. 학년별 기록에서 진로변경이 있어서 희망진로가 다르더라도 해당 진로를 준비하며 노력했던 활동들이 얼마나 충실히 행하여졌는지, 진로가 변경되었다면 그 타당한 사유와 변화되어 가는 과정을 뒷받침하는 활동을 어떻게 하였는지 기록한다.

7) 교육실습생을 위한 창의적 체험활동의 주제설계 사례

여기서는 간단히 교육실습생을 위한 창의적 체험활동의 주제 선정, 차시 구성, 인적·물적 자원의 활용에 대한 사례를 소개하고자 한다.

(1) 주제 선정

주제의 범주는 학생들의 생활환경을 둘러싼 다양한 내용이 있을 수 있는데, 그 가운데 스마트폰 중독, 흡연, 호신술(성폭력 대비), 노동인권(진로설계 대비), 행복, 시간

표 10-6 창의적 체험활동 주제 선정 사례

구분	대상	문제 인식	해결 방향
스마트폰 중독	중	스마트폰 중독, 수업 중 스마트폰 사용	스마트폰의 적절한 사용방법 학습
흡연	중	청소년 흡연 증가, 교우들의 흡연 권유	청소년기 흡연의 문제점 인식
호신술	중1(여)	청소년 대상의 성범죄 증가	호신술을 배워 심리적 안정과 위기에 대처
노동인권	고2 (특성화)	아르바이트 부당해고 시 대처법을 잘 모름	노동자로서의 인권 수호
행복	고	입시교육에서 학생들이 행복을 인식하지 못함	학생들이 실생활 속에서 행복의 의미를 찾음
시간관리	고	공부할 과목 수 증가와 수면시간 감소	효율적인 시간 관리로 성적과 건강관리
자기표현	고2	자기표현의 시대, 대학입학과 취업까지 대비	자신에게 적합한 방식을 찾아 자기 표현하기
농사체험	중1	돈만 있으면 음식을 사먹을 수 있다고 생각함	농사짓기 체험을 통해 자연, 먹거리, 노동의 가치를 깨달음

관리, 자기표현, 농사체험 등의 몇 가지 사례를 소개한다(이현아, 김영환, 2015에서 표를 재정리). 교육실습활동 중 〈표 10-6〉의 사례를 참고로 한다.

(2) 차시 구성

창의적 체험활동의 주제 설계에서 각 차시별 구성은 다음 〈표 10-7〉을 참고로 한다.

표 10-7 주제 설계 사례의 차시 구성

구분	1차시	2차시	3차시	4차시
스마트폰 중독	스마트폰 중독 실태	학업과 신체에 미치는 영향	스마트폰 유혹에서 벗어나기	학교에서의 스마트폰 사용법 안내
흡연	청소년 흡연의 문제	담배가 신체에 미치는 영향	흡연의 유혹 거절하기	금연하는 방법

호신술	간단한 호신술	장소별 대처법	주변 우범지역과 보호시설	실생활 적용 실습
노동인권	청소년의 노동인권 알기	근로계약서 작성	특수 근로상황 대처	부당해고, 임금체불의 대처법 알기
행복	나의 하루 돌아보기	행복 '누가' 만드는가	행복 '무엇으로' 만드는가	행복 '어떻게' 만드는가
시간관리	시간 관리의 필요성	시간관리 성공사례	시간관리 방법(1)	시간관리 방법(2)
자기표현	자기표현의 필요성	자기표현의 종류	자기표현의 실행	자기표현의 성찰
농사체험	채소, 과일 씨뿌리기	물주기, 김매기	밭 관리	수확, 저장

(3) 인적 자원 활용

창의적 체험활동의 주제를 설계할 때 인적 자원 활용하는 방안은 다음 〈표 10-8〉
을 참고로 한다.

표 10-8 주제설계 사례의 인적 자원 활용

구분	계획	예상 문제	해결 방향
스마트폰 중독	관련분야 전문가 특강	전문가 선정	교육청 문의
흡연	금연 프로그램 참여	프로그램 참여 시 몰래 흡연	교내, 학교 주변 CCTV 활용
호신술	호신술 교육 전문인력 초빙	인력 초빙의 방법	한국호신술진흥회, 경호고교의 자문
노동인권	전문계고 사회과 교사가 운영	청소년 적용 사례 부족	고용노동부, 교육청의 자문
행복	학생 자신을 돌아보는 시간을 가짐	개인감정, 가족사가 드러날 우려	학생들과의 협의를 통하여 발표 범위 제한
시간관리	시간관리에 성공한 대학생의 특강	강사 섭외의 문제	대학본부, 교육청 문의
자기표현	자신에게 맞는 방식으로 자기표현을 함	학생들이 글로만 작성할 가능성	자기표현에 대한 다양한 체험 기회 제공
농사체험	야외 체험활동	체험장 이탈 및 안전문제 발생 우려	자원봉사자 추가 모집

(4) 물적 자원 활용

창의적 체험활동의 주제를 설계할 때 물적 자원을 활용하는 방법은 〈표 10-9〉를 참고로 한다.

표 10-9 주제설계 사례의 물적 자원 활용

구분	계획	예상 문제	해결 방향
스마트폰 중독	대강당	사용시간	시간표 조율
흡연	금연 관련 전문가 초빙	비용	보건소, 교육청 지원
호신술	유용한 호신용품 사용법 익히기	비용	바른청소년범죄 예방운동본부 지원
노동인권	아르바이트를 하는 학생들의 참여	정규 과정에 포함하기 어려운 상황	기존의 사회교과 내용으로 활용
행복	활동지를 매 시간 배부	차시별 활동지가 분실될 우려	모든 활동지를 모음집으로 제공
시간관리	시간관리에 성공한 대학생의 특강	비용	학교예산 내에서 교통비와 식비 지급
자기표현	자신에게 맞는 방식으로 자기표현	전문인력 섭외의 문제	TV 강연 프로그램 활용
농사체험	체험장에서의 농사체험	체험장의 대여 및 관리비, 교육비 발생	교육청, 체험장, 농촌진흥청 간 협조

2. 진로교육

1) 진로교육의 이해

'진로교육'이란 국가 및 지방자치단체 등이 학생에게 자신의 소질과 적성을 바탕으로 직업세계를 이해하고 자신의 진로를 탐색·설계할 수 있도록 학교와 지역사회의 협력을 통하여 진로수업, 진로심리검사, 진로상담, 진로정보제공, 진로체험, 취업지원 등을 제공하는 활동을 말한다(「진로교육법」 제2조 제1항).

　　여기서 '진로상담'이란 학생에게 진로정보를 제공하고 진로에 관한 조언과 지도 등을 하는 활동(온라인으로 하는 활동을 포함한다.)을 말하며(동법 제2조 제2항), '진로체험'이란 학생이 직업현장을 방문하여 직업인과의 대화, 견학 및 체험을 하는 직업체험과, 진로캠프·진로특강 등 학교 내·외의 진로교육 프로그램에 참여하는 활동을 말한다(동법 제2조 제3항). 그리고 '진로정보'란 학생이 진로를 선택할 때 필요로 하는 정보로, 개인에 대한 정보, 직업에 대한 정보, 노동시장을 포함한 사회 환경에 대한 정보 등을 말한다(동법 제2조 제4항).

　　진로지도는 진로교육의 하위개념이며 진학지도와 직업지도를 모두 포괄하는 개념이다. 따라서 진로지도는 정규 교육과정에서 진학에 관련된 활동뿐만 아니라 직업선택, 인생설계와 관련된 활동들을 다룬다. 각 개인은 자신의 가치관, 자아개념, 성격, 적성, 흥미 등을 깊이 이해하고, 교육환경이나 직업환경 그리고 여가활동에 대한 여러 가지 지식을 획득, 확장하며 개인의 미래생활 설계에 필요한 의사결정 능력을 습득하는 데 도움을 받는다. 진로지도를 위해 진로검사, 직업박람회, 취업박람회, 직업세계 탐색, 진로탐색과 관련된 강연 등을 활용할 수 있다(김춘경, 이수연, 이윤주, 정종진, 최웅용, 2016).

　　진로교육은 미래지향형이어야 한다. 따라서 10년, 20년 후의 학생들의 미래를 예측해서 지도해야 할 진로교육에서는 현 세대들에 대한 특성과 심신의 발달을 제대로 파악하여 그들의 적응력을 높이는 지도 방법과 프로그램의 개발과 적용이 시급하다.

　　이 시기에 학생들의 진로선택과 발달이 제대로 이루어지게 하기 위해서는 학생 개개인에게 맞는 진로선택 과정과 목표설정을 지원해 줄 수 있어야 하고, 학교-가정-사회의 연계 아래 체계적이고 전문적이며, 합리적인 진로교육이 이루어져야 한다.

(1) 진로교육의 목적

　　진로교육의 목적은 개인의 잠재력과 일이나 여가에 대한 여러 가지 정보를 탐색하여 자신에게 적합한 진로선택, 진로적응, 진로발달을 돕기 위한 학교, 가정, 지역사회의 조직적이고 체계적인 활동이며, 학생 개개인의 진로에 대한 이해와 선택에 대한 계획을 준비할 수 있도록 돕는 것이다. 이 목적을 달성하기 위해 교사는 자료의 수집이나 활용방법을 안내하고 경험을 살린 상담기법을 기초로 한 능력을 확보

비전	꿈과 끼를 살리는 행복한 진로 설계

목표	(학습자) 자기주도적 진로개발역량 신장 (학교) 내실 있는 맞춤형 진로교육 체계 확립 (사회) 국민의 행복한 삶과 평생학습사회 구현

4대 영역	8개 추진과제(20개 세부과제)
1 초 · 중등학교 진로교육 역량 강화	① 진료교육이 강화된 학교 교육과정 운영 정착 ② 교원 및 지원인력의 진로교육 전문성 제고
2 진로교육 대상 확대	① 사회적 배려대상자를 위한 진로교육 지원 강화 ② 대학생 진로교육 지원
3 진로체험 활성화	① 양질의 진로체험처 확보 및 내실화 ② 진로체험 프로그램 확대
4 진로교육 인프라 확충	① 진로교육 지원체계 구축 ② 진로정보망 개편 및 학부모 진로교육 강화

[그림 10-4] 제2차 진로교육 5개년 기본계획(2016~2020)

* 출처: 교육부(2016). 제2차 진로교육 5개년 기본계획.

하여야 한다. 그러나 교육실습생에게는 이러한 지도 방법이나 내용을 대학에서 이론으로만 배웠을 뿐 실질적인 경험이 부족하기 때문에, 이 교육실습 활동을 통해 교사들의 지도활동을 자세히 관찰하여야 한다. 진로지도를 위한 정보수집에 적극적으로 노력하여야 하고, 실습지도교사나 진로진학상담교사 등의 지도와 지원을 받을 필요가 있다.

(2) 진로교육의 내용

이러한 진로교육이 제대로 이루어지려면 다음과 같은 내용을 고려하여야 한다.

- 자신의 적성과 능력에 적합한 진로목표(꿈, 희망, 이상과 관련된 전공 학과 및 직업)를 잠정적으로 정한다.
- 희망 진로목표에 적합한 진로계획과 학습계획을 치밀하게 세워서 열심히 노력한다.
- 자신의 진로결정 요인에서 개인적 요인(적성, 흥미, 특기, 소질, 학력, 지능, 정서지능, 창의력, 인성, 가치관, 신체적 조건 등)을 정확히 이해한다.
- 자신의 진로결정 요인에서 환경적 요인(부모직업, 가정의 경제적·문화적 환경, 전공·선택학과의 특성, 전공·선택학과와 관련된 일과 직업의 종류, 기업 및 산업체의 취업 및 고용환경 등)을 정확히 파악한다.
- 합리적인 의사결정 과정을 통해서 진로목표가 결정되면 이에 대한 진로계획과 진로학습계획을 치밀하게 세워서 실천하도록 한다.

이에 따라 부적응이나 미진한 내용은 보완하고, 부적응 내용이 심하고 계획이 매우 부진할 경우는 학부모-학급 담임-교과 및 진로 상담 교사-관련 전문가의 연계 진로상담을 통해서 진로수정을 시도한다.

① 중학교 진로교육의 목표와 내용

초등학교에서 함양한 진로개발역량의 기초를 발전시키고, 다양한 직업세계와 교육기회를 탐색하여 중학교생활 및 이후의 진로를 설계하고 준비한다.

- 긍정적 자아개념을 강화하고 자신의 특성에 대한 이해의 폭을 넓히며 다양한 사회적 관계에서의 대인관계능력 및 의사소통역량을 발전시킨다.
- 직업세계의 다양함과 역동적인 변화의 모습을 이해하고 직업에 대한 건강한 가치관과 진취적 태도를 갖춘다.
- 다양한 정보원을 활용하여 중학교 이후의 교육 및 직업 정보를 파악하고, 관심 분야의 진로경로를 탐색하는 역량을 기른다.
- 자신에게 적합한 진로목표를 수립하고, 중학교 이후의 진로를 다양하고 창의적으로 설계하고 실천하기 위한 역량을 기른다.

이 목표를 달성하기 위하여 교과와 창의적 체험활동 연계로 다음과 같은 활동이 이루어진다.

- 진로탐색활동: 진로학습, 진로상담·검사, 진로체험, 진로포트폴리오 작성 등
- 주제선택활동: 학생의 흥미·관심사에 기반, 교과와 창의적 체험활동 연계 프로젝트 학습 등
- 예술·체육활동: 1학생1문화·예술활동, 1학생1체육활동(학교스포츠클럽 활동 포함) 전개
- 동아리활동: 학생의 희망, 의사를 적극적으로 고려한 집단활동

자유학기제는 학교가 자율적인 교육과정 편성·운영의 권한을 갖고, 학생참여 및 활동중심의 교실수업을 확산하는 데 우선적인 목적이 있다. 2015개정교육과정의 취지와 같이 암기식 수업을 최소화하고 수업에 참여하는 학생들의 태도와 자기표현력 향상을 위해 협동학습, 토론수업이 대폭 확대되었다. 또한 명사·전문가 특강, 독서 등의 간접체험학습은 직접적인 체험학습과 연계하여 폭넓은 진로탐색의 기회를 제공하게 된다(국가교육과정정보센터, 2015).

② 일반고등학교 진로교육의 목표와 내용

일반고등학교의 진로교육 목표는 미래 직업세계 변화에 대한 이해를 바탕으로 자신의 진로목표를 세우고, 구체적인 정보탐색을 통해 고등학교 이후의 진로계획을 수립하고 실천하기 위한 역량을 개발하는 것이다.

- 자신에 대한 종합적인 이해를 통하여 긍정적인 자아정체감을 형성하고 직업생활에 필요한 대인관계 및 의사소통역량을 발전시킨다.
- 미래 직업세계의 변화가 자신의 진로에 미치는 영향을 파악하여 대비하는 역량을 기르고 건강한 직업의식과 태도를 갖춘다.
- 자신의 관심 직업, 전공, 고등교육 기회에 대한 구체적인 정보를 탐색하고 활용하는 역량을 기른다.
- 자신의 진로목표를 바탕으로 고등학교 이후 진로에 대하여 체계적인 계획을

수립하고 상황 변화에 대응하는 역량을 기른다.

③ 특성화고등학교 진로교육의 목표와 내용

산업수요와 미래 직업세계 변화에 대한 이해를 바탕으로 자신의 진로목표를 세우고, 구체적인 정보탐색을 통해 고등학교 이후의 진로계획을 수립하고 실천하기 위한 역량을 개발한다.

- 자신에 대한 종합적인 이해를 통해 긍정적인 자아정체감을 형성하고, 직업생활에 필요한 대인관계 및 의사소통 역량을 발전시킨다.
- 미래 직업세계의 변화가 자신의 진로에 미치는 영향을 파악하여 대비하는 역량을 기르고, 강한 직업의식과 태도를 갖춘다.
- 자신의 관심직업, 취업기회, 평생학습의 기회에 대한 구체적인 정보를 탐색하고, 이를 체험하며 활용하는 역량을 기른다.
- 자신의 진로목표를 바탕으로 고등학교 이후 진로에 대하여 체계적인 계획을 수립하고, 상황 변화에 대응하는 역량을 기른다.

(3) 진로교육의 기본 원칙

이러한 진로교육은 다음과 같은 원칙을 가진다.

- 모든 학생을 대상으로 하고 학생들의 진로발달에 따른 요구와 필요에 알맞도록 재편성하여 익숙하게 되도록 한다.
- 학교에서는 학생들에게 가르쳐야 할 영역과 범위를 결정해야 하고, 진로교육은 모든 교육과정에서 이루어져야 한다.
- 진로교육은 자기 자신의 이해, 즉 객관적인 자신을 파악하는 준비과정이어야 한다.
- 모든 학생에게 의미 있는 삶의 내용과 경험을 풍부하게 제공하여야 한다.
- 진로교육에서 다루는 직업교육은 생계유지수단, 사회적인 봉사와 역할, 자아실현의 수단임을 강조해야 한다.
- 지역사회의 모든 자원과 인사를 최대한 활용해야 한다.

2) 진로설계의 요소

진로설계란 구체적인 목표를 효율적으로 달성하기 위해 미래에 행하여야 할 행동의 순서 또는 절차를 결정하고, 목적과 수단 및 방법을 합리적으로 연결시키는 준비과정이다. 좀 더 구체적인 진로지도 계획을 세우기 위하여 진로설계의 단계를 알아보면 다음과 같다.

(1) 진로목표의 수립

장래에 나는 어떠한 인물이 될 것이며, 어느 직업을 선택할 것인지에 관해 스스로 진지하게 고민해 보고 장래의 가능성을 예측해 보며, 구체적인 목표도 설정해 본다.

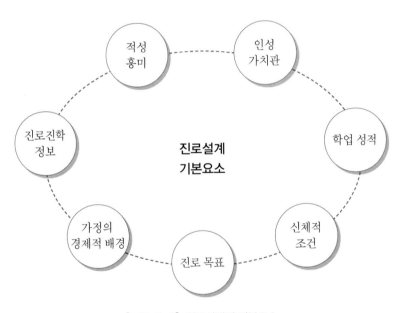

[그림 10-5] 진로설계의 기본요소

(2) 적성과 흥미

어떤 과제나 임무를 수행하는 데 있어서 개인에게 요구되는 성공적 수행가능 능력이나 잠재된 능력, 관심 정도를 고려해야 하며, 이러한 적성과 흥미는 표준화된 심리검사를 통하여 측정이 가능하다.

(3) 인성과 가치관

자아개념, 가치관, 욕구, 성격, 대인관계 등 성격적 특성을 탐색하고 성숙을 꾀한다.

- 인성은 사회성, 활동성, 안정감, 자신감, 사려성, 동조성, 독립성 등의 특성
- 가치관은 탐구성, 실용성, 자율성, 주도성, 질서정연성, 사회적 인정성, 심미성, 사회봉사성 등의 선호 경향

(4) 학업성적 및 신체적 조건

학업의 성취도 수준에 따라 진학 가능한 대학이나 학과 및 교육기관을 고려하며, 개인의 체력, 용모, 체중 등과 같이 직업에서 특별하게 요구되는 조건이 있을 경우에는 꼼꼼하게 검토할 필요가 있다.

(5) 진로·진학 정보 수집

교육정보, 직업정보, 개인 사회적 정보를 모두 포함하며, 학생들이 필요로 하는 정보를 제공하거나 정보를 수집하도록 지도한다. 학생 개개인이 관심을 갖고 있는 분야에 관한 구체적이고 현실적인 정보를 접했을 때 목표가 보다 분명해질 수 있다.

(6) 가정의 사회·경제적 배경 감안

가족구성원, 가정의 사회·경제적 수준, 부모의 직업, 교육수준, 가치관, 종교, 거주지 등의 환경요인이 진로설계에 영향을 미친다. 이러한 배경을 바탕으로 한 진로설계 단계의 예시를 들어 보면 다음과 같다.

① 1단계: 자신을 객관적으로 이해한다.

자신에 대한 정보와 이해를 집중하는 단계로서, 희망진로(직업)의 탐색과 학생들의 흥미, 능력, 직업가치관에 관한 객관적인 평가를 통해, 자신의 적성에 맞는 진로에 대하여 알아본다.

학생들에게 던져 볼 만한 진로탐색 질문

- 자신에 대해 어떻게 생각하나?
- 자신이 잘할 수 있는 활동들은 무엇인가?
- 흥미와 관심은 무엇인가?
- 그동안의 경험을 통해 얻었던 능력과 기술들은 무엇인가?
- 자신이 직업이나 진로를 결정하는 데 있어서 소중히 여기고 있는 가치는 무엇인가?

학생들에게 권해 줄 만한 진로행동

- 자신의 강점과 약점을 알고, 주변 사람들로부터 자신에 대한 의견을 듣는다.
- 자신이 하고자 하는 것이나 성취하고 싶은 것, 혹은 동기화되는 것들을 생각해 본다.
- 심리검사를 통해 흥미와 능력, 가치를 평가해 본다.
- 자신의 관심분야에서 현재 활동 중인 사람들과 함께하는 자리를 마련해 본다.

② 2단계: 선택 가능한 진로를 탐색하고 방향을 결정하도록 한다.

자기 자신에 대해 알아본 정보와 이해를 바탕으로 선택 가능하고 관련성이 높은 진로정보를 수집하도록 한다. 진로정보에는 교육정보, 직업정보, 개인 사회적 정보가 포함되며 진로계획 수립 시 이러한 진로정보를 충분히 활용해야 한다.

학생들에게 던져 볼 만한 진로탐색 질문

- 자신이 선택한 진로(직업)가 적절하다면, 결정에 도움을 줄 수 있는 교과나 과정은 무엇인가?
- 자신에게 필요한 교육적 수준은 어느 정도로 요구되는가?
- 자신이 선택한 길을 준비하는 데 있어서 지금 할 수 있는 것은 무엇인가?
- 목표에 도달하기 위해 자신이 충족시켜야 할 것은 무엇인가?

학생들에게 권해 줄 만한 행동

- 인터넷을 활용하여 진로 및 직업 정보를 탐색하여 본다.
- 담임선생님이나 진로상담교사 그리고 부모님과 진로에 대해 이야기를 자주 나눈다.
- 자신이 흥미 있어 하는 활동과 관련된 자원봉사를 하거나 일을 경험해 본다.
- 자신의 흥미와 일치되고 능력을 개발하는 데 도움이 되는 교육기관을 살펴본다.
- 진로정보 리스트를 작성한다.

③ 3단계: 목표를 세우고 행동하도록 한다.

자신의 진로계획에 영향을 줄 수 있는 문제들을 고려하고 진로목표를 이루기 위한 적절한 행동들을 취하도록 한다. 특히 대학 진학을 위한 계획은 결코 쉬운 일이 아니므로 현재 성적과 앞으로의 성적향상 가능성을 고려하여 진학 가능한 대학과 학과의 리스트를 선별해야 한다.

학생들에게 던져 볼 만한 진로탐색 질문

- 진로목표를 이루기 위하여 현재 가장 필요한 것은 무엇인가?
- 진로에 필요한 교육과 훈련을 제공하는 학교와 현재 성적으로 진학 가능한 학교나 취업 가능한 곳은 어디인가?
- 진학을 목표로 하는 학교에서 요구하는 전형방법, 수능 반영영역과 학생부 반영교과목은 무엇인가?
- 취업을 하려는 곳에서 요구하는 학업능력이나 자격, 기술은 어느 정도인가?

학생들에게 권해 줄 만한 행동

- 진학 가능한 학교와 진학정보 리스트를 작성한다.
- 취업을 희망하는 곳의 리스트를 작성한다.
- 목표 대학의 전형자료의 중요도를 평가하고 전형별 학습계획을 세우도록 한다.
- 취업을 희망하는 곳에서 요구하는 분야의 능력을 키우기 위한 학습계획을 세워 본다.
- 부족한 영역(과목)을 보충할 수 있도록 학습계획을 수립하고 실천한다.

3) 진로교육의 단계

진로교육의 효과를 극대화하기 위해서는 다음 [그림 10-6]과 같은 과정을 거쳐 진로성장이 이루어지도록 해야 한다.

이러한 단계를 거치는 과정에서 학생의 꿈과 희망을 가꾸고 키워 주어야 할 교사에게는 학생들이 필요한 능력을 체계적·계속적으로 학습할 수 있도록 지도·안내

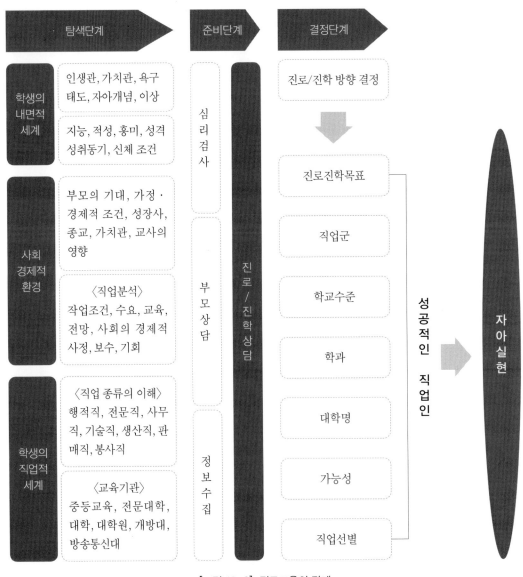

[그림 10-6] 진로교육의 단계

해야 할 일차적인 역할이 주어져 있다. 그러므로 교사들은 진로교육에 대한 전문적인 지식을 갖추어 열정적인 자세로 임하여야 하는데, 이 과정에서 다음과 같은 활동이 요구된다.

- 학생의 꿈과 진로에 대해서 상담을 자주 한다.
- 학생에게 진로목표에 대해서 자주 물어보는 기회를 갖는다. 진로목표가 정해지지 않은 학생에게는 희망하는 진로나 잠정적인 진로가 정해지도록 권고하고 안내한다.
- 학생 자신의 적성·능력을 이해하고, 학생 스스로 선택할 수 있는 진로선택의 기회를 최대한 제공한다.
- 진로선택과 탐색 및 준비과정에서 학생들의 자율권을 최대로 인정해 주고, 창의적인 활동이 되도록 한다.

(1) 중학생의 진로발달 단계

청소년기에 접어드는 중학교 과정은 심리적·사회적 환경변화와 아울러 급격한 신체적·심리적 변화로 인하여 정서적으로 매우 민감한 시기로, 불안하고 반항적인 심리상태에 놓이기 쉬워 다양한 변화를 겪기도 한다. 그러나 장래에 대한 설계와 선택에 대한 자신의 성공적인 미래를 계획하고 현실에서의 방향성을 잡기 위해서는 자신의 정체성을 바탕으로, 부모, 친구, 교사의 도움으로 진로에 대한 구체적인 정보 파악이 이루어져야 하는 시기이기도 하다.

자신이 무엇을 잘하는지, 좋아하는지, 잘 준비된 역량이 무엇인지, 더 채워야 하는 역량이 무엇인지를 아는 것이 진로를 탐색하고 선택하는 데 도움을 준다고 볼 때, 청소년들이 자신의 역량을 알고 진로성숙도를 높이는 것은 중요한 과제다. 그러나 우리나라 청소년들은 대부분 일상생활 속에서 학업성취를 가장 중요한 문제라고 생각해 왔으며, 학업성취도 향상만을 위하여 노력해 왔다. 그러다 보니 학생 자신에 대한 탐색과 이해의 시간이 부족하여 자신에 맞는 꿈을 찾지 못하고 있는 실정이다. 이에 교육부는 학생들 개개인의 소질과 능력을 개발하기 위한 방법으로 중학교 과정에 자유학기제 프로그램을 도입하는 등 여러 방면으로 청소년들의 진로에 대한 탐색의 시간을 주고자 하였고, 청소년들은 집중적으로 자신의 진로탐색과 자기이해를 통해 꿈과 끼를 탐색하는 시간을 갖게 되었다(김선경, 2017).

(2) 고등학생의 진로발달 단계

고등학교 시기는 청소년 초기 단계로, 이때부터는 진학이나 직업의 선택과정에 있어서 진로정보의 수집 및 가치관이 자신의 생애 목표와 부합하는지를 적극적인 자세로 평가해야 하는 단계다. 학생 개개인은 욕구, 흥미, 능력, 가치관, 직업적 기회 등을 고려하여 잠정적으로 자신의 진로를 선택하고, 그것을 부모, 교사, 교우, 선배 등의 조언과 다양한 경험, 정보수집, 훈련 등을 현실적이고 적극적으로 생각해야 하는 시기이도 하다.

4) 진로교육의 방법

(1) 교육과정을 통한 진로교육

진로교육은 모든 활동이 교육과정에 근거하여 이루어진다. 교과활동을 기본으로 하여 창의적 체험활동과 같은 비교과활동 중에도 이루어지게 되는데, 교과활동은 진로관련의 특정 교과목을 비롯하여 모든 교과의 진로관련 내용을 반영하여 재구성하여 지도할 수 있다. 이때 교과목별, 단원별로 진로와 관련된 내용을 추출하여 체계적으로 지도할 수 있도록 상세하게 정리하는 교재연구가 뒷받침되어야 한다. 이 과정에서 효율적인 지도를 행하기 위해서는 교과 간, 단원 간의 진로관련 내용이 서로 통합되도록 하는 것이 좋으며, 자발적으로 자신의 생각을 표현할 기회를 부여하여 학생 스스로 자신의 개성과 잠재능력을 찾아낼 수 있도록 도와주어야 한다. 교과 이외의 교육활동으로는 특정 분야의 전문가를 초청한 강연회를 가지는 등의 현실적인 접근도 가능하다.

① 진로교육 기본 계획

교육부에서는 제2차 진로교육 5개년(2016~2020년) 기본계획을 추진하고 있다. 학생 자신의 진로를 창의적으로 개발하고 지속적으로 발전시켜 성숙한 민주시민으로서 행복한 삶을 살아갈 수 있는 역량을 기르기 위함으로, 학교 급별로 다음과 같은 내용을 기본으로 전개하고 있다.

- 중학교: 초등학교에서 함양한 진로개발역량의 기초를 발전시키고, 다양한 직업세계와 교육기회를 탐색하여 중학교 생활 및 이후의 진로를 설계하고 준비한다.
- 일반고: 미래 직업세계 변화에 대한 이해를 바탕으로 자신의 진로목표를 세우고 구체적인 정보탐색을 통해 고등학교 이후의 진로계획을 수립하고 실천하기 위한 역량을 개발한다.
- 특성화고: 산업수요와 미래 직업세계 변화에 대한 이해를 바탕으로 자신의 진로목표를 세우고 구체적인 정보탐색을 통해 고등학교 이후의 취업계획을 수립하고 실천하기 위한 역량을 개발한다.

초등학교에서 중·고등학교, 대학교까지의 진로교육의 단계와 내용은 다음 [그림 10-7]과 같다.

[그림 10-7] 학교 급별 진로교육 체계

* 출처: 교육부(2016). 제2차 진로교육 5개년 기본계획.

② 진로교육 중점 내용

■ 교과활동

우리나라 정규 교육과정에서 이루어지는 진로교육의 방법은 크게 교과를 통한 진로교육과 교과 외 진로교육으로 구분할 수 있는데, '진로와 직업' 교과의 경우 내용 구성 시 학생들의 흥미를 유발시키기 위하여 교과서와 함께 다양한 매체를 함께 활용할 수 있을 것이다. 교과의 진로교육을 위해서는 창의적 체험활동의 운영과 관련한 시스템 정비가 필요하다.

학교 교육과정과 연계한 진로교육의 확대를 위하여 다음과 같은 4가지의 중점 내용으로 시행 중에 있다.

- 학교 진로교육 확산
- 교원 전문성 강화
- 온라인 진로 정보망 운영
- 진로교육 콘텐츠 개발 및 보급
- 지역 연계 현장 체험처 발굴 및 지원 등

세부적으로 정규 교육과정에서 사용되는 '진로와 직업' 교과서의 내용 분석을 통하여 양질의 내용을 담보할 수 있어야 하며, 학교 급별로 연계성을 강화하여야 한다. 그리고 교과통합 진로교육을 통하여 교과수업 시간을 통해서도 진로개발이 가능하도록 지원할 필요가 있다(이서정 외, 2015).

■ 비교과활동

비교과활동으로는 창의적 체험활동을 들 수 있는데, 자율활동, 동아리활동, 봉사활동, 진로활동의 형태로 이루어진다. 이 활동을 통해서 자신에 대한 이해, 흥미, 취미, 적성, 개성, 소질 등을 파악할 수 있고, 진로설계를 위한 직업의 세계, 소질계발을 위한 계획 등을 세워 보거나, 학생발달수준, 학교여건 등을 고려하여 진로활동을 자율활동, 동아리활동, 봉사활동과 연계·통합하도록 유도할 수 있다. 교육실습생은 창의적 체험활동의 연간 활동계획을 사전에 파악하고, 보다 현실성 있는 정보와 자료 등을 제공할 수 있도록 준비하여야 한다.

(2) 담임교사와 전문상담교사를 통한 진로교육

① 담임교사를 통한 진로교육

담임교사는 학생들과의 원만한 인간관계를 바탕으로 학교 진로교육의 방향을 제시하며, 새로운 진로정보를 신속하고 정확하게 제공할 수 있어야 한다.

진로교육은 주로 교육과정 운영과 상담활동을 통하여 이루어지는데, 교육과정 운영을 통해서는 진로에 대한 정보를 제공하게 되고, 담임교사와 전문상담교사의 상담을 통해서는 학생 개개인의 능력, 적성, 흥미, 관심 등이 진로 선택과 연계하는 활동에 중점을 두어야 한다(김춘경 외, 2016).

② 전문상담교사를 통한 진로교육

전문상담교사를 통한 진로교육은 주로 교과 담당교사나 담임교사와의 상호보완적 활동으로 이루어진다. 그 내용은 다음과 같다.

- 담임교사와의 연계활동을 통하여 개별상담
- 학교차원의 진로탐색 프로그램 진행
- 외부 전문가의 특강
- 표준화 검사 실시 및 결과 분석
- 학교 무석응과 학업성취노 서하 능의 문제 해설

(3) 국가 및 교육청 차원의 진로교육

진로교육의 내실화를 위하여 교사의 진로교육 전문성을 높여 가야 하기 때문에, 교육청 단위, 학교단위의 적극적인 연수도 강화되어야 하겠다. 이에 발맞추어 교육부에서는 다음과 같은 내용으로 적극적인 지원을 하기 시작했다.

① 진로교육 정책 방향

교육부가 주관하는 국가차원의 진로교육 정책의 방향은 '2009년 진로교육 종합계획'을 시작으로 추진되기 시작하여 현재에 이르기까지 차근차근 발전을 거듭하고 있다.

　　최근의 '2019 진로교육 한마당'에서 강조하고 있는 점은 모두가 함께하는 진로교육 정책 확대 시행을 목표로, 다음과 같은 내용을 시행하고 있다.

- 소외계층 진로체험 지원
- 장애학생 진로직업 교육 활성화
- 스포츠 분야 진로교육 활성화

　　이러한 진로교육 정책 방향은 다음과 같은 추진체계를 거쳐 교육부, 시·도 교육청, 교육지원청, 국가진로교육센터, 지역진로교육센터, 대학(전문대학) 교육협의회 등이 네크워크를 형성하며 발전을 거듭하고 있다.

② 제2차 진로교육 5개년기본계획

■ 진로상담 강화

- 면대면 상담
  - 진로설계 맞춤형 상담 및 지역사회와 연계한 상담 제공
  - 학생을 진로결정 및 활동 수준에 따라 세분화하여 상담
    * 동기촉진형, 목표수립형, 활동강화형, 계획실천형
    ※ 진로정보(인공지능개발 서비스, 빅데이터 분석 등 미래의 새로운 직업 포함) 및 진로 준비 지원 포함
- 온라인 상담
  - 다양한 직업군의 상담 전문 인력을 확보하여 수요자의 요구에 부응한 1:1 상담 및 심층상담 등

■ 진학상담 강화

- 중학교
  - 고등학교 유형과 전공분야 등을 고려한 진학상담 실시
- 고등학교
  - 학생의 희망과 적성을 반영한 시기별 맞춤형 진로설계 상담시스템 구축 및 학생 멘토링 지원 강화

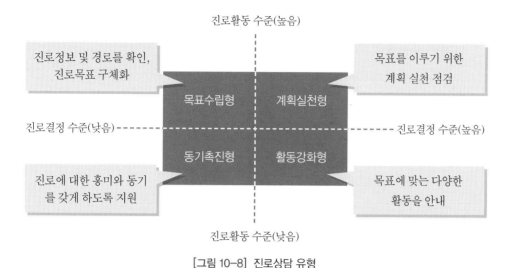

[그림 10-8] 진로상담 유형

* 출처: 교육부(2016). 제2차 진로교육 5개년 기본계획(2016~2020).

　－고등학교 1학년 대상 진로선택 및 학습설계 상담, 고등학교 2·3학년 대상 대학진학설계 상담을 실시할 수 있도록 진학상담 매뉴얼 개발·보급

③ 진로교육 관련 사이트

진로교육에 대한 내용을 안내하는 각종 사이트는 다음을 참고한다.

　－교육부. 고입정보포털. http://www.hischool.go.kr/
　－교육부. 국립특수교육원. https://www.nise.go.kr/
　－교육부. 꿈길. http://www.ggoomgil.go.kr/front/index.do
　－교육부. 하이파이브(특성화고 마이스터고). http://www.hifive.go.kr/
　－부산광역시교육청. 부산진로진학지원센터. https://dream.pen.go.kr/
　－중소기업중앙회. https://www.kbiz.or.kr/
　－청년기업가정신재단. 원격영상 진로멘토링. https://mentoring.career.go.kr/
　－청년기업가정신재단. 청년기업가체험프로그램. https://yeep.kr/main/main.do
　－한국고용정보원. https://www.keis.or.kr/

-한국고용정보원. 워크넷. https://www.work.go.kr/

-한국과학창의재단. https://www.kofac.re.kr/

-한국과학창의재단. 교육기부. https://www.teachforkorea.go.kr/

-한국과학창의재단. 창의인성교육넷(크레존). https://www.crezone.net/

-한국교육학술정보원. https://www.keris.or.kr/

-한국교육학술정보원. 에듀넷. http://www.edunet.net/

-한국대학교육협의회. http://www.kcue.or.kr/

-한국대학교육협의회. 대입정보포털. http://www.adiga.kr/

-한국대학교육협의회. 대학알리미. https://www.academyinfo.go.kr/

-한국전문대학교육협의회. http://www.kcce.or.kr/

-한국전문대학교육협의회. 전문대학포털. https://www.procollege.kr/

-한국직업능력개발원. https://www.krivet.re.kr/

-한국직업능력개발원. 커리어넷. www.career.go.kr

-한국청소년활동진흥원. 청소년활동정보서비스 e-청소년. https://www.youth.go.kr/

1. 창의적 체험활동은 기본적으로 여섯 가지 핵심역량을 기르기 위함이다. 이 여섯 가지 핵심역량에 대해 설명하시오.

핵심역량	내용

2. 창의적 체험활동의 네 가지 영역별 지도 내용을 설명하시오.

영역	지도내용
자율활동	
동아리활동	
봉사활동	
진로활동	

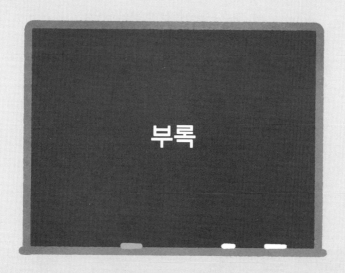

부록

1. 교수-학습과정안 양식(약안)

1. 교재 및 단원명

▶ 교재		
▶ 단원명	대단원	
	소단원	
▶ 대단원 학습 목표	· · ·	

2. 수업 설계안

🎥 교과서	💻 칠판	🌳 그림	🛰️ 멀티미디어 자료	💿 CD-ROM	🧰 기타 학습도구	📄 학습지

학습 주제	·
학습 목표	· ·

단계 및 시간 배분		주요 학습 내용	교수-학습활동		수업 형태	수업 자료	지도상 유의점
			교사 활동	학생 활동			
도입	반응 준비 하기	수업시작	▶	▷			
		전시 학습 확인	▶ 전시 학습 확인	▷ 전시 학습 상기			
		학습동기 유발	▶ 동기유발	▷ 흥미를 가짐			
		학습목표	▶ 학습 목표 제시	▷ 학습 목표 확인			

			▶	▷			▶
전개	반응 형성 하기		▶	▷.			▶
	반응 명료화 하기		▶	▷			
			▶	▷			▶
정리 · 평가	반응 심화 하기	평가	▶ 평가문제 제시	▷ 평가문제 풀이			▶
		과제 제시	▶ 과제제시	▷ 과제제시			
		차시 예고	▶ 차시 예고 수업종료	▷ 차시 확인			

2. 수업관찰기록부 예시(1)

참관실습생:	대학교	대학	과	학년	성명:	(인)

대상: 제 학년 반	교과:	지도교사:

수업일시:	단원명:

학습목표:

영역	관찰의 관점	관찰소감
준비상황	1. 학습목표의 진술내용과 제시방법은 적절한가?	
	2. 수업준비 상태 및 전시학습 연계성이 있는가?	
수업방법	3. 학습동기유발이 이루어지고 수업집중을 시키고 있는가?	
	4. 학습내용에 비추어 적합한 수업방법인가?	
	5. 학습자의 관심과 수준에 적합한 수업방법인가?	
교재연구	6. 핵심지도내용을 파악하고 자기화하고 있는가?	
	7. 학생수준에 맞게 수업내용을 재구성하였는가?	
수업매체 활용	8. 수업매체 제작노력과 활용능력은 어떠한가?	
	9. 수업매체 활용도가 높고 내용은 적절한가?	
	10. 정보통신기술(ICT)을 적극 활용하고 있는가?	
수업진행	11. 교사와 학생의 상호작용이 활발히 이루어지는가?	
	12. 수업내용을 타 교사들이 일반화할 수 있는가?	
	13. 협동학습, 토의토론, 학생발표가 이루어지는가?	
	14. 학생들에게 즐겁고 유익한 수업이 진행되었는가?	
	15. 수업의 전체적인 흐름과 시간 안배는 적절한가?	
	16. 수업전개를 실생활과 관련지어 진행하였는가?	
교사태도	17. 교사의 표정과 동작은 차분하면서 열정적인가?	
	18. 언어구사가 분명하고 명쾌하며, 크기는 적절한가?	
형성평가	19. 학습목표와 연계되고, 제시방법은 적절한가?	
내용정리	20. 학생들은 학습결과를 충분히 내면화하고 있는가?	
종합의견		

3. 수업관찰기록부 예시(2)

단원			학습주제	
일시	20 . 월. 일. (교시)		장소	
대상	학년 반		지도교사	

영역	수업요소	수업관찰 관점	평점	평가예시
수업 설계	학습목표	학생의 행동적 용어로 구체적·명시적으로 진술되었으며, 수업 중 수시로 확인하고 있는가?		• 학습목표가 구체적으로 진술되고 학습내용의 요점도 잘 정선되었음. • 학습자의 수준과 분량을 고려하여 교수–학습과정안이 알맞게 설계되었음.
	학습내용	학습목표의 달성에 적합하도록 교사가 교재의 내용을 창의적으로 재구성하였는가?		
	지도계획	학습목표와 내용을 고려한 단원전개 및 본시지도계획이 적절하게 수립되었는가?		
	평가계획	진단·형성·총괄평가는 학습목표 도달도를 측정할 수 있도록 평가계획이 수립되었는가?		
	지원계획	학습효과의 높이기 위한 학생실태 파악, 학습자료 준비, 학습동기유발방안 등은 잘 수립되었는가?		
	교수–학습 과정안	학습내용과 수업모형의 특성에 맞게 교수–학습지도안이 창의적이고 치밀하게 작성되었는가?		
교수 활동	수업모형	교과의 특성과 단원별 학습내용에 따른 적합한 수업모형을 적용하였는가?		• 동기유발이 잘 되었으며 프레젠테이션 자료 활용으로 여러 사례와 특징을 잘 설명하였음. • 제시한 용어에 대한 보다 더 자세한 설명이 필요함. • 개별발문을 통한 사고력을 자극하는 데 관심을 더욱 기울였으면 함.
	수업진행	수업과정이 각 단계별로 시간별 흐름에 따라 원활하게 진행되고 있는가?		
	교사언행	교수용어의 적합성, 설명의 유창성, 음성의 명확성, 표정의 진지함 등은 어떠한가?		
	발문기법	학생들의 사고와 탐구를 촉진·자극하는 발문을 하고 응답에 대한 격려와 칭찬, 조언이 효과적인가?		
	수준별지도	학생들의 학습활동에 개인차를 고려(개별화)하여 수준별(심화/보충) 수업을 전개하는가?		
	학습자료 활용	각종 학습자료와 수업매체의 제작노력, 제시시기, 수업 중 활용은 효과적으로 이루어졌는가?		
	판서요약	판서의 시기, 위치, 모양, 크기, 내용 등은 적절하고 학습내용의 핵심을 잘 요약·구조화하는가?		
	형성평가	형성평가는 학습목표 도달도를 잘 측정하고 결과처리와 환류(Feed Back)는 적절한가?		
	종합정리	학습결과를 종합정리하고 요점을 강화하며 차시 안내와 과제부과가 적절한가?		

학습 활동	수업준비도	학생들의 교과서, 학습지, 과제물 등 수업준비 상태는 양호한가?		• 학생들의 수업준비 도와 참여도가 높고 교사와 학생의 상호 작용이 활발하였음. • 교사의 발문에 대하 여 자신감 갖고 조리 있게 발표하는 태도 의 함양이 요구됨.
	수업참여도	학생들이 학습목표와 내용을 잘 파악하고 수업에 흥미와 의욕을 갖고 집중하는가?		
	대답과 발표	교사의 발문에 대한 대답과 모둠별 활동과 발표 등 학생 활동은 활발하게 이루어지는가?		
	학습방법 훈련	학생의 학습방법 및 태도(경청, 집중, 조사, 토론, 발표, 질의, 필기 등)가 훈련·정착되는가?		
	학습자료 관리	학습요점의 기록·정리, 학습지·보고서 등 자료의 활용·관리가 자기주도적으로 이루어지는가?		
	수업환경	교실의 환경은 정돈되고 교사와 학생의 상호작용 등 심리적 분위기가 원만하게 조성되는가?		
종합 의견				

4. 교육실습생 자기소개서

대학교	대학	과	학년	전공	
성명:		(한자)		(남·여)	(사진)
생년월일:					
주소:					
연락처:					
특기·취미:					

관심분야, 수상경력, 저술, 저작, 발명, 탐구, 각종 연구실적 등:

기타 참고 및 건의사항:

5. 교육실습 일지

결재	지도교사	부장	교감	교장

20 년 월 일 요일 날씨:	
실습활동	참관, 조사, 연구, 계획, 실습내용 등
행사 및 전달사항	
학습지도	
생활지도와 창의적 체험활동	
연구활동	
특기사항	
반성 및 소감	
내일의 계획	
지도교사 조언	

6. 교육실습 일정표

주＼요일	월	화	수	목	금
1	월 일	월 일	월 일	월 일	월 일
2	월 일	월 일	월 일	월 일	월 일
3	월 일	월 일	월 일	월 일	월 일
4	월 일	월 일	월 일	월 일	월 일
5	월 일	월 일	월 일	월 일	월 일

7. 실습학교 현황

학교연혁	
교훈	
학교경영방침	
학교교육목표	
학교현황	
학교의 특성	
중점교육	
특색사업 역점사업	

8. 담임학급 현황

학급	학년 반 담임교사:
임원	반장: 부반장:
급훈	
학급경영목표	
학급경영방침	
학급학생현황	
학급의 특성	
학급규칙	
학급특색사업	

9. 교과 협의록

결재	담임	부장	교감	교장

교과				
안건				
일시		장소	기록자	(인)
참석자				
협의 내용				

10. 연구보고(계획)서

소속:	대학교	대학	과	학년	전공	성명:

연구주제:

연구기간: 20　년　월　일～20　년　월　일　　지도교수(교사):

연구내용(연구의 취지, 예상되는 연구결과, 연구결과의 일반화, 활용계획 등을 기록함)

※ A4용지 1~2매, 자유로운 형식으로 작성할 것

11. 학생상담 기록부

지도교사	부장	교감	교장

일시		장소	
상담자	대학교 대학 과 학년 성명:		
내담자	제 학년 반 성명:		
상담주제	성격, 학업성취, 학교·학급생활, 교우관계, 사제관계, 가정환경, 진로진학, 기타:		
상담내용			
느낀 점			

12. 교육실습 평가보고서(개인별)

1. 교육실습생: ○○대학교 ○○대학 ○○과 학번 _____ 성명 ○○○
2. 실습학교명: ○○○학교
4. 실습기간: 20○○년 ○월 ○일~20○○년 ○월 ○일(4주간)
5. 실습 지도교사

담당	성명	담당 내용
교과지도교사		교과학습지도
학급담임교사		학급경영, 학생생활지도, 창의적 체험활동

6. 실습내용

제1주	제2주	제3주	제4주
부서별 업무연수 학급경영 참관 수업참관	학생생활지도 학급경영 실습 수업참관	학생생활지도 학급경영 실습 수업참관과 실제	실제수업 실습 수업연구 발표 학생상담/실습 마무리

7. 실습상황

평가영역	배점	평점
근무태도	10%	
일반자질	15%	
학습지도능력	50%	
연구조사활동	15%	
학급경영과 사무처리 능력	10%	
총점	100%	
교육실습 업무담당교사 ○○○ 확인 (인)		

위의 사실을 증명함.

20○○년 ○월 ○일

○○○학교장 (직인)

○○대학교 총(학)장 귀하

13. 서약서

서 약 서

대학교   대학
과
제   학년   성명:

본인은 20   년   월   일부터   월   일까지 교육실습생으로서 실습학교의 제반 규정을
준수하고 교직원의 지도에 따라 부여된 직무를 성실히 수행할 것을 서약합니다.

20   년   월   일

서약자 :   (인)

○○○학교장 귀하

참고문헌

강기수, 김희규(2012). 최신교사론. 서울: 동문사.

경기도교육청(2013). 안전교육길라잡이.

경상남도교육청(2019). 학교폭력예방 및 사안처리 역량 강화를 위한 학교폭력책임교사 권역별
연수(2019). 경남교육 2019-022.

곽영우, 황의일, 최성락, 신통철, 권상혁, 하상일, 서정화(1998). 예비교원을 위한 교사론. 서울:
교육과학사.

관계부처합동(2013). 현장중심 학교폭력 대책.

교육부(2015). 창의적 체험활동 교육과정. 교육부 고시 제 2015-74 별책 42.

교육부(2015). 학교생활 안전 매뉴얼(2015 개정판).

교육부(2016). 2015개정 초 · 중등교육과정 총론.

교육부(2016). 제2차 진로교육 5개년 기본계획. 진로교육정책과.

교육부(2017). 2017년도 교원양성기관 현황. 교육부 고시.

교육부(2019). 미래를 열어가는 진로교육. 2019 진로교육 한마당.

국가교육과정정보센터(2015). 배움을 즐기는 행복교육! 교육부 교육과정정책과.

국가법령정보센터(2020). 교원자격검정령(http://www.law.go.kr/LSW/main.html). 법제처.

국가법령정보센터(2020). 학교폭력예방 및 대책에 관한 법률〈시행 2019. 9. 1.〉. 법제처.

권기옥(2003). 최신 학급경영. 서울: 원미사.

권순우, 김영한, 김향지, 유숙렬, 임명희, 한석실(2006), 교육실습. 서울: 태영출판사.

권정숙(2009). 교육실습의 이해. 서울: 학이당.

김경미(2004). 중등학교 교직문화 특성에 관한 연구. 창원대학교 대학원 박사학위논문.

김기태, 조평호(2006). 미래지향적 교사론. 서울: 교육과학사.

김난희(2013). 좋은 수업활동을 위한 수업분석 도구 개발. 안동대학교 대학원 박사학위 논문.

김남순(1999). 교육실습의 이론과 실제. 서울: 교육과학사.

김남희(2002). 수학교사의 전문성개발을 위한 사례방법. 대한수학교육학회지, 4(4).

김병찬(2003). 중학교교사들의 교직문화에 대한 질적 사례연구. **교육행정학연구**, 21(1).

김병찬(2005). 예비교사들은 교육실습을 통해 무엇을 경험하는가. **교육행정학연구**, 23(4).

김봉수(1983). **학교와 교육경영**. 서울: 형설출판사.

김선경(2017). 청소년 진로결정 자기효능감이 진로성숙도에 미치는 영향에 관한 연구. 명지대학교 대학원 박사학위논문.

김성렬(1993). 학교의 조직론적 특성. 교육행정학연구회(편). 한국교육행정의 발전과 전망. 서울: 과학과 예술.

김종서 외(1994). **최신교사론**. 서울: 교육과학사.

김종운(2013). **학교현장에 맞춘 학교폭력의 예방과 대책**. 서울: 학지사.

김주훈, 최승헌, 강대현, 곽영순, 유정애, 양종모, 이주섭, 최원윤, 김영애(2003). 학교 교육 내실화 방안 연구—좋은 수업 사례에 대한 질적 접근. **열린교육연구 vol.11**. 한국열린교육학회.

김진한(2016). **교사를 위한 교직실무**. 서울: 학지사.

김재춘, 박소영, 김재현, 변효종, 최손한(2005). **교수—학습 활동의 이론과 실제**. 서울: 교육과학사.

김춘경, 이수연, 이윤주, 정종진, 최웅용(2016). **상담학 사전**. 서울: 학지사.

김현수, 이난(2008). **교육실습의 이론과 실제**. 서울: 태영출판사.

김현숙(1999). 교육실습 협력교사의 자질과 필수요건. 사회과교육.

김현정(2013). 반성적 사고 중심 교육실습 프로그램 모형의 개발과 적용. 서울대학교 대학원 박사학위논문.

김현진, 김진수, 최성욱, 박영민, 이광호, 이혁규(2010). 예비교사의 수업능력개발을 위한 교육 방안 연구. **연구보고, RRI; 2010-16**. 한국교육과정평가원.

김현진, 이길영(2009). 중등 영어교육실습생의 수업지도에 대한 집단 간 인식 비교 연구. **외국어 교육연구**, 23(1).

김희규, 김순미, 안성주, 최상영(2017). **최신 교직실무**. 서울: 학지사.

남도희(2011). 예비특수교사의 교육학적 내용지식 변화에 관한 실행연구: 교육실습에서의 국어 수업을 중심으로. 위덕대학교 대학원 박사학위논문.

남정걸(1996). **교육실습의 이론과 실제**. 서울: 교육과학사.

류방란 외(2002). **초등학교교사의 생활과 문화**. 서울: 한국교육개발원.

박병량, 주철안(2011). **학교 · 학급경영**. 서울: 학지사.

박병량, 주철안(2012). **교육행정 및 교육경영: 학교 · 학급경영 중심**. 서울: 학지사.

박성혜(2007). 교육실습을 통한 중등 예비교사들의 개인적 교수효능감과 결과기대감의 변화. **한국교원교육연구**, 24(1).

박완희(1999). **교과교재연구 및 지도법**. 부산: 경성대학교 출판부.

박의수, 이득기, 김동기, 김철주, 배장오(2010). **교육학개론**. 경기: 서현사.

박종렬, 권기욱, 김순남, 박남기, 박상완, 신상명, 임연기, 정금현, 정수현(2010). **학교경영론**. 경기: 교육과학사.

박혜경(2010). 교육실습을 통해 살펴본 예비교사들의 경험. **유아교육**, 19(2).

백순근, 함은혜(2007). 중등 예비교사의 교육실습이 교육적 가치에 미치는 영향. **한국교육평가연구**, 20(4).

부산광역시교육연구정보원(2018). 교육실무편람. **부산교육총서 제29집**. 2018.12. 부산: 부산광역시교육연구정보원.

서울대학교 교육연구소(1995). **교육학용어사전**.

서정화 외(2002). **교장학(校長學)의 이론과 실제**. 서울: 교육과학사.

송기창, 김민조, 김병주, 김병찬, 김성기, 김용, 나민주, 남수경, 박수정, 오범호, 이정미, 이희숙, 정성수, 정제영, 조동섭, 조석훈, 주현준, 홍창남(2014). **중등교직실무(2판)**. 서울: 학지사.

신용일(1997). **교육실습의 이론과 실제**. 서울: 동문사.

신창호(2012). **유교의 교육학 체계-한국 교육철학의 뉴 패러다임 구성**. 서울: 고려대출판부.

신현석, 이경호 외(2014). **교직실무**. 서울: 학지사.

양성관(2006). 미국의 교사양성과정. **비교교육연구**, 16(2).

오영재(2001). 교단일기를 통해 본 중등교사들의 삶과 문화. **교육학연구**, 39(4).

옥일남(2009). 사회과 예비교사의 교육실습 경험에 관한 내러티브 탐구. **시민교육연구**, 41(1).

유승오(2019). 교사의 거꾸로 수업 경험에 대한 질적 사례연구. 전북대학교 대학원 박사학위논문.

유흥옥(2005), 반성적 사고에 기초한 유치원 교육실습과 예비교사의 발달적 변화, 중앙대학교 대학원 박사학위논문.

윤기옥, 정문성, 최유현, 고경석(2002). 교육대학교 교육실습 프로그램의 운영 및 발전방안의 탐색: 반성적 교사교육의 관점. **인천교육대학교 교육논총**, 19.

윤수정(2016). 학습공동체 기반 초등영어과 교육실습 프로그램을 통한 예비교사와 실습지도교사의 전문성 발달사례 연구, 이화여자대학교 대학원 박사학위논문.

윤정일, 송기창, 조동섭, 김병주(2016). **교육행정학 원론**. 서울: 학지사.

이서정, 이종범, 임정훈, 임효신, 정동열, 정진철, 정철영(2015). 우리나라 진로교육 현황 및 발전 방향 연구. **진로교육연구**, Vol. 28, No. 3.

이연섭, 이석순, 박은미, 이명순, 손혜숙(2004), **유아교육실습**. 서울: 교육과학사.

이윤식, 김명찬, 김정휘, 박남기, 박역숙, 송강용, 이성은, 전제상, 정명수, 정일환, 조동일, 진동섭, 최승근, 허병기(2009). **교직과 교사**. 서울: 학지사.

이철웅(2010). **교직실무의 이론과 실제**. 경기: 서현사.

이칭찬, 주상덕(2009), 교직실무이론. 서울: 동문사.

이현아, 김영환(2015). 예비교사의 창의적 체험활동 설계 사례 분석. 교사교육연구, Vol. 54, No.4.

이혜영, 류방란, 윤여각(2001). 중등학교교사의 생활과 문화. 서울: 한국교육개발원.

이효녕, 김진웅, 박종석, 김영신, 정재화, 김승환, 김말영(2008). 교육실습의 이해. 경북대학교 출판부.

장덕삼, 김현수, 이상기, 손충기, 김귀성(2002), 교육실습과 교사의 윤리. 서울: 형설출판사.

전남교육청(2013). 2013 중등교육실습 운영지침. 전남광양교육지원청 교원인사과.

정봉도, 안병집(1997). 교육실습: 이해와 실제. 경북: 대구대학교 출판부.

정재철(1987), 교사교육의 혁신의 방향. 한국교원교육학회. 한국교원교육연구, 4(4).

정태범(2000). 21세기의 교사양성체제. 한국교사교육, 17(1).

조동섭, 김도기, 김민조, 김민희, 김병주(2009). 초등교직실무. 서울: 학지사.

조상일(1997). 대학과 협력학교간의 협력체제모형에 의한 교육실습의 개선에 관한 연구, 충남대학교 대학원 박사학위논문.

조장희(2013). 고등학생의 진로교육효과에 미치는 영향. 상명대학교 대학원 박사학위논문.

주삼환(1999). 변화하는 시대의 장학. 서울: 원미사.

주철안(2004). 학교공동체 만들기. 서울: 에듀케어.

주철안, 오경희, 이상철, 이용철, 이지영, 한대동, 홍창남(2013). 교직실무. 서울: 학지사.

진동섭(2003). 학교컨설팅. 서울: 학지사.

진동섭, 정수현, 박상완, 나민주, 김병찬, 박진형, 박인심, 김민조, 김진수, 박지웅, 이승복, 이은주, 한점숙(2006). 한국학교조직탐구. 서울: 학지사.

차경수, 모경환(2008). 사회과 교육. 서울: 동문사.

천호성(2008). 수업분석의 방법과 실제. 서울: 학지사.

최성욱(2010). 교육실습의 개념정립을 위한 탐색적 소고. 교육원리연구, 15(2).

하대현(2003). 교실에서의 내재 동기. 교육심리연구, 17(1).

학교급별 안전교육 가이드라인 개발연구(2012). 학교안전공제중앙회. 학교폭력 사안처리 가이드북. 교육부.

한국과학창의재단(2018). 2018 융합인재교육프로그램 고등학교 차시대체용. '교사용' 오토마타 업(up)고 가기. 서울: 삼양미디어.

한국교원교육학회(2010). 교육실습의 이론과 실제. 경기: 교육과학사.

한국교원대학교(2010). 교실 친화적 교육실습 프로그램 개발. 한국교원대학교 교육역량강화 사업보고서. 한국교원대학교 교육연구원.

한국교육심리학회(2000). 교육심리학 용어사전. 서울: 학지사.

한국방송공사(2014). 거꾸로 교실! [KBS 파노라마 21세기 교육 혁명-미래 교실을 찾아서].

한상길(2011). 교직실무. 경기: 공동체.

한상효, 유평수, 서제복, 최지은(2009). 교육실습의 이론과 실제. 경기: 교육과학사.

Bae, S. Y. (1990). *Student teachers' thought processes*. Unpublished Dotoral Dissertation, University of Illinois.

Clement, M. (2002). What cooperating teachers are teaching student teachers about classroom management. *The Teacher Education, 38*(1).

Cohen, M., March, J., & Olsen, J. (1972). "A Garbage Can Model of Organization Choice". *Administrative Science Quarterly*.

Guyton, E., & McIntyre, D. (1990). Student Teaching and School Experiences. In W. R. Houston(Ed.), *Handbook of Research on Teacher Education*, New York: Macmillan.

Hiebert, J., Morris, A. K., Berk, D., & Jansen, A. (2007). Preparing teachers to learn from teaching. *Journal of Teacher Education, 58*(1).

Higher, G. (1971). *The Art of Teaching*: Seoul: Pan Korea. Book Cooperation.

Hopkins, W. S., & Moore, K. D. (1993). *Clinical supervision: A practical guide to student teacher supervision*. Madison. WI: WCB Brown & Benchmark Publishers.

Jones, V. F., & Jones, L. S. (1990). *Comprehensive classroom management:* Motivating and managing student. Boston: Allyn and Bacon.

Kenneth Hartley Blanchard et al. (2018), 조천제 번역. 칭찬은 고래도 춤추게 한다(원제: Whale Done!). 21세기북스.

Knowles, M. (1975). *Self-Directed Learning: A Guide for Leanersand Teachers*. NY: Association Press.

Liston, D., Borko, H., & Whitcomb, J. (2008). The teacher educator's role in entrancing teacher quality. *Journal of Teacher Education, 59*(2).

Lortie, D. C. (1975). *School teacher: A sociological study*. Chicago: University of Chicago Press.

Mohrman, S. A., Lawler III, E. E., & Mohrman, A. M. (1992). Applying employee involvement in schools. *Educational Evaluation and Policy Analysis, 14*(4).

Richard, Jack C., Farrell, Thomas S. C. (2011). *Practice Teaching: a reflective approach*. New York: cambridge University Press.

Sergiovanni, T. J. (1994). *Building community in schools*, San Francisco: Jossey Bass.

Singh (2006). What do teacher candidates have to say about their clinical experiences?. *Paper presented at the annual meeting of the Association of Teacher Educators*(ATE), Atlanta, GA.

Smith, L. F. et al. (2013). Changes in secondary school preservice teachers' concerns about teaching in New Zealand. *Journal of Teacher Education, 64*(1).

Taylor, P. M. (1983). University supervisors perception of their function in student teaching practicum. *Unpublished Doctoral Dissertation*, University of Illinois

Zimper, N. L., DeVoss, G. G., & Nott, D. L. (1980). A closer look at university student teacher supervision. *Journal of Teacher Education, 31*(4).

찾아보기

저자 소개

김희규(金熙圭 / Kim, HeeKyu)

khk546@silla.ac.kr

고려대학교대학원 교육학박사(교육행정전공)

한국교육과정평가원 연구위원 역임

한국교육정책연구소장 역임

교육부 정책자문위원 역임

현 교육부 중학교교육과정 심의위원회 위원장

　　교육부 교육과정 운영위원회 위원

　　교육부 자체평가 1소위원회 위원장

　　신라대학교 사범대학 교육학과 교수

김순미(金順美 / Kim, SoonMi)

hneko2005@naver.com

신라대학교대학원 교육학박사(교육행정전공)

전 부산광역시교육청 초등학교 수석교사

　　신라대학교 사범대학 교육학과 겸임교수

현 신라대학교 사범대학 교육학과 초빙교수

안성주(安性柱 / An, SeongJu)

busan00000@hanmail.net

신라대학교대학원 교육학박사(교육행정전공)

전 부산광역시교육청 고등학교 수석교사

　　신라대학교 사범대학 교육학과 교육전담교수

현 신라대학교 사범대학 교육학과 초빙교수

교육실습의 이론과 실제
Theory and Practice of Educational Practice

2021년 1월 15일 1판 1쇄 인쇄
2021년 1월 20일 1판 1쇄 발행

지은이 • 김희규 · 김순미 · 안성주
펴낸이 • 김진환
펴낸곳 • ㈜**학지사**
　　　　04031 서울특별시 마포구 양화로 15길 20 마인드월드빌딩
대표전화 • 02-330-5114　　팩스 • 02-324-2345
등록번호 • 제313-2006-000265호

홈페이지 • http://www.hakjisa.co.kr
페이스북 • https://www.facebook.com/hakjisa

ISBN 978-89-997-2134-2 93370

정가 17,000원

저자와의 협약으로 인지는 생략합니다.
파본은 구입처에서 교환해 드립니다.

이 책을 무단으로 전재하거나 복제할 경우 저작권법에 따라 처벌을 받게 됩니다.

이 도서의 국립중앙도서관 출판시도서목록(CIP)은 서지정보유통지
원시스템 홈페이지(http://seoji.nl.go.kr)와 국가자료공동목록시스템
(http://www.nl.go.kr/kolisnet)에서 이용하실 수 있습니다.
(CIP 제어번호: CIP2020049896)

출판 · 교육 · 미디어기업 **학지사**
간호보건의학출판 **학지사메디컬** www.hakjisamd.co.kr
심리검사연구소 **인싸이트** www.inpsyt.co.kr
학술논문서비스 **뉴논문** www.newnonmun.com
원격교육연수원 **카운피아** www.counpia.com